Manfred Niederberger

JUNGBRUNNEN HERZ

Für meine Eltern …

… und für jene Menschen, die für sich und für andere
die Weichen zur Gesundheit stellen

Dr. med. Manfred Niederberger

JUNGBRUNNEN HERZ

Das Geheimnis der Hundertjährigen

Aus dem Erfahrungsschatz eines Kardiologen

Ibera Gesundheitsratgeber

Die Deutsche Bibliothek – CIP-Einheitsaufnahme
Niederberger, Manfred:
Manfred Niederberger –Jungbrunnen Herz /
Das Geheimnis der Hundertjährigen. – Wien:
Ibera Verlag/European University Press GmbH., 2004
ISBN 3-85052-195-8

Druck: Obersteirische Druckerei, Leoben

ISBN 3-85052-195-8

www. ibera.at

Inhalt

DAS KRANKE HERZ

Vorwort

von Univ. Professor Dr. Hans Georg Zapotoczky

Ein Kardiologe legt ein Buch vor – seine Erfahrungen mit Herzkrankheiten und Herzkranken; mit Menschen, denen der tägliche Pulsschlag (der stündliche, der jeder Minute) zum Problem wird. Ein Erfahrungsbuch. Der Kardiologe steht in der Mitte des Lebens. Und was er vorlegt, ist kein Abschlussbericht einer langen erfolgreichen Praxis, es ist das Resümee eines Arztes, der eine Rechenschaft seiner bisherigen Tätigkeit vorlegt, die Höhepunkte und Niederlagen aufweist, wie viele Erlebnisberichte; er will sich nicht beschönigen, die aufreibende, verantwortungsvolle Arbeit am Patienten ehrt eher ihn, den Autor – doch er zieht einen Schlussstrich und legt vor: Das habe ich bisher geleistet, das ist gelungen – und jetzt wende ich mich neuen Aufgaben, neuen Zielen zu. Eine Art Testament zu Lebzeiten für Nach- und Fortsetzer dieser medizinischen Arbeit. Er – der Autor – hingegen bringt alle Flexibilität und Neuorientierung auf, um sich frei zu fühlen, neue Gestade der Medizin, des Lebens zu erkunden und auszuforschen. Ein Beispiel für rechtzeitiges Umsteigen, das er uns hier vorzeigt und vorlebt.

Die Frage, die sich in diesem Zusammenhang stellt: Woher nimmt dieser Autor diese Einsicht, diese Kraft zur Änderung? Lebensumstellung – wo und wie kann das erlernt werden? Ist es nur der „altruistische Egoismus“, dem er diese Wendung verdankt? Wie sind diese „Freiräume – Sinnräume“ zu erreichen? Hat sie ein indischer Meditationslehrer vermitteln können, den der Autor vor fünf Jahren kennen gelernt und dessen Methode er in einer persönlichen Krisensituation, in einem glücklich verlaufenden Selbstversuch angewandt hat? Sollten nicht alle Ärzte, alle Menschen Krisensituationen erkennen und sich eingestehen können, um dann erfahren in Methoden deren Techniken anzuwenden? Und ist dieses Buch nicht Ergebnis einer derartigen Selbstreflexion und eines solchen Sich-Einversenkens in jene Welt, die unser Leben über das technisch Objektivierbare und technisch Machbare hinaus gestaltet? Stellt dieses Buch nicht die Kernfrage, die bereits Goethe im „Faust" bewegt hat, nämlich: was unsere „Welt im Innersten zusammenhält"?

Dieses Buch fordert uns auf, dafür Sorge zu tragen, dass Kollegen während ihrer Ausbildung zum Arzt die Chance zu einem selbst reflektierenden Gespräch, zu einer philosophischen Weltsicht, schließlich eines Zugangs zu einem Lehrer der Meditation erhalten, um den Patienten in jener Weise begegnen zu können, wie diese es zu ihrer Genesung brauchen.

Denn: Dieses Buch kann als Beweis gelten, dass logisch Begründbares, technisch Anbietbares in der Medizin einen großen Stellenwert aufweist, dass in der ärztlichen Praxis jedoch andere Momente eine Rolle spielen, die in der Ausbildung zum Mediziner selten erfahrbar gemacht werden, doch als ausschlaggebend anzusehen sind: das Einfühlen in den Menschen, der krank ist und leidet, die Entwicklung einer Vertrauensbasis, die sich einstellt und hinüberrettet, das sich Manifestieren jenes therapeutischen Eros (Eros therapeutikos), der in der Beziehung zwischen Patient und Arzt wurzelt und beide unterschiedslos umfasst.

Zum Geleit

Die Heilkunde befindet sich in einem Paradigmenwechsel. Zunehmend tritt neben der Behandlung kranker Menschen der Gedanke der Gesundheitsoptimierung in den Vordergrund und nimmt einen immer wichtigeren Stellenwert ein. Denn: Das Sichtbarwerden einer Störung in Form einer Krankheit stellt im Grunde nicht selten den Endpunkt eines schon lange zuvor eingetretenen Gesundheitsdefizits dar. In diesem Sinne verläuft der Weg der Medizin nun flussaufwärts. Bildhaft gesprochen soll nicht erst der Ertrinkende aus dem Fluss gezogen werden, sondern vielmehr geht es darum, alle Kräfte zu mobilisieren, damit es erst gar nicht zu dieser Situation kommt. Das vorliegende Buch versteht sich in dieser Richtung. Herzinfarkt, Schlaganfall, alle Durchblutungsstörungen können – wenn man dem Gedanken der Prävention folgt – vermieden werden. Wichtig ist in diesem Zusammenhang nicht nur die Lebenslänge, sondern vielmehr auch das Vermeiden von krankheitsbelasteten Lebensjahren. Dabei spielt die Einsicht eine Rolle, dass alle körperlichen und psychischen Vorgänge im Menschen einander wechselseitig beeinflussen. Die Optik allein auf physiopathologische Mechanismen zu richten, würde – gerade was Herz-Kreislauferkrankungen betrifft – zu kurz greifen.

Sich nun auf eigene Faust einen Weg durch die Flut von Gesundheitsempfehlungen zu bahnen, ist angesichts mancher kurzlebiger Modetrends auf dem Gesundheitssektor kein leichtes Unterfangen. Gesundheitliche Belange sollten jedoch keineswegs unkontrollierten Pendelbewegungen folgen, sondern sollten auf einer verlässlichen Grundlage Bestand haben. Deshalb habe ich mein medizinisches Leben lang versucht, im Dickicht der Meinungen, Richtlinien und Dogmen für meine Patienten und mich jenen Weg zu finden, der gegen Empfehlungen immun ist, die rasch wieder von der Bildfläche verschwinden, aber dennoch nicht nur vom etablierten Wissen, sondern auch von gut fundierten neuesten Entwicklungen Gebrauch macht. In dieser Hinsicht entspricht das vorliegende Buch meinem Credo: Der Dreiklang eines gesunden Lebens ergibt sich aus körperlicher und mentaler Fitness, Harmonie und einer klugen Ernährung. Drei ebenso über- wie durchschaubare Bereiche des täglichen Lebens. Eine Einsicht, die ich nicht nur meiner Praxis auf dem Gebiet der Prävention von Herzgefäßkrankheiten verdanke, sondern auch einer Reihe anderer Erfahrungen.

Wie kann man im Wechselspiel des Lebens vollen Gebrauch von den vorhandenen Gesundheitsressourcen machen? Selbst wenn das Wissen da ist, gibt es im Annehmen und im Verwirklichen psychologische Barrieren, die sich automatisch aufbauen, wenn beim Versuch, diesem Wissen zum Durchbruch zu verhelfen, der Respekt vor der Entscheidungsfreiheit des anderen fehlt! Keiner von uns lässt sich gerne gängeln und schon gar nicht manipulieren. In diesem Sinne ist dieses Buch nicht nur ein Vermittler von Informationen, sondern vielschichtig konzipiert: das Warum und Wie soll sich für jeden nach seiner Facòn ergeben.

Auch ist es meine Absicht, dem Leser einen Zugang zu künftigen Entwicklungen zu eröffnen. Jedes Kapitel sollte in sich verständlich und einigermaßen abgerundet sein. Daher mag man die Abfolge der einzelnen Kapitel zwar als Leseempfehlung verstehen, aber sie ist letztendlich variabel gestaltbar. Und zwar aus einem guten Grund: Der Leser bzw. die Leserin ist dazu eingeladen, sich je nach Stimmung und Konzentration in jene Abschnitte zu vertiefen, die der momentanen Leselaune entsprechen. Ärztliches Fachwissen und persönliche Kommentare markieren die beiden Pole, zwischen denen die insgesamt 16 Kapitel variieren.

Vorweg bitte ich um Nachsicht, dass, wenn von Ärzten bzw. von Patienten die Rede ist, stets beide Geschlechter gemeint sind. Auf Grund meines Sprachverständnisses, aber auch zur leichteren Lesbarkeit möchte ich auf die Schreibweise ÄrztInnen, PatientInnen verzichten.

Jenen Lesern und Leserinnen, die selbst an einer Herzkrankheit leiden, möchte ich zugestehen, dass manche Details bewusst etwas vereinfacht dargestellt sind, um hinsichtlich der umfangreichen Thematik zu einem besseren Verständnis beizutragen. Darüber hinaus bin ich mir im Klaren, dass sich viele andere Meinungen mit meinen decken mögen, vielleicht aber auch mit meinen Erfahrungen im Widerspruch stehen können. Ähnlich wie ich mir selbst oft genug eingestehen musste, dass das Leben bisweilen ganz anders spielt, als ich dachte.

I. IN EIGENER SACHE

Die gegenüberliegende Abbildung verdanke ich Friedrich Lachmayer. Diese und die weiteren derartigen Zeichnungen im vorliegenden Buch stellen eine Auswahl aus insgesamt 800 Skizzen dar, die während eines dreiwöchigen Seminars entstanden sind, dessen Thema die Nutzung fernöstlicher Lebensphilosophie in unserer westlichen Gesundheitsstrategie war. Die Originalität dieser Skizzen beruht auf der Tatsache, dass Friedrich Lachmayer nicht nur Kernaussagen, sondern auch die emotionale Betroffenheit in eine Zeichensprache transformierte – und zwar buchstäblich simultan zum Vortrag. Auf diese Weise wurde die Intensität des Augenblicks in eine – in jeder Hinsicht – einmalige Bildersprache gebannt. Themenschwerpunkt der handschriftlich „hingeworfenen" Worte ist Benennungsmagie, nicht orthographische Perfektion.

Und eben weil sich die Botschaft der Skizzen auf sehr unmittelbare Art und Weise mitteilt, können die Abbildungen sehr unterschiedlich „gelesen" werden. Sie mögen Freude bereiten, zum Nachsinnen anregen, oder einfach dazu beitragen, den Blick nach innen zu richten, das Leben im Schlag des eigenen Herzens zu erfühlen.

Die in freien Rhythmen „übersetzte" deutsche Fassung der Abbildungen verdanke ich der Autorin und Lyrikerin Christine Dobretsberger. In Worte gefasste Stimmungsbilder, die – analog zur Zeichensprache – einen Zugang zur „meditativen Poesie" eröffnen mögen.

Give me joy, I am sending it out!

Ein vertrauensvolles Verhältnis zwischen Patient und Arzt und eine gegenseitig wertschätzende Begegnung vermitteln Lebensfreude und öffnen der ärztlichen Kunst Tür und Tor.

Im rechten Winkel
zum Leben
strahlt die Freude
in horizontalen Bahnen
und streut sich selbst
in alle Winde

Unterwegs in eigener Sache

Vor etwa drei Jahren machte ich mich auf eine Reise mit ungewissem Ausgang. Ich saß im Auto auf dem Weg von Wien nach Innsbruck, wo am selben Tag um 17 Uhr an mir ein Herzkatheterismus mit Koronarangiographie durchgeführt werden sollte. Diese Untersuchungsmethode dient unter anderem der Beurteilung des Herzinfarktrisikos.

Ich muss vorausschicken, dass ich – abgesehen von Blinddarm- und Mandeloperationen in der Jugend – nie ein Krankenhaus in der Rolle des Patienten aufsuchen musste. Allerdings hatte ich als 30-Jähriger, als angehender Internist, bereits Beschwerden, die damals in mir die Angst vor einem drohenden Herzinfarkt auslösten. Nach der Untersuchung durch einen erfahrenen Kardiologen konnten meine Sorgen ad acta gelegt werden. Die Beschwerden ließen sich als stressbedingt im Rahmen einer sehr anstrengenden Lebensphase erklären. Nunmehr waren seit einigen Wochen wiederum Druckgefühle im Brustkorb und unangenehme Herzrhythmusstörungen aufgetreten. Sollten sie mein seit damals großes Vertrauen in meine strapazierfähige Gesundheit zunichte machen oder waren sie wiederum lediglich Ausdruck einer Überlastung oder einer vorübergegangenen Erkältungskrankheit? Ich untersuchte mich selbst mit den gängigen diagnostischen Methoden und kam zum Ergebnis, dass ein Herzinfarktrisiko nicht gänzlich ausgeschlossen werden konnte. Aus diesem Grund entschloss ich mich zur Koronarangiographie. Diese hätte natürlich genauso gut in Wien durchgeführt werden können, aber ich wollte vermeiden, dass sowohl mein berufliches Umfeld als auch meine Patienten von meiner möglichen Erkrankung in Kenntnis gesetzt würden.

Während der Fahrt beschäftigte mich der Gedanke, dass es doch frustrierend wäre, wenn ich, der ich mich mein ganzes Leben der Vorbeugung, Frühdiagnose und Behandlung von Herzkrankheiten gewidmet habe, erfahren müsste, dass ich selbst nicht in der Lage war, mich adäquat zu schützen!

Zum ersten Mal legte ich mein Leben bewusst in die Hand eines Arztes. Vor dem Eingriff an sich hatte ich keine Angst. Aber die Sorge vor einem möglicherweise ernsten Befund muss mich mehr belastet haben, als ich mir selbst eingestehen wollte: Ich hatte in der vorhergehenden Nacht davon geträumt, dass meine Herzkranzgefäße verengt oder verschlossen waren, so lebhaft, dass ich noch heute den geträumten Befund vor mir sehe! Gott sei Dank hatte ich in dieser Situation kein Problem mit dem Grundsatz, dass Vertrauen in den Arzt sowie Entschlossenheit zu einem vernünftigen Vorgehen wichtige Voraussetzungen für den Behandlungserfolg sind. Ich parkte mein Auto in einer Nebenstraße und wanderte durch die mir von der Studienzeit her vertrauten Straßen zur Innsbrucker Universitätsklinik. Um 17 Uhr lag ich am Herzkathetertisch und wenige Minuten später war klar, dass meine Herzkranzgefäße völlig gesund waren.

Rückblick

Als einer, der in der Nachkriegszeit nicht so gut aus den Startlöchern wegkam, war es für mich stets eine Notwendigkeit, meine Kräfte zu bündeln. Die diversen Abschnitte meines Lebensweges ging ich daher immer mit dem ganzen mir möglichen Maß an Einsatz und Begeisterung. Als Citroen den Slogan „Der Weg ist das Ziel“ propagierte, stellte eine meiner Töchter fest, dass dies schon immer mein Credo gewesen sei. Mein Einsatz führte dazu, dass sich vieles verwirklichte. Dann kam jedoch ein Punkt, an dem ich zur Kenntnis nehmen musste, dass mein Leben nicht mehr richtig zentriert war, ich „meine Mitte“ verloren hatte. Ich war auf meinem Weg, der nach meinem damaligen Empfinden mehr oder weniger stetig aufwärts führte, zu weit in die Richtung der beruflichen Anstrengung abgewichen und musste schließlich erkennen, dass etwas in mir nicht mehr mitspielte.

Deshalb würde ich aus heutiger Sicht den Leitspruch anders formulieren: Das Gehen des Weges in voller Bewusstheit ist das Ziel! Eine Einsicht, die ich mit der folgenden Begebenheit illustrieren möchte: Bei einem Patienten mit drohendem Herzinfarkt, einem katholischen Priester, gelang es mir, einen schwierigen Eingriff am Herzkranzgefäß unter Einsatz aller Möglichkeiten zu einem guten Ende zu bringen. Er spürte, dass mein Team und ich an der Grenze unserer Belastbarkeit gearbeitet hatten. Als er einige Monate später, sich wieder gesund fühlend, zu einer Kontrolluntersuchung kam, geschah etwas, das ich mir nie hätte träumen lassen: Er ging im Krankenzimmer auf mich zu und segnete mich – mit einer spirituellen Kraft, die mich zutiefst im Innersten bewegte. Einige Zeit später schickte er mir noch eine Karte mit den Worten: „Schwer ist es, die rechte Mitte zu finden: das Herz zu härten für das Leben, es weich zu halten für das Lieben." In diesem Moment fiel es mir wie Schuppen von den Augen. Ich musste erkennen, dass ich in einer zu sehr leistungsorientierten Lebensauffassung befangen war. Ein völliges Umdenken musste stattfinden, eine andere Bewusstseinsebene erreicht werden. Dabei war nicht zuletzt die Übung der Meditation eine wichtige Hilfe. Als ich meine Balance wieder gefunden wähnte, traten die oben genannten von mir auf das Herz bezogenen Beschwerden auf: Psychosomatische Störungen hinken nicht selten den auslösenden Belastungen nach und können in der Erholungsphase noch lange Zeit weiter bestehen!

Das gesunde Herz

II. DAS GEHEIMNIS DER 100-JÄHRIGEN

Harmonie ist verletzlich wie eine hauchdünne, behutsam zwischen inneren und äußeren Welten vermittelnde Membran. Die Kunst, die eigene Gesundheit zu bewahren, beruht zu einem guten Teil auf der Pflege eines harmonischen Lebens, so wie analog dazu die Kunst des Heilens sich oft auf die Fähigkeit gründet, Frieden zu stiften.

Free from all troubles –
behind you, he is in a peaceful condition

An dieser Stelle sei eine Anekdote aus Afrika erwähnt, die von einem Arzt überliefert wurde, der selbst jahrelang unter den Einheimischen lebte:

In jenem Stamm gehört es zur traditionellen Gastfreundschaft, dass der Gastgeber seinem Besuch alle seine Speisevorräte anbietet. Eines Tages kam der Schwager des Hausherrn zu Besuch. Da der Hausherr dem Schwager sein Essen missgönnte, versteckte er seine Vorräte. Der Gast war aber nicht so leicht zu täuschen und durchschaute den Geiz seines Verwandten. Ab diesem Zeitpunkt entstand Feindschaft zwischen den beiden Familien. Schließlich erkrankten beide Männer an einem Magengeschwür. Der Schamane wurde gerufen und durchschaute die Situation. Er berief eine Dorfversammlung mit rituellen Tänzen ein. Beide Männer wurden öffentlich angeprangert und beschimpft, weil offensichtlich Dämonen in ihnen wohnten – in dem einen der Geiz, im anderen die Unversöhnlichkeit. Dann schritt der Schamane zur Operation. In einer ekstatischen Zeremonie fuhr er mit bloßen Händen in den Bauch des Hausherrn, der sich vor Schmerzen wand, und zog einen Hühnerknochen heraus. Dasselbe Ritual wurde beim Schwager angewandt, aus dessen Körper der Schamane ein Stück Kohle holte. Auf diese Weise hatte er die Dämonen entfernt. Die ganze Dorfgemeinschaft feierte die Versöhnung der beiden Familien. Beide Männer wurden gesund.

Frieden im Rücken
hält Schatten
auf Distanz

Die gesunden Hundertjährigen

Durch welche Eigenschaften zeichnen sich Menschen aus, die ein sehr hohes Alter erreichen und gleichzeitig relativ gesund und leistungsfähig geblieben sind? Ein Thema, das über Jahrzehnte eine Reihe von Studien nach sich zog, wobei auch ich als junger Arzt in New York an wissenschaftlichen Sitzungen teilnahm, in denen die Resultate diskutiert wurden. Hochbetagte Menschen aus den unterschiedlichsten Regionen (u.a. aus Georgien, den Anden, sowie dem Pamir-Hochland) waren zu ihren Lebensgewohnheiten befragt worden. Die wesentlichen Faktoren, die herausgearbeitet wurden, waren:

- eine karge, vorwiegend pflanzliche Ernährung
- ein körperlich tätiges Leben und
- ein gutes soziales Netz.

Damals begann ich mich für dieses Thema zu interessieren. Immer dann, wenn sich die Gelegenheit ergab, mit gesunden hoch betagten Menschen in Kontakt zu treten, befragte ich sie zu ihrem Lebenslauf und ihrer Sicht der Dinge. Welchen Eigenschaften und Umständen sie selbst das Erreichen ihres hohen Alters zuschrieben, sei in aller Kürze skizziert:

- Geborgenheit in der Gemeinschaft
- Freude am Leben und an der Familie
- Maßhalten (wobei allerdings immer wieder die „Mäßigkeit im Maßhalten“ hervorgekehrt wurde, also sehr wohl die Bereitschaft, die Feste zu feiern, wie sie fallen, oder besondere Anstrengungen auf sich zu nehmen, wenn es erforderlich war).

Hochbetagte im Leistungstest

In den späteren 70er Jahren führten wir an der Kardiologischen Universitätsklinik in Wien eine Studie über die Trainierbarkeit älterer Menschen durch. Mit medialer Hilfe schafften wir es, 40 Personen zu rekrutieren, die unseren Gesundheitskriterien entsprachen. Signifikant für diese Menschen war die Tatsache, dass sie spätestens ab der Lebensmitte sehr bewusst auf ihre Gesundheit geachtet hatten.

Von diesen 40 Personen konnten wir schließlich eine Gruppe bilden, die bereit war, an einem kontrollierten Bewegungsprogramm teilzunehmen. Dabei stellte sich als Endergebnis heraus, dass über 70-jährige Menschen durchaus noch von einem körperlichen Training profitieren konnten. Ein Resultat, das der damaligen Lehrmeinung zumindest teilweise widersprach.

Neue Ausgangssituation

In der Zwischenzeit hat sich die Situation wesentlich verändert. Stellte früher ein gesunder 80-Jähriger eher die Ausnahme der Regel dar, kommen heute zahlreiche, durchaus leistungsfähige über 80 Jahre alte Menschen zu Routineuntersuchungen in die kardiologische Ordination. 100-Jährige sind noch eine Ausnahme, aber wenn man den Prognosen glauben darf, werden die heute in westlichen Ländern geborenen Menschen mit einer durchschnittlichen Lebenserwartung von 100 Jahren rechnen können. Das Thema ist daher keineswegs unrealistisch. Einige hoch betagte Menschen durfte ich näher kennen lernen. Weshalb ich zwei von ihnen kurz vorstellen möchte, hat einen einfachen Grund: Meinem Empfinden nach hat jeder von ihnen Charaktereigenschaften geradezu beispielhaft ausgeprägt, die einen bestimmenden Faktor für ein langes und erfülltes Leben darstellen.

Zufriedenheit

A – ich kenne sie seit meiner Jugend – war stets die Zufriedenheit in Person, aber an allen Aspekten des Lebens interessiert und mit Herz und Seele dabei. Seit der Lebensmitte verwitwet, tauchte sie immer dort auf, wo Hilfe angesagt war. Ihre Familie samt Kindern und Enkelkindern war weit verstreut, aber sie scheute keine Mühen, um zur Stelle zu sein, wo sie gebraucht wurde. Klein von Gestalt, schlank und zart gebaut, passierte es, dass sie eines Tages – 97 Jahre alt – buchstäblich von einem starken Windstoß umgeweht wurde. Sie erlitt eine Unterarmfraktur. Kaum war die Verletzung einigermaßen geheilt, half sie bereits wieder ihrer Nachbarin.

■ Vertrauen

B ist knapp unter hundert und zeit seines Lebens ein sozial engagierter, körperlich und geistig aktiver Mensch. Auf meine Frage, was seiner Meinung nach das Geheimnis seiner ungebrochenen Vitalität ausmache, gab er mir die verblüffende Antwort, dass er sich überhaupt nie besondere Sorgen um seine Gesundheit gemacht habe. Dies sei für ihn eine Sache des Gottvertrauens gewesen. Allerdings war mir klar, dass diese Aussage insofern zu relativieren war, als er damit wohl zum Ausdruck bringen wollte, dass ihn andere Aufgaben und Interessen wesentlich mehr forderten. Er hielt sich vertrauensvoll an die Ratschläge seiner Ärzte. Im Übrigen hielt B einen streng geregelten und folglich nicht unnötig mit Stress beladenen Tagesablauf ein. Neben seiner bewusst kargen Ernährung achtete er auf regelmäßige Gymnastik. Dennoch traf er mit seinen Worten den Nagel auf den Kopf: Ich bin davon überzeugt, dass, neben der Eigenverantwortung, das Vertrauen auf ein „gütiges Universum" ein wichtiges Gesundheitskriterium darstellt.

Altruistischer Egoismus

Vor einigen Jahren erzählte ich einem Kollegen – er ist Neurologe und Psychiater – von meinem Interesse am Geheimnis der gesunden Hundertjährigen sowie von den Faktoren, die ich für das Erreichen eines hohen Alters für wichtig hielt.

Zu meiner Überraschung war er sofort an diesem Thema interessiert, wobei er meinen Erfahrungen seine eigenen Beobachtungen und Interpretationen entgegenhielt.

Während ich physische, soziale und genetische Faktoren (Blutdruck, körperliche Aktivität, Ernährungsstil, Genussmittel, soziales Netz, Zuckerstoffwechsel, Lebenslänge von Eltern und Großeltern) in den Vordergrund stellte, führte er das Geheimnis der Hundertjährigen auf eine bestimmte psychische Konstitution zurück.

Seiner Ansicht nach sei es für Menschen, die in Gesundheit ein sehr hohes Alter erreichen, nahezu charakteristisch, dass sie nicht so leicht etwas tief verletze, sie sich davor schützen, dass ihnen etwas zu tief „unter die Haut gehe". Selbst Todesfälle in der nahen Verwandtschaft würden ihr Herz zwar belasten, es aber nicht brechen. Was aber würde dieser Eigenschaft zu Grunde liegen?

An dieser Stelle möchte ich vorausschicken, dass man niemals mehrere Menschen „über einen Leisten schlagen" darf – selbst wenn allen Beobachtungen und Erfahrungen ein wahrer Kern innewohnen sollte.

Im Rahmen unserer Diskussion erinnerte ich mich an einen Terminus, den Hans Selye geprägt hatte. Selye gilt als Vater der Stress-Forschung und Begründer einer – auf seinen Arbeiten beruhenden – wissenschaftlichen Schule. Im Zuge seiner Forschungsarbeit war er bis ins hohe Alter aktiv tätig.

Selye prägte den Begriff „altruistischer Egoismus" und vermittelte den Eindruck, dass er damit gewissermaßen das Resümee seines Lebenswerkes zog. Selye bezog sich ausdrücklich auf den Satz „Liebe deinen Nächsten wie dich selbst", allerdings in einer nüchternen Form der Sprache und inhaltlich betrachtet etwas anders akzentuiert, als man diesen Satz sonst vielleicht begreift. Denn: Da man nicht auf Kommando lieben könne, liege es auch am Anderen – wie an einem selbst –, liebenswert zu sein.

Die Umkehrung des Begriffs könnte etwas unangenehmer klingen: „Egoistischer Altruismus" weckt eher die Assoziation, dass man dem Anderen gibt, nur um seinerseits zu profitieren („Altruismus aus Eigennutz", Egon Friedell), aber vorurteilslos betrachtet ist es wohl so, dass beide Aussagen einander bedingen!

Analog formulierte Heinz von Foerster einen „ethischen Imperativ". Ihm ging es allerdings weder um Altruismus noch um Egoismus, sondern um „Dialogik" – darum, sich „durch die Augen des Anderen zu sehen"*.

Laut Selye müsse man die Realität akzeptieren, dass alle lebenden Kreaturen primär egoistisch sind und es auch sein müssen. Niemand könne vom Anderen erwarten, dass er für ihn mehr sorgt als für sich selbst.

Jedoch warnt Selye vor einem rücksichtslosen Egoismus – weil dieses Verhaltensmuster aus wissenschaftlicher Sicht biologisch ungesund ist! Rücksichtsloser Egoismus erzeugt einerseits Feinde und andererseits starke Unsicherheitsgefühle. Daher ist dieses Verhaltensmuster in keinem Fall eine befriedigende Richtlinie für ein langes gesundes Leben. Laut Selye würde die Verwirklichung der „goldenen Regel" viel krank machenden Stress eliminieren.

Dass man sich nicht über den anderen stellt, ist die eine Seite der goldenen Regel. Implizit ist damit aber nicht nur verbunden, dass man das Gleiche vom anderen mit Fug und Recht erwarten darf. Vielmehr auch, dass man selbst für sich das gleiche Maß an „Liebe" aufbringen sollte.

■ Autonome Persönlichkeit

Wenn Liebe nun auf Erkennen beruht, führt dies zur sokratischen Aufforderung „Erkenne dich selbst". Damit suchte Sokrates seine Zeitgenossen zur Selbsteinkehr und Selbstbesinnung zu bringen („gnothi seauton"). Mit dem Zugeständnis, dass Selbsterkenntnis zu den schwierigsten Übungen im menschlichen Dasein zählt, hielt Sokrates dennoch am Glauben an die – in sich selbst unerschütterlich gegründete – autonome Persönlichkeit des Menschen fest.

Vor dem Hintergrund dieser Gedankengänge ist es interessant, auch bei hochbetagten Menschen nach etwaigen Zusammenhän-

---

* Heinz v. Foerster, Christiane Floyd in „Die andere Intelligenz", Bernhard von Mutius (Hg.), Klett-Cotta 2003.

gen zu forschen. Mag sein, dass ich mich nicht an alle alten Menschen, die ich als Patienten betreut habe, in der gleichen Weise erinnere – meinem Gedächtnis haben sie sich jedenfalls alle als geistig und charakterlich hervorragende und eindrucksvolle Persönlichkeiten eingeprägt.

Um auf Selye zurückzukommen: „Altruistischer Egoismus“ oder „Liebe deinen Nächsten wie dich selbst“ impliziert das Bemühen um Selbsterkenntnis und ist unabhängig von religiösen und politischen Doktrinen (wenn auch mit ihnen vereinbar) in Übereinstimmung mit den biologischen Gesetzen, welche die Stress-Resistenz regulieren.

Fest steht, dass es in jedem Fall zu denken gibt, wenn ein Mann wie Selye die zwischenmenschlichen Beziehungen in den Vordergrund stellt und sie als wesentlichen Gesundheitsfaktor herausgearbeitet hat.

■ Recht auf Selbstbestimmung

Nach den Diskussionen mit meinem Kollegen bemühte ich mich, das Puzzle zusammenzufügen. Zusätzlich zu seinem Blickwinkel, aus dem er das Geheimnis der Hundertjährigen beleuchtete, erschien mir ein weiterer psychologischer Faktor wichtig: das Prinzip der Nicht-Einmischung in fremde Angelegenheiten, des Respekts vor dem Freiraum des Partners, verbunden mit der Achtung vor dem Recht des Anderen, sein Leben selbst zu gestalten.

Ein Faktor, den ich aus meiner Tätigkeit zur Genüge kenne: Nicht selten habe ich von Herzinfarktpatienten gehört, dass sie ihren Partner als „meinen Polizisten“ bezeichneten – nicht so sehr anerkennend, sondern eher resignierend bis anklagend.

Wie man sich als gegängelter Kranker fühlt, kann man auch als Gesunder erahnen: Man denke nur an Reisen in bestimmte Länder, in denen man sich als Tourist nicht frei bewegen darf, sondern auf Schritt und Tritt einen „Aufpasser“ zur Seite hat, der autoritär den Ablauf der Reise bestimmt. Die Missachtung des Mitspracherechts und die Einschränkung der persönlichen Freiheit können die Reise zum Albtraum machen.

Wahrscheinlich ist es ein mitbestimmender Faktor für das Erreichen eines gesunden und von Zufriedenheit geprägten hohen Alters, dass man sich nicht „dem Polizisten“ ausliefert, nicht zähneknirschend nachgibt und still leidet, sondern das Problem mit dem Partner bespricht und klärt. Dass man sich eine gewisse Selbständigkeit und Unabhängigkeit, Freiräume, Sinnräume, Möglichkeitsräume bewahrt – und diese in gleicher Weise und wahrscheinlich in einer besonders liebevollen Verbundenheit auch dem Anderen – seinem Partner, seinen Angehörigen, seinem „Nächsten“ – zugesteht. Auf diese Weise bleibt man auch in der Lage, dem Anderen voll zur Seite zu stehen, wenn es die Situation erfordert.

Um sich diese Selbständigkeit und Unabhängigkeit, dieses „Frei sein in der Gemeinschaft“ zu erhalten, bedarf es großer Disziplin, weil die tägliche Übung aller dafür nötigen Fähigkeiten nicht immer leicht ist. Sicher geht es nicht ohne ein gehöriges Maß an Willen und einen gewissen „Egoismus“ im Sinne des Achtens auf sich selbst und in der Einigung mit dem Partner über die für beide Seiten akzeptable Gestaltung des Tagesablaufs. In dieser Interpretation könnte ich meinem neurologisch-psychiatrischen Kollegen zustimmen. Diese Eigenschaften habe ich auch bei „meinen“ hochbetagten Patienten immer wieder erlebt.

Um vorweg ein mögliches Missverständnis aus der Welt zu räumen: Mit all diesen Überlegungen will ich nicht zum Ausdruck bringen, dass die Lebenserwartung die oberste Maxime wäre! Ein ethisch erfülltes Leben steht in der Werteskala immer noch höher.

Wo steht der/die Dreißigjährige?

oder: Weichenstellung fürs Leben

Jeder Lebensabschnitt hat seine Prioritäten. Sich im Alter von dreißig Jahren mit der Frage zu befassen, was wohl das Geheimnis der Hundertjährigen ausmache, ist sicherlich nicht die Norm. Vielmehr stehen ganz andere Interessen im Vordergrund: berufliche Karriere, Partnerschaft, Familiengründung, Fitness, Schönheit und Freizeittrends. Weshalb dennoch das dritte Dezennium eine besondere Signifikanz besitzt, hat einen einfachen Grund: Gerade in diesem Lebensabschnitt ist es wichtig, auf das eigene Gesundheitskapital zu achten, das man – genetisch und durch die Erziehung bedingt – von den Eltern mitbekommen hat. In diesem Zusammenhang muss aber auch die Art und Weise berücksichtigt werden, in der man bislang mit diesem kostbaren Gut umgegangen ist.

Anders formuliert: Spätestens im Alter von dreißig bis vierzig Jahren ist man nun selbst am Ball, die Weichen für das eigene Leben zu stellen. Darüber hinaus kommt in diesem Zeitraum – soferne man ein Familienmensch ist – auch die gesundheitliche Prägung der eigenen Kinder mit ins Spiel. Wobei nicht nur der Lebensstil im Zentrum des Interesses steht, sondern auch die realistische Einschätzung der daraus resultierenden gesundheitlichen Konsequenzen.

III. DAS EUROPÄISCHE SCORE-SYSTEM [1]

Einleitung

Das im folgenden beschriebene SCORE-System ist für diesen Zweck in mehrfacher Hinsicht etwas sensationell Neues: nicht nur dass es erstmals eine wissenschaftlich fundierte Basis für eine realistische Selbsteinschätzung des kardiovaskulären Risikos für Menschen in Europa gewährleistet, nimmt es auch Bedacht auf Unterschiede zwischen verschiedenen europäischen Regionen und erlaubt die Projektion des Risikos über eine große Lebensspanne.

In den letzten Jahren häuften sich die Tests zur gesundheitlichen Selbstevaluierung, so genannte Risikometer, die sehr anwenderfreundlich sind. Allerdings basierten sie vorwiegend auf US-amerikanischen Daten. Das heißt, dass die statistischen Grundlagen an der dortigen Bevölkerung erhoben worden sind. Ein typisches Beispiel ist die berühmte Framingham-Studie. Diese Daten decken sich aber nicht notwendigerweise mit den Verhältnissen in Europa. Im September 2003 hat die Europäische Kardiologische Gesellschaft durch die Veröffentlichung der SCORE-Tabellen Abhilfe geschaffen. Die Tabellen wurden anhand einer umfangreichen Datenbank von europäischen Studien erstellt. Damit machte man genau das oben erwähnte Manko

---

1 Executive Summary. European guidelines for cardiovascular disease prevention in clinical practice. Third Joint Task Force of European and other Societies on Cardiovascular Disease Prevention in Clinical Practice (constituted by representatives of eight societies and by invited experts). Guy De Backer (Chairperson), Ettore Ambrosioni, Knut Borch-Johnsen, Carlos Brotons, Renata Cifkova, Jean Dallongeville, Shah Ebrahim, Ole Faergeman, Ian Graham, Giuseppe Mancia, Volkert Manger Cats, Kristina Orth-Gomér, Joep Perk, Kalevi Pyörälä, José L. Rodicio, Susana Sans, Vedat Sansoy, Udo Sechtem, Sigmund Silber, Troels Thomsen, David Wood. European Heart Journal (2003) 24:1601 – 1610.

wett: dass nämlich bisher Unterschiede in der Genetik, im Lebensstil und in der Lebenserwartung verschiedener Länder nicht ausreichend berücksichtigt wurden. Dass es in dieser Beziehung große Unterschiede zwischen verschiedenen Populationen gibt, wird allein schon dadurch verdeutlicht, dass sogar im europäischen Kulturraum zwei voneinander deutlich divergierende Bevölkerungsgruppen definiert werden mussten, um die Evaluierung des kardiovaskulären Risikos auf eine solide Basis zu stellen.

Aus diesen „SCORE-Tabellen", die somit hohe Autorität für Europa repräsentieren, geht hervor, dass bereits bei Dreißigjährigen, aber auch bei weitaus jüngeren Menschen oft ein massiver Handlungsbedarf besteht. Obgleich die in der Folge näher erläuterten Tabellen mit dem vierten Dezennium beginnen, kann man bereits als Dreißigjähriger tendenziell ablesen, welche gesundheitlichen Konsequenzen der eigene Lebensstil mit sich bringt. Andererseits kann man den SCORE-Tabellen auch jene Optionen entnehmen, die ein veränderter Lebensstil offeriert.

Beispiele für die Anwendung der SCORE-Tabellen

Die folgenden vier Beispiele mögen aufzeigen, welcher Art die Informationen sind, die aus den Tabellen gezogen werden können. Die konstruierten Beispiele sollen nicht nur dazu anregen, die folgenden Seiten aufmerksam zu studieren, sondern auch die Tabellen tatsächlich in Gebrauch zu nehmen.

In den ersten drei Beispielen wird angenommen, dass es sich um in Österreich oder in Deutschland lebende Personen handelt. In diesen Fällen ist die SCORE-Tabelle 1 anzuwenden – sie ist gültig für europäische Länder mit höherem Risiko. Beispiel vier bezieht sich auf die Schweiz. Das ist insoferne von Bedeutung, als die Schweiz zu jenen europäischen Ländern gehört, die ein relativ niedriges Risiko an kardiovaskulären Todesfällen aufweisen. In diesem vierten Beispiel ist daher die SCORE-Tabelle 2 anzuwenden – sie ist gültig für europäische Länder mit niedrigem Risiko.

Unter kardiovaskulären Todesfällen sind in erster Linie solche an Herzinfarkt oder Schlaganfall zu verstehen.

Beispiele:
1) Mann, lebt in Österreich, 51 Jahre alt, Nichtraucher, systolischer Blutdruck 135 mmHg, Serumcholesterin 210 mg/dl.

Aus SCORE-Tabelle 1 geht hervor, dass das Risiko dieses Mannes, in den nächsten 10 Jahren an einer kardiovaskulären Krankheit zu versterben, bei 2% liegt. Mit anderen Worten ausgedrückt, werden zwei von hundert Personen mit diesem Risikoprofil wegen einer Erkrankung des Herzens und der Gefäße das 61. Lebensjahr nicht erreichen. 98 von 100 dagegen haben gute Chancen, 61 Jahre und älter zu werden. Es handelt sich hier somit um ein relativ niedriges kardiovaskuläres Risiko.

2) Frau, lebt in Deutschland, 38 Jahre alt, Raucherin, systolischer Blutdruck 160 mmHg, Serumcholesterin 240 mg/dl.

SCORE-Tabelle 1 zeigt, dass diese Frau derzeit 0% Risiko hat, in den nächsten 10 Jahren aufgrund einer kardiovaskulären Krankheit an ihr Lebensende zu kommen. Allerdings wird sich, wenn sie ihr Risikoprofil nicht deutlich reduziert, in einigen Jahren die Aussicht schon deutlich trister präsentieren: unter dieser Voraussetzung, dass sie nämlich weiterhin raucht, der systolische Blutdruck um 160 bleibt und das Serumcholesterin um 240 – wird sie im Alter von 65 Jahren zu 12% damit rechnen müssen, dass sie vor dem 75. Lebensjahr einer Herz-Gefäßkrankheit erliegt. Allein durch eine sofortige Beendigung des Rauchens könnte sie diese dann drohende Gefahr allerdings von 12% auf 6% halbieren!

3) Mann, lebt in Österreich, 55 Jahre alt, Raucher, systolischer Blutdruck 180 mmHg, Serumcholesterin 280 mg/dl.

Anhand SCORE-Tabelle 1 ergibt sich, dass bei diesem Mann ein 19%-Risiko für ein tödliches kardiovaskuläres Ereignis vor dem Erreichen des 65. Lebensjahres besteht. Wenn das 65. Lebensjahr erreicht wird – damit ist ja immerhin mit einer Wahrscheinlichkeit von 81% zu rechnen –, so wird dann das Sterberisiko über die 10 nächsten Jahre 41% betragen! Ohne Risikofaktoren wäre im Vergleich das Sterberisiko statt 41% nur 4% (statt 41 von 100 würden nur 4 von 100 solchen Männern an einer kardiovaskulären Krankheit versterben! Das heißt, die in diesem Fall vorhandenen Riskofaktoren verzehnfachen das Sterberisiko!).

Noch hätte dieser Mann die Gelegenheit, ärztlichen Rat einzuholen und durch eine konsequente Änderung der Lebensweise die Weichen neu zu stellen! Zu bedenken wäre, dass es nicht nur um die Lebenslänge geht, sondern viel mehr noch um die Gefahr, den Herzinfarkt oder Schlaganfall zwar zu überleben, aber dann den Rest des Lebens – oft viele Jahre! – mit signifikanten Beeinträchtigungen dahinzuvegetieren!

4) Frau, lebt in der Schweiz, 44 Jahre alt, Raucherin, systolischer Blutdruck 160 mmHg, Serumcholesterin 320 mg/dl.

Derzeit besteht 0% Risiko, dass diese Frau in den nächsten 10 Jahren einer tödlichen kardiovaskulären Erkrankung erliegen wird. Allerdings – unter Beibehaltung des derzeitigen Risikoprofils wird im Alter von 65 Jahren das Sterberisiko immerhin 10% betragen. Dieses auf das Alter von 65 Jahren projizierte 10%-Risiko könnte theoretisch auf 1 Prozent reduziert werden, wenn es gelänge, ab jetzt, also jetzt im 44 Lebensjahr beginnend, mit dem Rauchen aufzuhören, den Blutdruck zu normalisieren und das Serumcholesterin auf 160 mg/dl abzusenken.

Manchem mag ein Sterberisiko von 10% im Lauf von 10 Jahren nicht so dramatisch erscheinen. Wenn man aber als Arzt immer wieder erleben muss, wie Menschen am Herzinfarkt oder Schlaganfall oft lange Jahre leiden, bevor sie der Tod ereilt, sieht man ein solches 10%-Risiko mit ganz anderen Augen!

Der Text, der den eigentlichen Tabellen vorangeht, mag trocken wirken. Aber: er ist ein Konzentrat, eine Quintessenz. Man sollte die SCORE-Tabellen in Muße studieren, um einen möglichst großen persönlichen Nutzen daraus zu ziehen. In diesem Sinne sollten die folgenden Seiten mit Geduld und mit der berechtigten Überzeugung gelesen werden, dass sie eine enorm wichtige und besonders gut fundierte Hilfe für die eigene Gesundheitsoptimierung, den eigenen Lebensweg darstellen können. Das Studieren der SCORE-Tabellen ist für jede Altersklasse empfehlenswert. Selbst Hochbetagte können noch Weichen stellen, die sich positiv auf ihre Lebensqualität auswirken.

Grundsätze

■ Vorsorgeprinzip

Bei anscheinend gesunden Personen, die noch keinerlei Krankheitssymptome aufweisen, sollten Vorsorge-Aktionen in ihrer Art und Intensität vom Risiko abhängig gemacht werden. Mit Risiko ist hier die Wahrscheinlichkeit gemeint, dass im weiteren Leben eine kardiovaskuläre Krankheit manifest wird, insbesondere:

- koronare Herzkrankheiten (Angina pectoris, Herzinfarkt, plötzlicher Herztod)
- Schlaganfall auf arteriosklerotischer Basis
- periphere arterielle Gefäßkrankheit („Raucherbein“)

■ Risiko-Einschätzung

Grundsätzlich dient das SCORE-System der Risiko-Einschätzung dahingehend, wie hoch bei einer bestimmten und anscheinend gesunden Person ihre Wahrscheinlichkeit ist, im Lauf der nächsten zehn Jahre an einer sich manifestierenden kardiovaskulären Krankheit zu versterben.

Risikofaktoren

Folgende Risikofaktoren werden berücksichtigt:

- Geschlecht
- Alter
- Rauchen
- Systolischer Blutdruck
- Serumcholesterin

■ Hochrisiko-Person

Beträgt das kalkulierte Risiko 5% oder mehr, in den nächsten 10 Jahren an einem kardiovaskulären Ereignis zu versterben, gilt man als „Hochrisiko-Person". Obwohl noch keine manifeste kardiovaskuläre Krankheit vorliegt (Herzinfarkt, Angina pectoris, Schlaganfall, Raucherbein usw), sollte eine intensive vorbeugende Behandlung in die Wege geleitet werden.

Hinweis: Analog dazu sollte jede Person, bei der eine solche Krankheit bereits in Erscheinung getreten ist, also jeder Herzkranke oder Gefäßpatient, ebenfalls präventivmedizinisch behandelt werden. In diesem Fall handelt es sich um eine so genannte sekundäre Prävention.

Zweck des SCORE-Systems

Der Zweck ist es, eine solide Basis für die Gesundheitsoptimierung zu liefern.

Die SCORE-Tabellen können dazu verwendet werden, den gesamten kardiovaskulären Risikostatus und das „Gewicht" einzelner Faktoren sowie die Auswirkungen der Ausschaltung eines oder mehrerer Risikofaktoren auf die Lebenserwartung grob abzuschätzen.

Hinweis: Für eine genauere Beurteilung müssen auch weitere Faktoren, die der behandelnde Arzt erheben kann, berücksichtigt werden (Anamnese, Zusatzbefunde, Gefäßstatus, kardialer Status, Begleitkrankheiten, Familienanamnese, HDL-und LDL-Cholesterin, Serum-Triglyceride, gestörte Glucosetoleranz, Übergewicht, Grad der körperlichen Aktivität, Entzündungsparameter wie das „CRP", Homocystein, Gerinnungsfaktoren und weitere Parameter).

Für Personen mit einem besonders hohen Risiko empfehlen sich folgende Maßnahmen:

- Teilnahme an intensiven Programmen, die sich mit der positiven Änderung des Lebensstils befassen (z.B. detaillierte Ernährungsrichtlinien, adäquates Bewegungsprogramm)
- Medikamentöse Therapie (nach Maßgabe des behandelnden Arztes)

Die SCORE-Tabellen eröffnen nicht nur die Möglichkeit, das aktuelle 10-Jahres-Risiko für ein tödliches kardiovaskuläres Ereignis abzuschätzen, sondern erlauben jüngeren Personen auch die Projektion auf das Alter von 60 Jahren. Was speziell für jene Menschen von großer Bedeutung sein kann, die zwar im Alter von 20 oder 30 Jahren ein niedriges absolutes Risiko besitzen, aber mitunter bereits ein die Gesundheit gefährdendes Profil aufweisen. Sollten diese Risikofaktoren im Laufe der Jahre nicht reduziert werden, ist dann mit einer weitaus höheren Erkrankungswahrscheinlichkeit und Sterberate zu rechnen.

Außerdem ist die Gegenüberstellung mit einer gleichaltrigen Person gleichen Geschlechts möglich, die allerdings keine der drei hier betrachteten Risikofaktoren aufweist (Nichtraucher mit einem Blutdruck unter 140/90 mmHg und Serumcholesterin unter 190 mg/dl). Auf diese Weise kann abgeschätzt werden, wie die Situation bei geänderter Risikokonstellation aussehen könnte. Ein Motivationsfaktor, der speziell bei jüngeren Menschen ein Umdenken in Sachen Lebensstil einleiten kann.

■ Anwendungsbereiche der SCORE-Tabellen

Für Europa wurden zwei SCORE-Tabellen erstellt:

- **SCORE-Tabelle 1:** Bezieht sich auf Länder, in denen die Bevölkerung ein relativ hohes Risiko für kardiovaskuläre Todesfälle aufweist
- **SCORE-Tabelle 2:** Bezieht sich auf Länder, in denen die Bevölkerung ein relativ niedriges Risiko für kardiovaskuläre Todesfälle aufweist

Die **SCORE-Tabelle 1** bezieht sich unter anderen auf Deutschland und Österreich.
Die **SCORE-Tabelle 2** bezieht sich auf Belgien, Frankreich, Griechenland, Italien, Luxemburg, Portugal, Spanien und die Schweiz.

Die SCORE-Tabellen und Instruktionen für die Verwendung

- Die SCORE-Tabellen weisen Felder auf, die von unten nach oben zunehmenden Altersklassen zugeordnet sind. Jedes Feld ist in 20 „Zellen" unterteilt.

- Zur Abschätzung des Gesamtrisikos, dass in den folgenden 10 Jahren eine tödliche kardiovaskuläre Krankheit droht, gilt es folgende Schritte zu setzen:
  1. Aufsuchen der richtigen Tabelle (BRD und Österreich Tabelle 1, Schweiz Tabelle 2)
  2. Aufsuchen jenes Feldes, das hinsichtlich weiblichen oder männlichen Geschlechts, Raucher/Nichtraucher-Status und Alter entspricht.
  3. Innerhalb des Feldes Aufsuchen jener Zelle, welche dem systolischen Blutdruck und dem Gesamtcholesterin am nächsten kommt.

- Die Zellen sind in vertikalen Rubriken von links nach rechts entsprechend dem Gesamtcholesterin geordnet (Cholesterin in mg/dl). Die horizontalen Reihen der Zellen beziehen sich in jedem Feld von unten nach oben aufsteigend auf den systolischen Blutdruck.

- Der Effekt, den die Risikofaktoren aufweisen, wenn man ihnen im Lauf des weiteren Lebens ausgesetzt bleibt, kann beurteilt werden, indem man der Tabelle nach oben folgt.

Alter	Systolischer Blutdruck (mm/Hg)	Frauen Nichtraucher 160	200	240	280	320	Frauen Raucher 160	200	240	280	320	Männer Nichtraucher 160	200	240	280	320	Männer Raucher 160	200	240	280	320
65	180	7	8	9	10	12	13	15	17	19	22	13	16	19	22	26	26	30	35	41	47
	160	5	5	6	7	8	9	10	12	13	16	9	11	13	15	16	16	21	25	29	34
	140	3	3	4	5	6	6	7	8	9	11	6	8	9	11	13	13	15	17	20	24
	120	2	2	3	3	4	4	5	5	6	7	4	5	6	7	9	9	10	12	14	17
60	180	4	4	5	6	7	8	9	10	11	13	9	11	13	15	18	18	21	24	28	33
	160	3	3	3	4	5	5	6	7	8	9	6	7	9	10	12	12	14	17	20	24
	140	2	2	2	3	3	3	4	5	5	6	4	5	6	7	9	8	10	12	14	17
	120	1	1	2	2	2	2	3	3	4	4	3	3	4	5	6	6	7	8	10	12
55	180	2	2	3	3	4	4	5	5	6	7	6	7	8	10	12	12	13	16	19	22
	160	1	2	2	2	3	3	3	4	4	5	4	5	6	7	8	8	9	11	13	16
	140	1	1	1	1	2	2	2	2	3	3	3	3	4	5	6	5	6	8	9	11
	120	1	1	1	1	1	1	1	2	2	2	2	2	3	3	4	4	4	5	6	8
50	180	1	1	1	2	2	2	2	3	3	4	4	4	5	6	7	7	8	10	12	14
	160	1	1	1	1	1	1	2	2	2	3	2	3	3	4	5	5	6	7	8	10
	140	0	1	1	1	1	1	1	1	1	2	2	2	2	3	3	3	4	5	6	7
	120	0	0	1	1	1	1	1	1	1	1	1	1	2	2	2	2	3	3	4	5
40	180	0	0	0	0	0	0	0	0	1	1	1	1	1	2	2	2	2	3	3	4
	160	0	0	0	0	0	0	0	0	0	0	1	1	1	1	1	1	2	2	2	3
	140	0	0	0	0	0	0	0	0	0	0	0	1	1	1	1	1	1	1	2	2
	120	0	0	0	0	0	0	0	0	0	0	0	0	1	1	1	1	1	1	1	1

Cholesterin mg/dl

SCORE-Tabelle 1 (Gültig für europäische Länder mit relativ hohem Risiko kardiovaskulärer Krankheit. Dazu zählen u.a. Deutschland und Österreich): 10-Jahres-Risiko für tödliche kardiovaskuläre Erkrankung in Abhängigkeit von Geschlecht, Alter, systolischem Blutdruck, Gesamt-Serumcholesterin und Rauchen (Angaben in %).

Frauen	Nichtraucher					Raucher					Alter
180	4	5	6	6	7	9	9	11	12	14	
160	3	3	4	4	5	6	6	7	8	10	
140	2	2	2	3	3	4	4	5	6	7	65
120	1	1	2	2	2	3	3	3	4	4	
180	3	3	3	4	4	5	5	6	7	8	
160	2	2	2	2	3	3	4	4	5	5	
140	1	1	1	2	2	2	2	3	3	4	60
120	1	1	1	1	1	1	2	2	2	3	
180	1	1	2	2	2	3	3	3	4	4	
160	1	1	1	1	1	2	2	2	3	3	
140	1	1	1	1	1	1	1	1	2	2	55
120	0	0	1	1	1	1	1	1	1	1	
180	1	1	1	1	1	1	1	2	2	2	
160	0	0	1	1	1	1	1	1	1	1	
140	0	0	0	0	0	1	1	1	1	1	50
120	0	0	0	0	0	0	0	0	1	1	
180	0	0	0	0	0	0	0	0	0	0	
160	0	0	0	0	0	0	0	0	0	0	
140	0	0	0	0	0	0	0	0	0	0	40
120	0	0	0	0	0	0	0	0	0	0	
	160	200	240	280	320	160	200	240	280	320	Cholesterin mg/dl

Alter	Männer	Nichtraucher					Raucher				
	180	8	9	10	12	14	15	17	20	23	26
	160	5	6	7	8	10	10	12	14	16	19
65	140	4	4	5	6	7	7	8	9	11	13
	120	2	3	3	4	5	5	5	6	8	9
	180	5	6	7	8	9	10	11	13	15	18
	160	3	4	5	5	6	7	8	9	11	13
60	140	2	3	3	4	4	5	5	6	7	9
	120	2	2	2	3	3	3	4	4	5	6
	180	3	4	4	5	6	6	7	8	10	12
	160	2	2	3	3	4	4	5	6	7	8
55	140	1	2	2	2	3	3	3	4	5	6
	120	1	1	1	2	2	2	2	3	3	4
	180	2	2	3	3	4	4	4	5	6	7
	160	1	1	2	2	2	2	3	3	4	5
50	140	1	1	1	1	2	2	2	2	3	3
	120	1	1	1	1	1	1	1	2	2	2
	180	0	1	1	1	1	1	1	1	2	2
	160	0	0	0	1	1	1	1	1	1	1
40	140	0	0	0	0	0	0	1	1	1	1
	120	0	0	0	0	0	0	0	0	1	1
Cholesterin mg/dl		160	200	240	280	320	160	200	240	280	320

Systolischer Blutdruck mm/Hg

SCORE-Tabelle 2 (Gültig für europäische Regionen mit relativ niedrigem kardiovaskulären Risiko. Dazu zählt u.a. die Schweiz): 10-Jahres-Risiko für tödliche kardiovaskuläre Erkrankung in Abhängigkeit von Geschlecht, Alter, systolischem Blutdruck, Gesamtcholesterin und Rauchen (Angaben in %).

Zusätzliche Risikofaktoren

Unter jeder der folgenden Voraussetzungen kann das Gesamtrisiko einer Person für kardiovaskuläre Erkrankung höher sein, als es die Tabellen angeben:

- Wenn diese Person die nächste Altersklasse nahezu erreicht hat
- Wenn sie präklinische Zeichen der Arteriosklerose aufweist (wenn diese also bereits besteht, aber noch nicht manifest in Erscheinung tritt), beispielsweise laut Befunden von einer Computertomographie oder von einer Ultraschalluntersuchung.
- Im Falle einer ausgeprägten familiären Vorgeschichte (Anhaltspunkte: wenn der Vater oder ein Großvater einen Herzinfarkt bzw. einen Schlaganfall vor dem 55. Lebensjahr erlitten hat, oder die Mutter oder eine Großmutter vor dem 65. Lebensjahr).
- Wenn bestimmte – bereits oben erwähnte – Befunde vorliegen: niedriges HDL-Cholesterin, erhöhte Triglyceridspiegel, gestörte Glucosetoleranz, erhöhtes CRP, Fibrinogen, Homocystein oder Apolipoprotein B oder Lp(a)
- Wenn diese Person übergewichtig und körperlich inaktiv ist.

Hinweis: Mit Hilfe neuer Untersuchungstechniken (Magnet-Resonanz-Tomographie, ultraschnelle Computertomographie, Sonographie und Echokardiographie) können weitere unabhängige Risikofaktoren festgestellt und in verfeinerte Modelle für die Risikobeurteilung eingebracht werden.

Personen mit einem niedrigen Risiko sind gut beraten, diesen Status mit niedrigem Risiko aufrechtzuerhalten. Personen mit einem laut SCORE-Tabellen hohen Risiko (Gefahr eines tödlichen kardiovaskulären Ereignisses in den nächsten 10 Jahren von 5% oder darüber), oder solche, die dieses Risikoniveau aufgrund ihrer Risikofaktorkonstellation im mittleren Lebensalter erreichen könnten, sollten maximale Aufmerksamkeit erhalten (nähere Informationen dazu lesen Sie im Anhang: „Die europäischen Richtlinien“ ab Seite 252).

Thema Cholesterin: Fragen und Antworten

„Jeder Mensch sollte seine Cholesterinwerte wissen!“

– *Was ist Cholesterin?*
– Cholesterin ist eine Kohlenstoffverbindung, die den Fetten zugerechnet wird. Der Name leitet sich davon ab, dass Gallensteine meist große Mengen an Cholesterin enthalten (griechisch: „Chole“ = Galle, „stereos“ = fest). Cholesterin wird von menschlichen Körperzellen produziert und ist auch in tierischen Nahrungsmitteln enthalten. Der Körper braucht Cholesterin für die Bildung einer Reihe von lebenswichtigen Stoffen, zum Aufbau von Zellwänden, Hormonen, Vitamin D und Galle. Ein Zuviel an Cholesterin im Körper ist jedoch schädlich indem es in den Blutgefäßen abgelagert wird und diese beschädigt. Es bilden sich „Plaques“, die aufbrechen können und zum Verschluss einer Arterie führen können. Im Lauf der Jahre kommt es zur Arteriosklerose (Arterienverkalkung).

– *In Sachen Cholesterin unterscheidet man zwischen dem HDL-Cholesterin und dem LDL-Cholesterin. Was bedeuten die Abkürzungen?*
– HDL heißt High-Density-Lipoprotein, LDL Low-Density-Lipoprotein. Fette (Lipide), wie zum Beispiel Neutralfett (Triglyceride) und Cholesterinester, sind weder in Wasser noch im Blut löslich. Damit sie im Körper an den Ort ihrer Verwendung transportiert werden können, werden sie an Eiweißkörper (Proteine) gebunden. Diese Verbindungen aus Lipiden und Proteinen heißen Lipoproteine. HDL-Cholesterin und LDL-Cholesterin sind solche Lipoproteine.

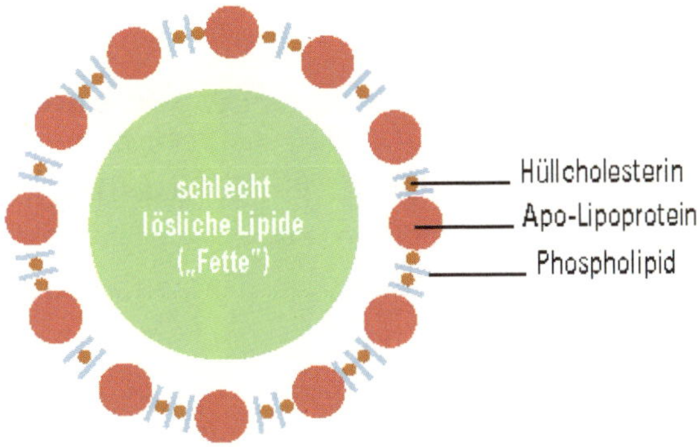

– Abb. 1: Modell eines Lipoproteins. Ein Fettpartikel ist von Apolipoproteinen, Phospholipiden und nicht-verestertem Cholesterin umhüllt. So kann wasserunlösliches Fett (Neutralfett, Cholesterinester) im Blut transportiert werden.

– Wieso gilt das HDL-Cholesterin als das so genannte gute und das LDL als das schlechte Cholesterin?

HDL-Cholesterin wird als das „gute" Cholesterin bezeichnet, da hohe HDL-Konzentrationen im Blut einen Schutzfaktor gegen Arterienverkalkung darstellen, wogegen erhöhte Konzentrationen von LDL-Cholesterin ein Risikofaktor sind – und zwar der wichtigste neben dem Rauchen und dem hohen Blutdruck! Schon gering erhöhte Blutkonzentrationen von LDL über 80-100 mg/dl gehen mit einem erhöhten Risiko an Herz-Gefäßkrankheiten einher – notabene Herzinfarkt, Schlaganfall und Gehirnleistungsschwäche (Demenz) im höheren Lebensalter!

Hinweis: Höhere HDL-Konzentrationen im Blut (über 60 mg/dl) gehen mit einem Minus an schädlichen Blutfetten einher und üben zusätzlich einen direkten anti-atherogenen Schutzeffekt aus. Unter anderem stimulieren sie die „anti-oxydative Aktivität". Weiters partizipiert HDL-Cholesterin am Transport von Cholesterin aus der Arterienwand zur Leber, wo es sich in den Stoffwechsel einschleust und als Gallensäuren über den Darm den Körper wieder verlässt. Im Gegensatz dazu entfalten hohe Konzentrationen von LDL-Cholesterin (samt weiteren Fraktionen:

IDL = intermediate density lipoproteins, VLDL = very low density lipoproteins) eine schädliche Wirkung auf die Arterienwand. Im Gegensatz zu HDL, das zwar auch in die Arterienwand eindringt, aber sie ebenso leicht wieder verlässt, bleibt LDL dort, wenn es einmal deponiert sowie (oxydativ) modifiziert ist, und verursacht zunehmende arteriosklerotische Veränderungen.

– Gibt es optimale Richtwerte?

– Der Richtwert für Gesamtcholesterin lag früher um 220 mg/dl, wurde aber mit zunehmendem Wissen um seine Bedeutung nach unten korrigiert. Er liegt unter 190 mg/dl, der optimale Wert um 160 mg/dl. Auch beim LDL-Cholesterin hat sich der Richtwert in den letzten Jahren ständig nach unten entwickelt. Früher sprach man von einem „Normalwert" von 150mg/dl. Normalwert heißt: der Durchschnittswert der gesunden Bevölkerung. Da aber unsere Bevölkerung in dieser Beziehung keine optimalen Werte aufweist, wurde festgestellt, dass ein niedrigeres LDL-Cholesterin gesünder wäre. Deshalb wurde der Richtwert auf 115 mg/dl gesenkt, für Patienten mit kardiovaskulärer Krankheit auf 100. Jetzt werden schon Werte von 85-90 mg/dl in den Raum gestellt. Sie gelten als Idealwert. Er ist allerdings bei unseren derzeitigen Lebensgewohnheiten kaum erreichbar. Gerade in Hinblick auf die Tatsache, dass unsere zum jetzigen Zeitpunkt geborenen Kinder eine gute Chance besitzen, 100 Jahre und älter zu werden, wird jedoch die Beachtung dieses Faktors zunehmende Bedeutung erlangen. Bei optimalen LDL-Werten bleiben die Blutgefäße intakt. Und da „der Mensch so alt ist wie seine Gefäße", wird er biologisch langsamer altern, länger gesund bleiben.

– Ergibt sich der Wert des Gesamtcholesterins aus einer Addition der HDL- und LDL-Werte?

– Umgekehrt! Gesamtcholesterin und HDL-Cholesterin werden gemessen, wogegen das LDL-Cholesterin oft unter Verwendung einer Formel daraus berechnet wird. Ich erinnere daran, dass es noch andere Komponenten gibt (IDL, VLDL).

– Wie sieht das oft angesprochene Verhältnis von LDL zum HDL-Cholesterin optimalerweise aus?

– Das optimale Verhältnis liegt unter 3:1 (der Quotient LDL/HDL sollte also geringer als 3 sein). Allerdings sind die Zusammenhänge nicht so einfach. Eine realistische Veranschaulichung ist am besten in Form einer Tabelle möglich.

LDL mg/dl \ HDL mg/dl	25	30	35	40	45	50	55	60
100	4,0	3,3	2,9	2,5	2,2	2,0	1,8	1,7
110	4,4	3,7	3,1	2,8	2,4	2,2	2,0	1,8
120	4,8	4,0	3,4	3,0	2,7	2,4	2,2	2,0
130	5,2	4,3	3,7	3,3	2,9	2,6	2,4	2,2
140	5,6	4,7	4,0	3,5	3,1	2,8	2,5	2,3
150	6,0	5,0	4,3	3,8	3,3	3,0	2,7	2,5
160	6,4	5,3	4,6	4,0	3,5	3,2	2,9	2,7
170	6,8	5,7	4,9	4,3	3,8	3,4	3,1	2,8
180	7,2	6,0	5,1	4,5	4,0	3,6	3,3	3,0
190	7,6	6,3	5,4	4,8	4,2	3,8	3,5	3,2
200	8,0	6,7	5,7	5,0	4,4	4,0	3,6	3,3
210	8,4	7,0	6,0	5,3	4,7	4,2	3,8	3,5
220	8,8	7,3	6,3	5,5	4,9	4,4	4,0	3,7

> 5 = hohes KHK-Risiko
3-5 = zunehmendes KHK-Risiko
<3 = niedriges KHK-Risiko

– Tabelle: Der LDL/HDL-Quotient als Risikofaktor. „KHK-Risiko" bezieht sich auf die Wahrscheinlichkeit, an einer koronaren Herzkrankheit zu erkranken (Angina pectoris, Herzinfarkt, plötzlicher Herztod).

– Wie gefährlich sind überhöhte Cholesterinwerte?

– Diesbezüglich würde ich wirklich empfehlen, dass man die SCORE-Tabellen zu Rate zieht, weil anhand dieser Tabellen die Bedeutung der wichtigsten Risikofaktoren detailliert nachvollziehbar wird. Das Aufregende an den SCORE-Tabellen ist ja, dass sie sich auf europäische Studien stützen und daher auf die Bevölkerungen der europäischen Länder anwendbar sind. So kann man im deutschen Sprachraum erstmals mit Hilfe der

SCORE-Tabellen sein persönliches kardiovaskuläres Risiko aufgrund der Cholesterinwerte mit einer relevanten Wahrscheinlichkeit ein- und abschätzen.

Hinweis: Die SCORE-Tabellen berücksichtigen nur das Gesamtcholesterin. Es wurden jedoch auch Tabellen unter Verwendung des Quotienten von Gesamtcholesterin/HDL erstellt. Analog zu einer Spanne des Gesamtcholesterins von 160 bis 320 mg/dl lag die Spanne dieses Quotienten zwischen 3 und 7. Aber die Performance dieser so modifizierten Tabellen erwies sich als kaum besser und da Gesamtcholesterin mit den meisten wissenschaftlichen Verlaufsstudien korreliert werden kann, ist seine Verwendung in den Tabellen eher vorteilhaft. Womit in meinen Augen alle Menschen sehr kontraproduktiv sind, die versuchen, die Bedeutung des Serumcholesterins für die gesundheitliche Entwicklung herunterzuspielen.

– Was gilt es nun für einen Menschen mit erhöhten Cholesterinwerten zu tun?
– Das hängt natürlich von vielen Detailinformationen ab (Alter, Lebensumstände etc.). Wenn er 80 Jahre alt ist und völlig gesund, werde ich ihn zwar beraten, aber keinesfalls mit allzu vielen Vorgaben belasten. Aber jüngeren Menschen, bei denen das Risiko noch zuschlagen kann, lege ich ans Herz, dass sie alles dazu beitragen sollen, um wieder in den optimalen Bereich zu kommen. Damit sie keinen Herzinfarkt bekommen, keinen Schlaganfall, keine periphere Verschlusskrankheit, im Alter nicht unter den Folgen der cerebralen Arteriosklerose mit Gedächtnisschwund usw. leiden. Gerade im jugendlichen und im mittleren Lebensalter werden diesbezüglich oft die Weichen gestellt.

– Welche konkrete Anweisungen gibt es nun zu beachten?
– Als Erstes muss man sich richtig ernähren. Ob die Ernährung richtig ist, erkennt man an der Entwicklung des LDL-Cholesterins bzw. der Relation zwischen LDL und HDL. Allerdings: Viel mehr

als eine Reduktion der Cholesterinwerte um 20 Prozent ist mit einer Ernährungsumstellung in der Regel nicht erreichbar. Das heißt: Allein auf Grund einer Ernährungsumstellung kommt man noch nicht in den optimalen Bereich. Darüber hinaus muss man auf regelmäßige körperliche Bewegung achten, mit Stress umzugehen lernen und – in gewissen Fällen – auch ein Medikament einnehmen, und zwar nach dem heutigen Wissensstand ein „Statin".

– Menschen, die skeptisch gegenüber Medikamenten eingestellt sind, argumentieren, dass Medikamente den Körper vergiften.
– Darauf gibt es nur eine Antwort: Alle wissenschaftlichen Studien deuten darauf hin, dass jener Risikopatient weniger Krankheiten durchmacht und länger lebt, der mit kompetenter ärztlicher Indikation das Statin einnimmt! Von einer Einnahme ohne ärztliche Beratung würde ich allerdings dringend abraten. Schließlich gibt es auch Cholesterinerhöhungen infolge anderer Krankheiten wie Schilddrüsenunterfunktion, Nieren- und Nebennieren- und Lebererkrankungen, insbesondere „primär biliäre Zirrhose". Auch Verminderungen des Cholesterins im Blut gibt es, ebenfalls bei Leberschäden und auch bei Schilddrüsenüberfunktion, bei konsumierenden Krankheiten (Carcinom), schweren Infektionskrankheiten und erblichen Defekten.

– Was ist ein Statin?
– Statine sind chemische Verbindungen, welche im menschlichen Organismus ein für die Cholesterinsynthese wichtiges Enzym hemmen, und zwar sehr spezifisch und sehr effektiv. Dieses Enzym heißt „HMG-CoA-Reduktase".

– Wie stehen Sie zu alternativen Methoden?
– Jeder Mensch ist seines Glückes Schmied. Man kann Fischöl zu sich nehmen, Knoblauch oder Zwiebel essen – man kann alle möglichen Erfahrungen und Ratschläge für sich nutzbar machen. Betreffend Gesamtcholesterin ist das erklärte Ziel 160 mg/dl, betreffend LDL 100, noch besser unter 90 mg/dl, am

besten zusammen mit einem hohen HDL. So lange das Ziel nicht erreicht wird, muss man sich eingestehen, dass Hausmittel allein nicht ausreichend sind.

– Was wäre somit der einfachste Weg, um optimale Cholesterinwerte zu erreichen?
– Die Höhe des Cholesterinspiegels und die Verteilung auf LDL und HDL hängen von der körpereigenen Produktion, die wiederum durch die Aufnahme von tierischem Fett stimuliert wird, sowie von der Cholesterinzufuhr mit der Nahrung und vom Verbrauch ab. Der Cholesterinspiegel korreliert unter anderem auch mit körperlicher Bewegung und mit der Stressbelastung. Daher ist der richtige Weg, um optimale Cholesterinwerte zu erreichen, eine Kombination der genannten Faktoren: richtige Ernährung, die arm ist an tierischem Fett und Cholesterin und reich an „Schutzfaktoren", regelmäßige körperliche Aktivität, Stress-Reduktion (Lachen hält gesund) und Harmonie auf allen Ebenen. Wenn alles nicht reicht, weil ja auch erbliche bzw. konstitutionelle Veranlagungen eine wesentliche Rolle spielen, kann man zusätzliche Mittel versuchen: Hausmittel, Nahrungsergänzungen, aber landen wird man heutzutage schließlich dennoch oft bei einem Statin.

– Noch ein Wort zur richtigen Ernährung: Welche konkreten Ratschläge gibt es diesbezüglich?
– Darauf komme ich in einem eigenen Kapitel zu sprechen, aber wenn ich hier alles in einem Satz subsumieren soll: kalorienangepasst und salzreduziert, reich an Gemüse, Obst und vollwertigen Getreideprodukten, bewusst in der Verwendung hochwertiger Pflanzenöle (Olivenöl, Rapsöl) und arm an Fleisch, tierischen Fetten und Zucker.

– Wie sinnvoll ist die Produktpalette der so genannten kalorien- und fettreduzierten Light-Produkte?
– Dabei handelt es sich um eine wertvolle Entwicklung der Nahrungsindustrie und eine Hilfe für jene Menschen, die beispiels-

weise ohne größere Mengen von Milch und Käse nicht auskommen. Mehr in meinem Sinn wäre allerdings, mit unverfälschten Produkten sparsam umzugehen, weil Light-Produkte gegenüber der biologischen Form verändert sind.

– Welche Rolle spielt der Erbfaktor in Sachen Cholesterin?
– Der Erbfaktor ist von einer grundlegenden Bedeutung. Es gibt Menschen, die genetisch bedingt so bevorzugt sind, dass sie tun und lassen können, was sie wollen. Andere Familien, mit der so genannten familiären Hypercholesterinämie, leiden darunter, dass ihre Mitglieder seit ihrer Kindheit sehr hohe Cholesterinwerte haben und mit 25, 30 Jahren Gefahr laufen, einen Herzinfarkt zu erleiden. Aber auch in diesem Fall gilt ganz besonders: Wichtig ist, die Cholesterinwerte rechtzeitig zu bestimmen und eine kompetente lebenslange Behandlung einzuleiten!

– Viele Menschen wissen mitunter gar nicht, dass sie erhöhte Cholesterinwerte haben.
– Jeder Mensch sollte aber bereits sehr früh sein Gesamtcholesterin, sein HDL- und LDL-Cholesterin und seine Triglyceridwerte kennen! Genauso wie er übrigens auch über seinen Blutzucker und sein Blutdruckverhalten Bescheid wissen sollte, was aber leider in Praxis viel zu selten der Fall ist.

– A propos Triglyceride – also Neutralfette: Was hat es mit denen auf sich?
– Hohe Triglyceridwerte im Blut sind auch mit einem Risiko für Arteriosklerose assoziiert, aber in einem viel schwächeren Grad als hohe Cholesterinwerte. Die Assoziation ist vielschichtig insoferne, als erhöhte Triglyceride mit anderen Risikofaktoren zusammen wirken. Jedenfalls erfordern erhöhte Triglyceridwerte (über 150 mg/dl) Aufmerksamkeit in Richtung der gesamten Stoffwechselsituation, Zuckerstoffwechsel, Übergewicht, geringer körperlicher Aktivität, geringer Aufnahme von Gemüsen und Früchten und Hochdruckkrankheit.

Thema Blutdruck: Fragen und Antworten.

„Bluthochdruck gehört konsequent behandelt!“

– *Was sind aus medizinischer Sicht optimale Blutdruckwerte?*

– Früher galt als Richtlinie für den systolischen, also für den oberen Blutdruckwert: Alter plus 100. Der diastolische Blutdruckwert hatte immer schon einen altersunabhängigen Grenzwert: er war in etwa unter 95 mmHg angesiedelt. Ähnlich wie beim Cholesterin haben sich diese Werte total geändert. Heute ist man aufgrund langfristiger wissenschaftlicher Beobachtungen der Ansicht, dass beim gesunden Menschen die Blutdruckwerte über das ganze Leben gesehen gleich bleiben sollten: der obere (systolische) Wert unter 140, der untere (diastolische) Wert unter 90 mmHg. Ideal ist ein systolischer Blutdruck von 120 bis 130 mmHg. Der diastolische Blutdruck liegt idealerweise unter 80 mmHg – je niedriger, desto besser (Einschränkung: bei Werten unter 60 mmHg sollte ein Herzfehler ausgeschlossen werden). Wie gesagt, diese Angaben gelten für gesunde Menschen. Wenn nämlich bestimmte Krankheiten vorliegen, darf ein erhöhter Blutdruck nicht so stark abgesenkt werden. Beispielsweise bei Menschen mit Verkalkungen der Hirngefäße, weil es sonst zu einer Unterdurchblutung und in weiterer Folge zu einem Schlaganfall kommen kann.

– *Wie aussagekräftig sind Blutdruck-Messungen?*

– Wenn man zum Arzt geht, gibt es oft den viel zitierten „Weißmantel-Effekt“, d.h. der Blutdruck ist etwas höher als im Normalfall. Wie stark dieser Weißmantel-Effekt ausfällt, ist schon ein Indikator, zu welchen Stressantworten man neigt. Ob man auf Stressoren mit einem überschießenden Blutdruckanstieg reagiert, oder ob man gleichmütig bleibt. Ich nenne diese Leute, deren Blutdruck sehr rasch in die Höhe schnellt, Rennpferd-Typen. Diese Menschen sind oft ganz gesund und verfügen eben über ein „jugendlich" funktionierendes vegetatives Nervensystem. Solange sie sich nicht ständig aufregen, ist diese Blutdruckregulation kein Besorgnis erregender Faktor. Man muss nicht jemandem, der bei Freude oder bei irgendeiner emotionellen Erregung einen hohen Blutdruck entwickelt, gleich ein Medikament verschreiben. Besser ist, er trainiert, steigert seinen Vagotonus und hat dadurch ein ausgeglichenes Blutdruck-Profil (der „Vagus" ist der Schonnerv des Körpers, als Gegengewicht zum „Sympathikus", welcher die „Peitsche" darstellt). Um nun diesen „Weißmantel-Effekt" auszuschalten, ist es manchmal besser, wenn der Patient daheim seinen Blutdruck selbst misst. Was allerdings auch nicht ganz unproblematisch ist, weil die Technik gekonnt sein will.

– Wie verlässlich sind die Geräte zur Selbstmessung des Blutdrucks?

– Die Messgeräte kann man entweder am Arm anlegen, oder am Handgelenk. Messungen am Zeigefinger gibt es auch, aber darauf gehe ich hier wegen der geringeren Verlässlichkeit der Messungen nicht ein. Wichtig ist, dass sich die Blutdruckmanschette bei der Messung in Herzhöhe befindet. Armmessungen sind insbesondere dann verlässlich, wenn man die Messung mit Hilfe eines Stethoskops durchführt, wie es beim Arzt der Fall ist („akustische" Methode). Das ist auch die einzige Methode, die bei bestimmten Herzrhythmusstörungen (Vorhofflimmern!) eine exakte Blutdruckmessung erlaubt. Einfacher ist allerdings die Messung nach der „oszillatorischen" Methode. Über die Messmethode muss man sich vor dem Kauf eines Gerätes informieren und mit seinem Arzt besprechen. Handgelenks-Messungen geben im Grunde nur einen Annäherungswert an, es sei denn, dass man sich zuerst anhand von gleichzeitigen Messungen am Arm der Übereinstimmung vergewissert. Grundsätzlich sollte man die Genauigkeit der eigenen Blutdruck-Messungen regelmäßig kontrollieren. Das heißt, man sollte zum Arzt oder zum Apotheker gehen und parallel eine Messung durchführen lassen.

– Wie oft sollte man seinen Blutdruck kontrollieren?
– Bei der Selbstmessung zumindest anfangs zweimal täglich, nämlich morgens und abends. Aber genau da liegt oft die Problematik. Manche Menschen entwickeln eine so große Nervosität, dass sie permanent ihre Blutdruckwerte kontrollieren und förmlich ihr ganzes Leben auf den Blutdruck einstellen. Deshalb ziehe ich oft die Methodik des 24-Stunden Blutdruckmessverfahrens vor (ambulantes 24-Stunden-Blutdruckmonitoring, ABM). Auf diese Weise wird der gewohnte Tagesablauf nicht beeinträchtigt, weil der momentane Blutdruckwert jede halbe Stunde automatisch erfasst wird, in der Nachtperiode jede Stunde. Diese Methodik hat den Vorteil, dass der Patient den Messprozess nicht mehr registriert und dementsprechend entspannt ist. Das Resultat ist ein verlässliches Blutdruckprofil, das man vor Einleitung einer Behandlung und zur Kontrolle der richtigen Blutdruckeinstellung erhebt.

– Gibt es trotzdem – was die Tageszeit betrifft – unterschiedliche Blutdruckwerte?
– Ja, aber das kann man nicht verallgemeinern. Menschen mit einem stressbedingten Bluthochdruck haben tagsüber hohe Werte und in der Nacht niedrige. Ein echter Hochdruck-Patient hat meist auch schon in der Nacht höhere Blutdruckwerte als die Norm. Generell gibt es – über den Tag betrachtet – bestimmte Schwankungen. Beispielsweise ist der Blutdruck in den frühen Morgenstunden, um 4 bis 5 Uhr, besonders niedrig. Aber wie gesagt: jeder Mensch ist auch in Sachen Blutdruck sehr individuell veranlagt – es gibt den „Morgenmuffel“ und andererseits Menschen, die gerade in der Früh sehr aktiv und leistungsstark sind, was mit dem vegetativen Nerventonus und auch mit dem Blutdruckverhalten zu tun hat.

– Welche Gefahren sind mit einem erhöhten Blutdruck verbunden?
– Drei ganz große Gefahren: Erstens ist Bluthochdruck ein wichtiger Faktor für die allgemeine Gefäßverkalkung. Eine weitere

Gefahr betrifft Herzinfarkt und Schlaganfall. Die dritte Problematik, die jetzt geradezu epidemische Ausmaße annimmt, ist die Herzschwäche auf Grund der ständigen Überlastung des Herzens. Denn: Der Herzmuskel erlahmt, wenn er immer einen so hohen Druck aufbauen muss. Das führt in weiterer Folge dazu, dass der Herzmuskel im höheren Alter so schwach wird, dass der Mensch einfach auf Grund der Herzschwäche praktisch nur noch ein paar Schritte machen kann und kaum Luft bekommt.

– Weshalb kam es zu dieser epidemischen Entwicklung der Hochdruck-Krankheit?
– Auf Grund des Lebensstils. Überernährung, Alkohol, Zigaretten, das Zuviel an Salz und Dauerstress.

– Kann auf der anderen Seite ein zu niedriger Blutdruck ebenfalls Komplikationen nach sich ziehen?
– Das Unangenehme am zu niedrigen Blutdruck (arterielle Hypotonie) ist die Kollaps-Neigung. Menschen mit einem zu niedrigen Blutdruck fühlen sich oft müde und weniger agil. Richtig gefährlich ist der zu niedrige Blutdruck beim sonst Gesunden im Grunde aber nicht. Was die Lebenslänge und die lebenslange Gesundheit betrifft, sind Leute mit einem niedrigen Blutdruck sogar bevorzugt.

– Welche Behandlungsarten gibt es nun bei Blutdruckwerten, die außerhalb der Norm sind?
– Bluthochdruck ist durch die Reduktion der blutdrucksteigernden Faktoren zu behandeln – sprich das Vermeiden von ungesunder Kost und Übergewicht, Alkohol und Nikotin, zu viel Salz und Dauer-Stress. Demgegenüber sollten ein beschwingter Lebensstil, Ausdauertraining und Idealgewicht angepeilt werden. Empfehlenswert sind außerdem bei einer milden Hochdruckkrankheit regelmäßige Sauna-Besuche: das Herausschwitzen von Salz und der beruhigende Einfluss auf das Nervensystem wirken positiv. Darüber hinaus würde ich einen milden Tee

einem Zuviel an starkem Kaffee vorziehen. Dann gibt es natürlich eine ganze Palette an Medikamenten. Hier dominiert meistens das Prinzip, dass der Arzt mehrere Substanzen kombiniert, weil die Einzelsubstanz, die alle Probleme löst, ein „Stein des Weisen" wäre. Deshalb kombinieren wir meistens Medikamente, die sich in der Wirkung addieren oder sogar potenzieren, aber in den Nebenwirkungen gegenseitig aufheben. In keinem Fall aber darf eine unbedachte Blutdrucksenkung erfolgen.

– Wie reagieren Hochdruck-Patienten auf eine Absenkung des Blutdrucks?

– Der Patient fühlt sich meistens zumindest anfangs etwas weniger agil. Bei Männern stellt sich darüber hinaus die Frage nach dem Einfluss auf die Potenz, weil Blutdrucksenkung an und für sich tendenziell zu einer Reduktion der Potenz führt. Darauf kann der Arzt Bedacht nehmen. Man sollte ihn darauf ansprechen! Natürlich wäre es am besten, von vornherein der Entwicklung eines Bluthochdrucks vorzubeugen.

– Wie lässt sich ein zu niedriger Blutdruck behandeln (Hypotonie)?

– Kurzfristig kann man verschiedene Tonika oder Medikamente verwenden, aber das dauerhafte Anheben eines zu niedrigen Blutdrucks ist in den seltenen Fällen, in denen so etwas vorkommt, ein echtes Problem. Am ehesten kann man in diesem Fall noch zu einem körperlichen Training und sportlich orientierten, roborierenden Urlauben raten. Während ich bei Personen mit einem Bluthochdruck von Salz in der Küche und jedenfalls am Tisch abrate, gilt für Menschen mit einem zu niedrigen Blutdruck, dass sie nach ihrem Dafürhalten salzen können. Als Akuthilfe bei einem Schwindelgefühl aufgrund niedrigen Blutdrucks kann es helfen, dass man abrupt die Fäuste ballt, die Muskeln anspannt und so den Blutdruck in die Höhe treibt – sozusagen eine Attacke simuliert. Auf diese Weise kommt man aus dem momentanen Kollaps-Gefühl heraus. Das gilt natürlich nur für organisch gesunde Menschen.

Weichen stellen

Du weißt, dass ich es nicht leiden kann,
alte Leute sagen zu hören: ich bin zu alt,
um mich zu bessern.
Ich würde es viel lieber jungen Leuten verzeihen,
wenn sie sagen würden:
ich bin zu jung.

Madame de Sévigné

Selbst eine Reise von langer Dauer
beginnt mit dem ersten Schritt.

Lao-tse

IV. HERZ-KREISLAUF-REGULATION

Das Herz ist immer im Spiel – bei jeder psychischen Erregung, jeder intellektuellen Anspannung, jeder körperlichen Aktivität. Um zu vermeiden, dass das Herz durch ein Übermaß diverser Stressoren – öfter als uns lieb ist – aus dem Takt kommt, sollten wir Mittel ergreifen, die eine Entspannung bewirken.

Relaxation

Passende Antworten auf belastende Situationen zu finden ist eine schwierige, aber erlernbare Kunst. Deshalb möchte ich mich im nächsten Kapitel dem Thema Fitness widmen. Denn eine entscheidende Voraussetzung für ein bewusstes Ausnützen aller Möglichkeiten der Herz-Kreislauf-Stabilisierung beruht auf der Kenntnis einiger wichtiger physiologischer Grundlagen. Speziell ein geschärftes Bewusstsein bestimmter Prinzipien der Herz-Kreislauf-Regulation kann einen neuen Zugang zum eigenen Körper eröffnen.

Bis man endlich
den Raum der Ruhe ergreift
den das Herz freischlägt
rotieren Mächte
am Stand

Im Zentrum steht das Herz

Das Herz ist der „Motor“ des Körpers, das Zentrum des Kreislaufsystems (Abbildungen 2 und 3).

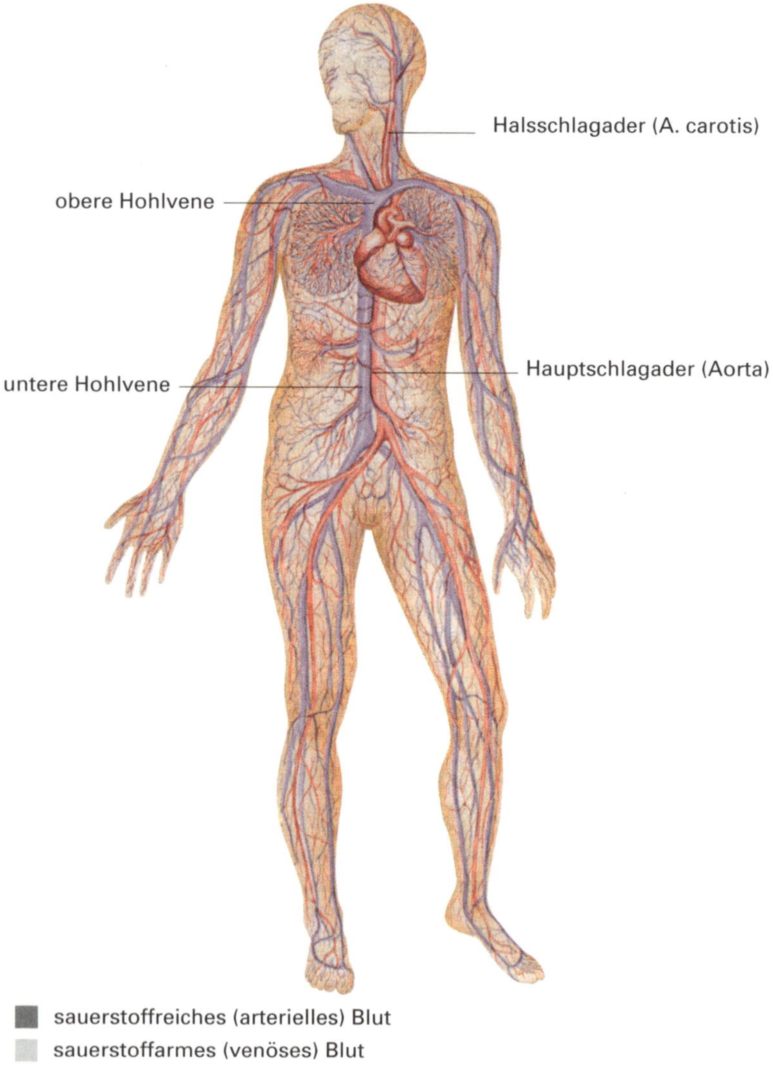

Abb. 2: Das Gefäßsystem des Menschen

Im Laufe meines Berufslebens habe ich immer wieder die Erfahrung gemacht, dass sich viele Menschen dieser Tatsache nicht vollständig bewusst sind.

Ein Beispiel hierfür ist der folgende Satz, den ich von vielen Patienten zu hören bekommen habe: „Keine Sorge – es geht nicht um mein Herz. Ich habe nur Kreislaufprobleme!“. Eine Aussage, die eindeutig beweist, dass man sich nicht im Klaren darüber ist, dass das Herz die zentrale und entscheidende Pumpfunktion innehat.

Alle Kreislaufstörungen gehen entweder vom Herzen aus oder wirken darauf zurück – falls die Ursache anderswo liegt. Man denke nur an Patienten mit arterieller Hypertonie (Bluthochdruck), bei denen sich ein Herzversagen als Folge der ständigen Überlastung des Herzmuskels durch den zu hohen Kreislaufwiderstand einstellen kann.

■ Wie arbeitet unser Herz?

Die Herzkammern sind die eigentlichen Pumpstationen. Sie nehmen das „von hinten kommende“ Blut wie eine offene Hand auf und pressen es in das arterielle Gefäßsystem (ähnlich einer Hand, die sich zur Faust schließt). Die Herzklappen haben die Funktion von Ventilen inne und sorgen dafür, dass der Blutstrom vorwärts gerichtet bleibt.

Der Lungenkreislauf (der „kleine Kreislauf“) besteht darin, dass die rechte Herzkammer das Blut auf dem Weg über die „Pulmonalklappe“ in die Lungenarterien und durch die Lungen pumpt, von wo es durch die Lungenvenen zurück zum Herzen und zwar in den linken Vorhof und durch die „Mitralklappe“ in die linke Herzkammer gelangt. Damit schließt sich der Lungenkreislauf.

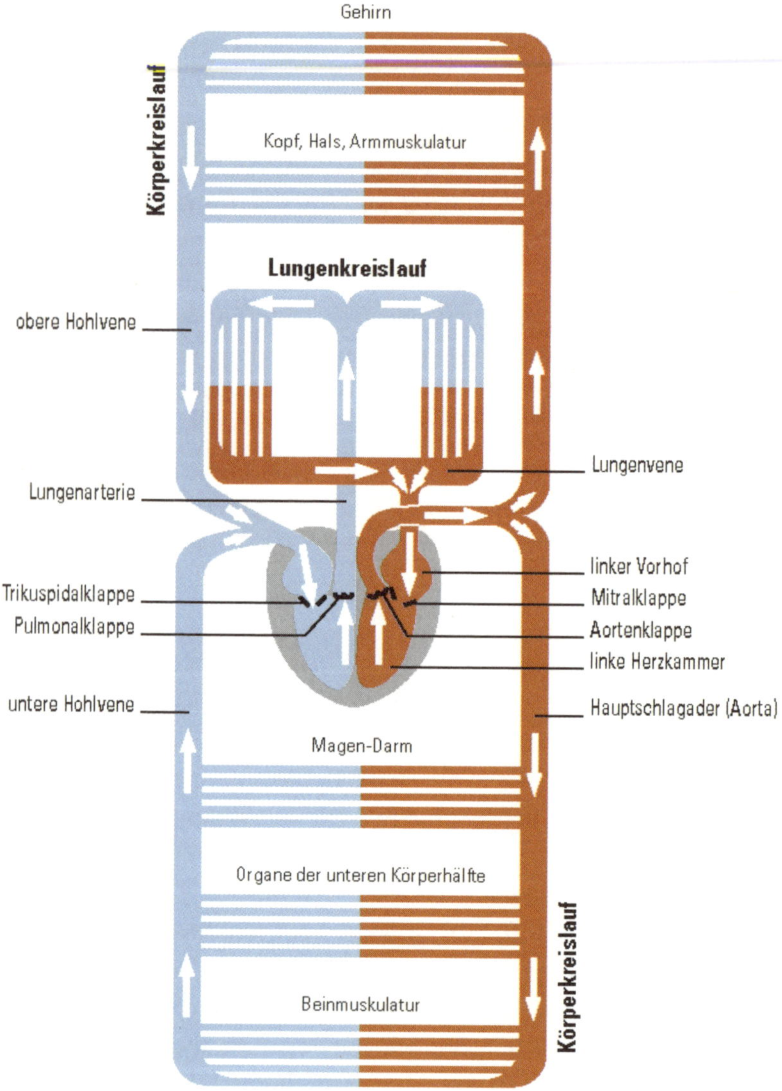

Abb. 3: Das Herz im Zentrum des Blutkreislaufs. Schematische Darstellung der Blutströmungen im Lungenkreislauf („kleiner Kreislauf“) und im Körperkreislauf („großer Kreislauf“).

Der Körperkreislauf (der „große Kreislauf") wird von der linken Herzkammer in Gang gehalten. Diese ist muskelstark, da sie den Blutdruck aufbauen muss. Durch die „Aortenklappe" gelangt das Blut in die Hauptschlagader (Aorta) und auf dem Weg über die Arterien zu den verschiedenen Organen. Anschließend fließt es – dank der Kraft des Herzens und in aufrechter Körperhaltung unterstützt durch die Muskelpumpe der Beine – zurück zum Herzen. Dieser Blutrückstrom vollzieht sich durch das Venensystem: Das Blut gelangt über die obere und die untere Hohlvene zum rechten Vorhof des Herzens und durch die „Trikuspidalklappe" wieder in die rechte Herzkammer. Damit schließt sich auch der Körperkreislauf.

Das Herz versorgt sich über die Koronararterien (Herzkranzarterien) selbst mit Blut. Diese entspringen aus der Aorta (Hauptschlagader) knapp oberhalb der Aortenklappe und bilden drei große Stämme, welche sich in ihr jeweiliges Versorgungsgebiet verästeln. Die Koronarvenen münden in den „Koronarsinus", eine Sammelvene, die sich in den rechten Vorhof entleert. Damit schließt sich der Koronarkreislauf.

■ Puls und Blutdruck

Der Puls: Aufgrund der Pumpcharakteristik des Herzens – rhythmisches Wechseln von Kontraktion und Erschlaffung, von Füllung der Herzkammern und Austreibung des Blutes – erfolgt der Blutstrom in den Arterien nicht gleichmäßig, sondern pulsierend.

Anmerkung: Arterien sind die Blutgefäße, die vom Herzen wegführen, Venen jene, die das Blut zum Herzen zurückbringen – dazwischen liegen die Organe mit ihrem Kapillarnetz, ganz dünnwandigen zarten Blutgefäßen, die den Austausch von Sauerstoff, Nährstoffen und Stoffwechselabfall zwischen Blut und Organgewebe ermöglichen.

Mit jeder Herzaktion wird durch das Auswerfen des Blutes aus dem Herzen eine neue Druck- und Flusswelle erzeugt, die sich in das elastische System der Arterien fortpflanzt und an den geeigneten Stellen als Pulswelle bzw. als „Puls“ ertastet und vermessen werden kann.

Der Blutdruck:

- Der höchste Druck (Gipfelpunkt der Pulswelle) wird als systolischer Blutdruck („oberer Blutdruckwert“) bezeichnet.
- Der niedrigste Druck (Tal der Pulswelle) als diastolischer Blutdruck („unterer Blutdruckwert“).

Die Stress-Reaktion

Stress ist eine unspezifische Körperantwort auf die verschiedensten Stress-Auslöser (Stressoren). Bei der hier angesprochenen Stressreaktion handelt es sich im Grunde aber (nämlich entwicklungsgeschichtlich betrachtet) um einen Alarm- und Notfallmechanismus. Er versetzt den Körper in Angriffs- und Fluchtbereitschaft und bringt das Herz-Kreislauf-System plötzlich auf volle Touren.

Dass das Herz buchstäblich bis zum Hals schlägt, kann aus freudiger Erregung oder aus Angst passieren. In diesem Fall empfehlen sich Atemübungen, beispielsweise das so genannte Valsalva-Manöver: tief einatmen – die Luft anhalten, ohne zu pressen – entspannt ausatmen.

Hinweis: Im Kapitel „Ich beruhige meinen Atem“ (Seite 240) wird auf eine besonders wirksame Atemtechnik eingegangen.

■ Medikamentöse Stress-Reduktion

Im Rahmen der Forschung wurden Medikamente entwickelt, die

- sowohl den Stress bei Bedarf akut unterdrücken (was besonders bei Menschen mit einer Hochdruckkrankheit sehr wichtig sein kann)
- als auch vorbeugend als „Basis-Therapie“, also langfristig eingesetzt werden können.

Detail am Rande: Manche Schauspieler verwenden derlei Medikamente, um das Lampenfieber in den Griff zu bekommen.

Die Steuerung des Herz-Kreislauf-Systems erfolgt sowohl über das autonome Nervensystem als auch humoral („mit den Körpersäften"). Humorale Faktoren sind die von den verschiedenen Drüsen gebildeten Hormone und andere Blutinhaltsstoffe.

Das autonome Nervensystem ist dem Willen nicht direkt unterworfen. Indirekt kann man es aber sehr wohl beeinflussen: zum Beispiel durch spezifische Atemtechniken und Entspannungsübungen.

Im autonomen Nervensystem gibt es zwei wichtige Gegenspieler: „Sympathikus" und „Vagus". Sie stehen in einem Gleichgewicht, das sich je nach der aktuellen Situation in die eine oder andere Richtung verschieben kann.

Der Sympathikus (= das sympathische Nervensystem) reagiert bei Anspannung, Erregung, Freude, Wut, Angst, Angriff, Flucht. Seine Aktivierung treibt das Herz an und steigert den Blutdruck. Er ist „die Peitsche".

Der Vagus (= das parasympathische Nervensystem) ist der „Schonnerv". Er beruhigt das Herz und senkt den Blutdruck.

Das oben erwähnte Valsalva-Manöver und die später – in einem eigenen Kapitel – behandelten Atemübungen sind vagoton, also den Vagus stimulierend. Obgleich sich eine momentane Erleichterung einstellen wird, ist es ratsam, sich vorbeugend gegen übermäßigen Stress zu konditionieren. In diesem Fall ist körperliches „Ausdauertraining" die wirksamste Variante. Dadurch wird der „Vagus" dauerhaft gestärkt. Die Regeln für ein erfolgreiches Ausdauertraining folgen im nächsten Kapitel.

Zuvor möchte ich mich aber mit den Begriffen Leistungsfähigkeit und Ausdauer auseinandersetzen.

Körperliche Leistungsfähigkeit hat viele Facetten. Um sich ein konkretes Bild vom Status quo der eigenen Fitness zu machen, sind Belastungstests, die zumeist am Fahrradergometer in einer Ordination durchgeführt werden, eine empfehlenswerte Methode.

Zum Ablauf eines Belastungstests: In der Aufwärmphase wird mit einer sehr geringen Belastung begonnen, die dann stufenweise gesteigert wird. Bei der „Standard-Ergometrie" am Fahrradergometer wird die Belastung alle zwei Minuten um 25 Watt erhöht, in der Sportmedizin alle drei Minuten um 50 Watt. Dieser Vorgang wird so lange wiederholt, bis die Leistungsgrenze erreicht ist und die Testperson „nicht mehr kann". Um die Sicherheit der/des zu Testenden zu gewährleisten, gibt es eine Reihe von Kriterien, die – seitens des Arztes – aufs Genaueste beobachtet werden, um bei Bedarf einen vorzeitigen Abbruch des Tests einzuleiten.

■ Was passiert im Körper, wenn die Belastungsdosis erhöht wird?

Mit zunehmender Leistung steigen

- die Herzfrequenz, gemessen am EKG oder am Puls
- der systolische Blutdruck
- die Atemtätigkeit und
- die „Sauerstoffaufnahme".

Der letzte Punkt ist der für die Leistungsfähigkeit repräsentativste. Sauerstoff ist essentiell für die Energiebereitstellung. Bei erhöhter Leistung wird Sauerstoff vermehrt aus der Atemluft geschöpft und an die Muskeln weitergegeben. Der Sauerstoffverbrauch der Muskulatur kann daher nur Hand in Hand mit der Anlieferung von Sauerstoff über das System Lunge/Herz/Kreislauf zunehmen, bis das Maximum erreicht wird.

Diesen maximal erreichbaren Sauerstoffumsatz eines Menschen nennt man seine „aerobe Kapazität" („aerob" bezieht sich auf die Luft, übertragen auf den der Luft entnommenen Sauerstoff). Die aerobe Kapazität dient in der Trainingslehre und in der Rehabilitationsmedizin als sehr wichtiger Parameter der maximalen körperlichen Leistungsfähigkeit, aber ist auch ausschlaggebend in Bezug auf die Ausdauerbelastbarkeit.

Ausdauer

Von einem körperlich ausdauernden Menschen spricht man dann, wenn er in der Lage ist, eine bestimmte Tätigkeit über einen langen Zeitraum durchzuhalten. In diesem Zusammenhang sind auch die Widerstandsfähigkeit gegen Ermüdung bzw. die Erholungsfähigkeit zwei nicht zu vernachlässigende Faktoren.

Da Muskelarbeit einen sehr hohen Energiebedarf hat, reichen die im Muskel unmittelbar verfügbaren Energie-Reserven nur für wenige Sekunden. Eine Fortsetzung der Muskeltätigkeit ist nur möglich, wenn die Energiespeicher in der Muskulatur im gleichen Tempo mit Energie nachgefüllt werden, wie sie ihnen entnommen wird. Die Kapazität dieses Energieumsatzes bestimmt daher die Ausdauerleistungsfähigkeit. Die kritische Frage lautet: Was gilt es zu wissen und zu tun, wenn man die Ausdauer verbessern will?

■ Sauerstoff – Spender der Lebensenergie

Bei Muskelarbeit von geringer bis mäßiger Intensität wird Energie vorwiegend durch die „Fettverbrennung" mit Sauerstoff (Oxydation von Fett) bereitgestellt. Übergewichtigen ist daher ausdauerndes Gehen und Wandern besonders zu empfehlen! Bei Muskelarbeit höherer Intensität schwenkt der Stoffwechsel – das wird bei der Diät von Sportlern berücksichtigt! – zunehmend auf die „Kohlenhydratverbrennung" mit Sauerstoff um (Oxydation von Kohlenhydraten). Fazit: Beide Energiequellen sind von der Sauerstoffzufuhr abhängig! Und dafür ist wiederum das System Lunge/Herz/Kreislauf zuständig: Bei

Muskelarbeit bewirkt die Kreislaufregulation, dass das mit Sauerstoff beladene Blut bevorzugt an die arbeitende Muskulatur geleitet wird. Die Zuleitung an den Ort des Bedarfes nennt man „Blutumverteilung“. Blutumverteilung gibt es natürlich nicht nur zur Muskulatur. Sie findet beispielsweise auch zur Haut statt, wenn der Körper überschüssige Wärme abgeben muss, oder zum Magen-Darm-Trakt zur Verdauung nach einer Mahlzeit.

■ Unbegrenzte Dauerleistung

Solange der Energiebedarf eines Menschen durch Sauerstoffverbrennung abgedeckt werden kann, häufen sich keine wesentlichen Mengen an belastenden Stoffwechselprodukten (Milchsäure) im Körper an. Außerdem steht Sauerstoff in der Umgebungsluft unbegrenzt zur Verfügung. Deshalb sind in den relativ niedrigen Leistungsbereichen, in denen ausschließlich mit Energie aus der Sauerstoffverbrennung gearbeitet wird, Dauerleistungen praktisch unbegrenzt möglich (zum Beispiel stundenlanges Gehen und Radwandern). In diesem „aeroben“ – durch Sauerstoffverbrennung abgedeckten – Leistungsbereich spielt sich auch das Ausdauertraining ab: Die Bewegungsabläufe werden ökonomischer, das System Lunge/Herz/Kreislauf effizienter, die Blutumverteilung zur arbeitenden Muskulatur wird gefördert und der Muskelstoffwechsel stimuliert. Als Ergebnis des Ausdauertrainings steht dem Trainierten ein zunehmend größerer Anteil der Maximalleistung für Ausdauerleistungen zur Verfügung, obwohl auch die Maximalleistung zunimmt. Man muss sich folgendes vor Augen führen: Der im täglichen Leben wichtige, weil weniger Rekreation erfordernde aerobe Leistungsbereich macht beim Untrainierten etwa 50% seiner Maximalleistung aus, beim Gesundheitssportler schon rund 65% und bei ausdauertrainierten Hochleistungssportlern bis zu 80%! Das bedeutet beträchtliche Zugewinne in der Belastbarkeit, die jeder durch ein Ausdauertraining für sich nutzbar machen kann!

■ Begrenzte Hochleistung

Jenseits dieses aeroben Leistungsbereiches, dann nämlich, wenn man die „an-aerobe Schwelle“ überschreitet und sich in hohe Leistungsbereiche begibt, steigt der Milchsäuregehalt des Blutes an, was zur Folge hat, dass der Körper „sauer“ wird. Zwar versucht der Körper, die überschüssige Säure dadurch loszuwerden, dass mit einer steileren Zunahme der Atemtätigkeit verstärkt Kohlensäure abgeatmet wird, aber irgendwann ist auch die Grenze dieses Kompensationsmechanismus erreicht. Die „Nebeneffekte“ sind Ermüdung und Erholungsbedarf. Der Grund ist, dass nach dem Überschreiten der an-aeroben Schwelle zusätzlich zur Sauerstoffverbrennung ein anderer Stoffwechselweg zunehmend zum Tragen kommt, der nicht auf Verbrennung (Oxydation), sondern auf dem Abbau von Zucker (Glykolyse) beruht. Die maximale Leistung des Körpers kann dadurch zwar weit über die aerobe Kapazität hinaus gesteigert werden, aber nur für begrenzte Zeit. Als Faustregel gilt: Je näher man am Leistungsmaximum ist, umso kürzer hält man durch. Deshalb ist ein „Haushalten“ mit den Kräften ein überaus wichtiges Kriterium der Ausdauer.

Hinweis: Für sehr kurze Anstrengungen steht zusätzlich zu den drei bisher erwähnten Stoffwechselwegen noch ein weiterer zur Verfügung (Kreatinphosphatspaltung), der rasche Bewegungen mit kurzfristig extrem hoher Leistung ermöglicht.

Das A und O der körperlichen Belastbarkeit

Entscheidend sind die Leistungsreserven des Herz-Kreislauf-Systems! Das Herz-Kreislauf-System kann die Blut- und Sauerstoffzufuhr an die Muskulatur durch die Zunahme der Pumpleistung des Herzens (Herzminutenvolumen) und durch die Bevorzugung der Muskulatur vor den anderen Organen steigern (Blutumverteilung).

Hinweis: Auch die Atemtätigkeit nimmt zu, aber soferne die Lunge gesund ist, besitzt sie eine sehr hohe Reservekapazität und ist deshalb praktisch nie ein die Körperleistung limitierender Faktor. Das Symptom „Atemnot" weist deshalb im Regelfall nicht auf eine Überforderung der Lunge hin, sondern ist vielmehr ein Zeichen des Ausreizens der Herzleistung, weil sich das Blut vor dem Herzen zunehmend in die Lunge zurück staut.

Als Herzminutenvolumen bezeichnet man die pro Minute vom Herzen geförderte Blutmenge, die durch zwei Mechanismen dem Bedarf angepasst wird:

1. durch die Regelung des Schlagvolumens (Blutauswurf pro Herzschlag)
2. durch die Regelung der Herzfrequenz (Schlagzahl pro Minute).

Anders ausgedrückt: Das Herzminutenvolumen ist das Produkt aus Schlagvolumen und Herzfrequenz. Wenn bei Herzkranken das Schlagvolumen reduziert ist, muss kompensatorisch die Herzfrequenz schon in Ruhe höher sein und bei Belastung stärker ansteigen.

Allerdings: Im Falle einer koronaren Herzkrankheit ist auch der Anstieg der Herzfrequenz eingeschränkt. Daraus folgt: Das zu geringe Herzschlagvolumen und die Limitierung der Herzfrequenz sind jene Faktoren, welche bei Herzkranken die Sauerstoffbereitstellung und somit die aerobe Kapazität begrenzen und daher sowohl die maximale Leistungsfähigkeit als auch die Ausdauerbelastbarkeit einschränken.

Umso mehr Bedeutung gewinnen dann eine verstärkte Blutumverteilung zur Muskulatur und eine optimale Sauerstoffausschöpfung aus dem Blut! Deshalb ist es für Herzkranke so wichtig, Muskulatur und Kreislaufregulation durch ein adäquates Ausdauertraining fit zu halten: Weil dadurch wenigstens die Blutumverteilung, die Entnahme des Sauerstoffes aus dem Blut und seine effiziente Verwertung in der Muskulatur optimiert werden, wenn schon die Kapazität des Herzens eingeschränkt ist!

Herzfrequenz

■ **Die Herzfrequenz** steigt mit zunehmender Leistung linear an. Deshalb kann die Trainingsintensität anhand der Herzfrequenz dosiert werden. Nach dem Ende der Belastung erreicht der Trainierte rascher wieder seine Ruhe-Herzfrequenz – was das beste Indiz für seine raschere Erholungsfähigkeit ist!

■ **Der Puls** entspricht bei normalem Herzrhythmus (Sinusrhythmus) der Herzfrequenz (Herzschlagzahl pro Minute). Bei Störungen des Herzrhythmus können aber Diskrepanzen zwischen Herzfrequenz und Puls auftreten.

Dass heutzutage immer mehr Hobbysportler die Vorteile des pulsgesteuerten Trainings ausnützen, ist eine positive Entwicklung. Allerdings täuscht der Puls bei Vorliegen bestimmter Herzrhythmusstörungen einen langsameren als den tatsächlichen Herzschlag vor. Dann nämlich, wenn manche Herzschläge so knapp auf den vorhergehenden Schlag folgen, dass sie keine separat tastbaren Pulswellen erzeugen und daher nicht als separater Pulsschlag in Erscheinung treten. Das ist der Fall bei Extrasystolen und insbesondere beim Vorhofflimmern („absolute Arrhythmie“, siehe Seite 95).

Moderne Trainingsgeräte messen daher nicht den Puls, sondern die Herzfrequenz vom abgeleiteten EKG!

■ Maximale Herzfrequenz

Jeder Mensch hat seine eigene individuelle maximale Herzfrequenz. Daher gibt die bekannte Daumenregel (maximale Herzfrequenz = 220 minus Alter in Jahren) nur einen Durchschnittswert an, von dem der tatsächliche Wert im Einzelfall mehr oder weniger abweicht. Beispielsweise wird von einem bekannten Skirennläufer berichtet, dass er beim Slalom auch noch im Alter von 30 Jahren Herzfrequenzen bis 220 hatte, wogegen ein erfolgreicher Marathonläufer bei Höchstleistung maximal 130 erreichte! Obgleich in der gesunden „Durchschnittsbevölkerung" die Extreme bezüglich der maximalen Herzfrequenzen nicht so ausgeprägt sind, kann als Norm ein Wert von +/- 15% über oder unter dem zuvor genannten Durchschnittswert (also über oder unter 220 minus Alter in Jahren) angesetzt werden.

Blutdruck

Das Blutdruckverhalten bei Belastung ist aus gesundheitlicher Sicht von wesentlicher Bedeutung.

Um sich dieser Bedeutung bewusst zu werden, ist es nützlich, die Zusammenhänge differenziert zu hinterfragen: Was ist die Signifikanz des systolischen Blutdrucks, des diastolischen Blutdrucks, des arteriellen Mitteldrucks*. Um die wichtigsten Punkte herauszugreifen: Der systolische Blutdruck zeigt den Druck an, welchen das Herz aufbaut. Der diastolische Blutdruck wird um so niedriger sein, je rascher das Blut in die Peripherie abfließt. Der arterielle Mitteldruck (BD) steht rechnerisch in einem direk-

* Unter arteriellem Mitteldruck versteht man das Mittel aller Werte, die bei kontinuierlicher Messung des Blutdrucks in der Aorta während eines ganzen Herzzyklus (Systole und Diastole umfassend) erhoben werden. Der Messzeitraum kann je nach Fragestellung auch mehrere oder viele Herzzyklen umfassen.

ten Zusammenhang mit Herzminutenvolumen (HMV) und Gesamt-Kreislaufwiderstand (R): R=BD/HMV. Den arteriellen Mitteldruck kann man nur „blutig“ messen oder annäherungsweise kalkulieren – was aber im Normalfall nicht erforderlich ist.

Eine optimale Kreislaufregulation ist im Einzelfall daran erkennbar, dass der arterielle Mitteldruck stets annähernd gleich bleibt und bei körperlichen Belastungen nur geringfügig ansteigt. Diese Regulation erfolgt durch die Abstimmung von Herzleistung und Gefäßwiderständen in den verschiedenen Organbezirken (Muskulatur, Magen-Darm-Trakt, Haut usw.). Dafür, also für den geordneten Ablauf der Anpassungsvorgänge, ist vor stärkeren Anstrengungen die Aufwärmphase wichtig. Plötzliche Kraftakte überfordern die Regulationsmechanismen. Daraus können gesundheitlich unerwünschte exzessive Blutdruckanstiege resultieren.

Die hier aus gesundheitlicher Sicht vorwiegend diskutierten Bedingungen betreffend (dynamische Arbeit mit großen Muskelgruppen wie Gehen, Laufen, Radfahren) kann man zusammenfassend die folgenden Aussagen treffen:

Der systolische Blutdruck steigt mäßig an, beim nicht Trainierten steiler als beim Ausdauertrainierten. Der diastolische Blutdruck bleibt annähernd gleich oder kann auch etwas abfallen. Ein deutliches Ansteigen des diastolischen Blutdrucks ist ein Hinweis dafür, dass außer dynamischer Arbeit auch statische Arbeit (Kraftübungen) geleistet wird – oder dass man durch eine zu abrupte Leistungssteigerung die Mechanismen der Kreislaufregulation überfordert. Auch eine reduzierte Elastizität der Gefäße im Rahmen der Alterungsprozesse kann der Grund für hohe diastolische Blutdruckwerte sein. Ein Ansteigen des diastolischen Blutdrucks auf Werte über 100 mmHg ist aus gesundheitlicher Sicht in keinem Fall ein gutes Signal.

■ Notwendige Aufwärmphase

Auch das Herzkranzgefäßsystem (der Koronarkreislauf) braucht Zeit, um sich auf die Steigerung des Blutflusses durch eine Weiterstellung der Herzkranzarterien (Koronararterien) und eine damit verbundene Absenkung des Gefäßwiderstandes „vorzubereiten". Ansonsten kann der mit gesteigerter Auswurfleistung des Herzens abrupt höhere systolische Blutdruck die Innenwände der Herzkranzarterien über Gebühr belasten und durch „Scherkräfte" beschädigen. Auch deshalb – und keineswegs nur wegen des Bewegungsapparates – sollte vor einer stärkeren Anstrengung niemals auf eine Aufwärmphase verzichtet werden!

Hinweis: Aus gesundheitlicher Sicht sind nicht sporadische Willensakte gefragt, sondern Regelmäßigkeit und Konsequenz!

■ Blutdruckanstieg bei Kraftübungen

Bei „statischer" Arbeit, also bei Kraftübungen, bei denen die arbeitende Muskulatur über einen längeren Zeitraum kontrahiert (also in Anspannung) bleibt, kommt der oben erwähnte schonende Anpassungsmechanismus nicht zum Tragen, weil der Gefäßwiderstand nicht entsprechend absinkt. Vielmehr kann ein exorbitant starker Blutdruckanstieg resultieren. Er ist für eine ausreichende Durchblutung des kontrahierten Muskels auch tatsächlich notwendig. Dieser Effekt tritt übrigens auch ein, wenn nur eine kleine Muskelgruppe betroffen ist, beispielsweise bei Kraftübungen mit einzelnen Fingern! Unter solchen Kraftübungen „leidet" der ganze Körper – und das betrifft nicht zuletzt auch die Herzkranzgefäße –, da der hohe Blutdruck sich natürlich auf alle Gefäßbezirke erstreckt!

Hinweis: Aus der Sicht des Kardiologen ist ein exzessiver Blutdruckanstieg unerwünscht, weil dies eine Beanspruchung und möglicherweise eine Schädigung der arteriellen Gefäßwände darstellt.

■ Blutdruckwerte im Vergleich

In Übereinstimmung mit dem vorher Gesagten erweist sich bei wissenschaftlichen Untersuchungen, dass der Blutdruck am

Laufbandergometer auf vergleichbaren Leistungsniveaus etwas niedriger ist als am Fahrradergometer. Dies offenbar deshalb, weil beim Gehen und Laufen eine besonders große Gruppe gut konditionierter Muskeln involviert ist und weil nahezu ausschließlich dynamische Arbeit geleistet wird, wogegen am Rad durch die spezifische Arm- und Körperhaltung auch statische Arbeit zum Tragen kommt. Aufgrund des geringen Unterschieds ist das allerdings kein Argument gegen Radfahren aus gesundheitlicher Sicht – vorausgesetzt, man wärmt stets gut auf und tritt nicht zu plötzlich mit aller Kraft in die Pedale!

■ Magen-Darm-Trakt

Bei maximaler Muskelarbeit kommt es – kompensatorisch zur maximalen Widerstandsreduktion im Gefäßgebiet der Muskulatur – zu einer Widerstandserhöhung in anderen Gefäßgebieten, insbesondere im Magen-Darm-Trakt. So wird ein Beitrag zur Aufrechterhaltung des Blutdruckes geleistet und die Umverteilung des Blutstromes zu den Muskeln maximiert. Dieser Mechanismus kann dazu führen, dass die Durchblutung im Magen-Darm-Trakt nicht nur relativ zur Durchblutung der Muskulatur abnimmt, sondern sogar in Absolutwerten gesehen. In der Praxis stellt sich ein – subjektiv empfundenes – „flaues Gefühl in der Magengrube" ein. Diese Regulation lässt sich auf die Funktion des Sympathikus, des sympathischen Nervensystems, zurückführen, das übrigens auch für die Aktivierung der Schweißdrüsen verantwortlich zeichnet.

Wärmeabgabe

Bei Muskelarbeit wird Wärme produziert, was zu einer Steigerung der Körpertemperatur führt. Damit diese in Grenzen bleibt, muss Wärme abgegeben werden. Das geschieht in erster Linie über die Haut: Die Durchblutung der Haut wird gesteigert, indem die Hautgefäße weit gestellt werden. Gleichzeitig werden die Schweißdrüsen aktiviert. Die Verdunstungskälte, die beim Verdunsten von Schweiß entsteht, erhöht den Temperaturgradienten zwischen Blut und Haut, was für die Wärmeabgabe eine wichtige Rolle spielt. Dieser Mechanismus kann gestört werden, indem entweder die Verdunstung von Schweiß deshalb nicht optimal funktioniert, weil die Umgebungsluft feucht ist oder weil keine frische Luft an die Haut herangeführt wird. Außerdem ist die Wärmeabgabe umso geringer, je wärmer die Umgebungsluft ihrerseits ist.

Schlussfolgerungen:
Die Wärmeabgabe ist bei feuchter Hitze beeinträchtigt. Außerdem ist sie bei Behinderung der Schweißverdunstung durch ungeeignete Kleidung weniger effizient. Dann muss umso mehr Blut zur Kühlung an die Haut herangeführt werden. Was wiederum zur Folge hat, dass dieses Blutpotential der arbeitenden Muskulatur nicht mehr zur Verfügung steht.

Der Prozess der Blutumverteilung zur Haut zum Zweck der Wärmeabgabe erfolgt natürlich auch beim Herzkranken, wenn eine Erhitzung des Körpers stattfindet. Da der Herzkranke aber nur über eine geringe Herzleistung verfügt, kann diese Umverteilung kritisch werden: dann nämlich, wenn der Blutbedarf für die Kühlungsfunktion einen zu großen Anteil des ohnehin geringen gesamten Herzminutenvolumens ausmacht. Daher ist besonders beim Herzkranken, aber auch bei allen Personen, die aus anderen Gründen leistungsschwach sind, ein besonderes Augenmerk darauf zu richten, dass die Kleidung das Verdunsten von Schweiß nicht behindert! Das Gleiche wird natürlich bei Leistungssportlern beachtet, damit für die Wärmeabgabe möglichst wenig vom zirkulierenden Blut von den Muskeln abgezogen wird.

Im Grenzbereich der Leistungsfähigkeit eines Menschen kann es zur Konkurrenz zwischen Wärmeabgabe und Aufrechterhaltung der Kreislauffunktionen kommen. Dann fühlt sich die Haut unter dem Einfluss der maximalen Sympathikusaktivität (der

Sympathikus ist die „Peitsche") – nicht mehr warm-schweißig, sondern kalt-schweißig an.

■ **Kalt-schweißige Stirn**

Als Faustregel gilt: Kalt-schweißige Haut ist ein Warnsignal! Bei extremer Anstrengung droht der Kreislaufzusammenbruch. Diesen Grenzbereich der Leistung kann man gegebenenfalls erkennen, indem man den Handrücken, der besonders temperatursensibel ist, auf die Stirn legt, um ihre Feuchtigkeit und Temperatur festzustellen. Ist die Stirn kalt-schweißig, empfiehlt sich jedenfalls Vorsicht und eine Reduktion der Belastung! Zusätzliche Symptome sind Blässe oder ein Blauwerden der Lippen. Fühlt sich die Stirn hingegen warm-schweißig an, kann dies als Hinweis gelten, dass noch Kreislaufreserven vorhanden sind. Im Übrigen ist angesichts des Flüssigkeitsverlustes durch das Schwitzen bei länger dauernden Anstrengungen besonders auf die adäquate Flüssigkeitszufuhr zu achten!

V. FIT WOFÜR?

Körper und Geist bedingen und beeinflussen einander – wie zwei Parallelen, die sich erst in der Unendlichkeit treffen. Das Thema Fitness wird schlagend, wenn die richtige Balance verloren geht. Körperlicher Konditionsmangel rächt sich nicht nur in einem Verlust an Bewegungsradius, sondern auch in einer Abnahme der geistigen und emotionalen Belastbarkeit. Andererseits führt geistige Trägheit und Depression zu einer Bewegungsunlust und ihrerseits zum Konditionsmangel. Fitness betrifft also in jedem Fall sowohl körperliche Fähigkeiten als auch geistige und psycho-soziale Faktoren.

Fitnesstraining richtet sich somit in einem umfassenden Sinn auf die Fähigkeit, das Leben frei nach eigenen Bedürfnissen und Wünschen zu gestalten. Es geht um das Fördern und Erhalten von Freiräumen und Sinnräumen, die je nach persönlicher Einstellung auch bis ins hohe Alter gepflegt werden können. Als willkommene „Nebenwirkung" sind positive gesundheitliche Effekte nicht nur möglich, sondern erwünscht. Deshalb verwende ich bewusst das Wort „Sport" nicht als Überbegriff: Manche Sportarten sind gesundheitlich indifferent oder sogar schädlich.

Thinking with reference to the body

Die elementare Basis für Fitness ist ein wohldosiertes Ausdauertraining. Individuell wird es je nach Bedarf durch Gymnastik, im Speziellen Dehnungs- und Kraftübungen, ergänzt. Mit dem Wissen um die Grundprinzipien steht einem in jeder Hinsicht effektiven Training nichts mehr im Wege.

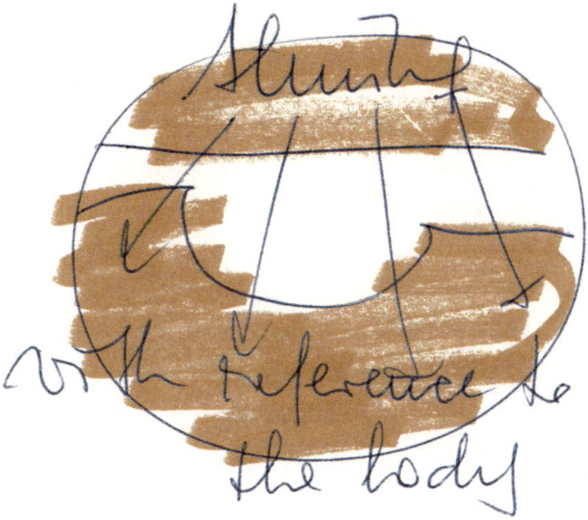

Der Geist
ist der Wind
Der Körper
die bewegte Form der Gedanken

Ausdauertraining

Ein optimaler Trainingszustand ist kein Produkt des Zufalls, sondern das Ergebnis richtiger Planung und Durchführung. Um den Aufbauprozess des Körpers richtig zu steuern, gilt es einige „Trainingskriterien" zu beachten.

■ Trainingskriterien:

- Art der Bewegung: Für ein Ausdauertraining sind Bewegungsabläufe geeignet, die unter Einsatz einer großen Muskelmasse (Beine, Rumpfmuskulatur) sowie im rhythmischen Wechsel zwischen Spannung und Entspannung erfolgen. Also vor allem Gehen, Wandern, Radfahren, Golf, Ballspiele, Laufen, Skilanglaufen, Rudern, Schwimmen.

- Intensität: Die Trainingsintensität wird am besten anhand des „Trainingsbereichs" der Herzfrequenz festgelegt und angepasst. Dieser Trainingsbereich ist individuell unterschiedlich und kann auf zweierlei Arten bestimmt werden, wobei die besten Voraussetzungen dann gegeben sind, wenn vorher eine „Symptom-limitierte" maximale Ergometerbelastung vom Arzt durchgeführt wird (siehe Seite 64, „Leistungsfähigkeit"):

  1 Für gesundheitliche Zwecke sollte die Trainingsleistung im Bereich von 50 bis 65% der Maximalleistung liegen (s. anaerobe Schwelle im vorhergehenden Kapitel Kreislaufregulation!, Seite 66/67). Da die Herzfrequenz mit zunehmender Leistung linear ansteigt, kann die Trainingsleistung anhand der Herzfrequenz gesteuert werden.

  Berechnung der optimalen Herzfrequenz:
  Trainingsherzfrequenz = Ruheherzfrequenz plus 50% bis 65% der Differenz zwischen maximaler Herzfrequenz

(wie sie bei der Ergometrie bestimmt wurde) und Ruheherzfrequenz.

Ein Beispiel: Die Ruheherzfrequenz beträgt 70, die maximale Herzfrequenz bei der Ergometrie150 Schläge/Minute. Die Differenz beträgt 80 Schläge pro Minute. Um den Trainingsbereich zu definieren, werden zum Ruhepuls 50 bis 65% dieser Differenz zugeschlagen – also 40 bis 52 Schläge pro Minute. In diesem Falle liegt daher die angestrebte Trainingsherzfrequenz im Bereich zwischen 110 (70+40) und 122 (70+52) Schlägen/Minute.

Hinweis: Die Ruheherzfrequenz sollte im Ruhezustand liegend gemessen werden – am besten anlässlich eines EKGs.

2 Einfacher, aber weniger genau ist es, eine andere Regel heranzuziehen: Der Trainingsbereich wird bei 60 bis 85% der individuellen maximalen Herzfrequenz angesetzt. Wenn wir diese Regel auf das in 1) angeführte Beispiel anwenden, ergibt sich die folgende Berechnung: Trainingsbereich = 60% bis 85% von 150 = 90 bis 128 (exakt 127.5) Schläge/Minute.

Hinweis: in den „Europäischen Empfehlungen“ ist ein Bereich von 60-75% der durchschnittlichen maximalen Herzfrequenz angeführt (s. Anhang, Seite 257).

3 Ich selbst habe bei meinen Patienten mit einer etwas modifizierten Berechnung gute Erfahrungen gemacht, indem ich den optimalen Trainingsbereich in der Regel bei 70 bis 85% der individuellen maximalen Herzfrequenz (im obigen Beispiel somit aufgerundet 105–128 Schläge/Minute) ansetzte.

Hinweis: Bei allen diesen Regeln handelt es sich um Richtwerte, die manchmal, insbesondere bei Herz-Kreislaufkranken, an die individuelle Situation angepasst werden müssen.

Systematisches Training

Systematisch trainieren heißt, alle Möglichkeiten, die den Trainingszustand positiv beeinflussen, planmäßig wahrzunehmen. Wichtig ist aber auch, dass das eigene Gefühl für die Anstrengung passt. Man sollte zwar „ins Schwitzen“ kommen, die Bewegung aber niemals als qualvoll empfinden. Wenn man ohne „Pulszähler“ trainiert, genügt es, wenn man von Zeit zu Zeit den Puls kontrolliert und das Hauptaugenmerk auf einen angenehmen Bewegungsrhythmus legt.

- **Dauer:** mindestens 30 Minuten pro Einheit mit zusätzlicher Zeit für Aufwärmen und Abkühlen (in der Regel je etwa 5 Minuten).

- **Häufigkeit:** mindestens drei-, besser fünfmal pro Woche.

- **Wöchentliche Trainingszeit:** je nach persönlichem Ermessen, mindestens aber etwa 2 Stunden. Dies ist als Summe jener Trainingszeiten pro Woche gemeint, bei denen man sich – was die Herzfrequenz anlangt – im optimalen Trainingsbereich befindet.

- **Anpassung der Belastung:** Die Trainingsbelastung sollte immer wieder neu an den aktuellen Trainingsstatus angepasst werden (Kontrolle der Herzfrequenz bzw. des Pulses).

- **Trainingsziele:** Sind individuell festlegbar bzw. vom behandelnden Arzt in Erfahrung zu bringen.

Kernsätze

- Wählen Sie für das Training eine Aktivität, die Ihnen Freude macht! Für ein effizientes Ausdauertraining eignen sich vor allem Bewegungsarten, die mehr als ein Sechstel der Gesamtkörpermuskelmasse aktivieren: Gehen, Laufen, Radfahren,

Rudern, und alle mit diesen Bewegungsmustern assoziierten Spiele und Sportarten. Schwimmen kommt wegen der technischen Anforderungen eher nur in Sonderfällen in Betracht.

- Vor Beginn oder Wiederbeginn einer körperlichen Aktivität sollte eine ärztliche Untersuchung (Ergometrie) stattfinden, um Risiken zu vermeiden und von Anfang an richtig dosiert zu trainieren.

- Die körperliche Leistungsfähigkeit ist bei kühler Umgebungstemperatur und trockener Luft größer als bei Hitze und hoher Luftfeuchtigkeit. Da die Verdunstung von Schweiß für die Hitzeabgabe wichtig ist, sollten besonders Herzkranke auf eine „luftige“, jedenfalls aber auf eine die Schweißverdunstung nicht unterbindende Kleidung achten.

- Vor einer körperlichen Anstrengung sollte man den Magen-Darm-Trakt nicht mit Arbeit eindecken und auf größere Mahlzeiten verzichten! Eine ausreichende Flüssigkeitszufuhr vor und während einer körperlichen Dauerbelastung ist allerdings notwendig. Ideale „Durstlöscher“ sind: Wasser, Mineralwasser und Elektrolytlösungen.

- Körperliche Anstrengungen sollten nicht abrupt begonnen werden. Ein langsames Aufwärmen (meist reichen fünf bis zehn Minuten) ist für die schonende Anpassung des Herz-Kreislauf-Systems unumgänglich!

- Kalter Schweiß (am besten zu tasten mit dem Handrücken auf der Stirn) ist – besonders für Herzkranke – ein Warnsignal! Ebenso ein Blauwerden der Lippen („periphere Zyanose“)! Achtung: Auch kurze Blackouts sind möglich!

- Weitere Warnsignale, die man auch beim Sportkameraden erkennen sollte: Kurzatmigkeit beim Sprechen, spitze weiße

Nase oder weißer Ring um den Mund, unkoordinierte Bewegungsabläufe.

- Nach einer körperlichen Anstrengung sollte man die Leistung langsam – wiederum über etwa fünf bis zehn Minuten – reduzieren. Im Rahmen dieser Abkühlphase sollte man in leichter Bewegung bleiben, um dem Herz-Kreislauf-System Zeit zu geben, sich wieder auf den Ruhezustand umzustellen.

- Eine plötzliche Abkühlung des erhitzten Körpers (mit kaltem Wasser) ist aus gesundheitlicher Sicht ein Unfug! Dieser Vorgang kann enorme Blutdruckanstiege und potentiell gefährliche Herzrhythmusstörungen auslösen! Das betrifft auch Sauna-Rituale! Um die positiven den Blutdruck regulierenden und die Stimmung aufhellenden Effekte eines Sauna-Besuches voll ausschöpfen zu können, sollte man sich nur angenehm kühl duschen.

- Als oberste Maxime gilt: Immer auf den eigenen Körper horchen und sich von anderen Meinungen nicht kritiklos beirren lassen!

Die „Lebenskurve“

Gibt es eine Möglichkeit, die Dauer des eigenen Lebensweges relativ realistisch abzuschätzen? Sozusagen eine Hochrechnung der eigenen Lebenserwartung anzustellen? Die „SCORE“-Tabellen erlauben es, den Einfluss von kardiovaskulären Risikofaktoren abzuschätzen. Darüber hinaus gibt es noch die folgenden Überlegungen, die in Hinblick auf körperliche Fitness einen zusätzlichen Motivationsfaktor darstellen können.

Medizinisch betrachtet endet das Leben (sofern keine Krankheiten vorliegen), wenn auf Grund von Altersschwäche die einfachsten und unbedingt notwendigen Anforderungen des täglichen Lebens nicht mehr zu bewältigen sind. Anders formuliert: Wenn die Lebensenergie – zum Beispiel ausgedrückt durch die maximale Sauerstoffaufnahme – nur noch gering über jenem Wert liegt, der für die Erhaltung der Körperfunktionen notwendig ist. In dieser Grenzsituation führt schon eine geringe zusätzliche Belastung (häufig eine Lungenentzündung) zum Ende der Lebenszeit.

Rein theoretisch soll der Mensch auf eine Lebenslänge von 120 Jahren vorprogrammiert sein. Die Praxis zeigt, dass immer mehr Menschen ein Alter von 100 Jahren in relativer Gesundheit erreichen. Setzt man nun die maximale Sauerstoffaufnahme (aerobe Kapazität) als entscheidendes Maß („Lebensbatterie“) für den Grad der Leistungsfähigkeit an, so lässt sich folgendes Gedankenexperiment durchführen:

Szenario 1 („Lebenskurve der Hundertjährigen“, strichlierte Linie in Abb. 4):

Nehmen wir an, dass in allen Altersklassen ausschließlich gesunde Frauen und Männer getestet werden. Bei den 20-Jährigen ist die maximale Sauerstoffaufnahme im Mittel am höchsten („full battery“), bei den 100-Jährigen am niedrigsten („low battery“). Zwischen diesen beiden Polen fällt die Sauerstoffaufnahme annähernd linear ab. Das heißt: Mit jedem Lebensjahr findet in etwa der gleiche Verlust an maximaler Leistungsfähigkeit statt. Tritt der Fall ein, dass diese den Bedarf für die notwendigen täglichen Belastungen unterschreitet, ist dies mit dem Leben nicht mehr vereinbar. Das ist das physiologische Lebensende.

Szenario 2: („Lebenskurve der Durchschnittsbevölkerung“, durchgezogene Linie in Abb. 4):

Man stelle sich vor, dass eine Personengruppe eines einzigen Jahrgangs in die Studie aufgenommen wird. Diese Testpersonen repräsentieren somit die gesamte Bevölkerung dieses

Jahrgangs. In unserem Denkbeispiel handelt es sich um 20-jährige Frauen und Männer, die – analog zur Bevölkerung – zum Großteil gesund sind. In einem zweiten Testabschnitt wird die gleiche Personengruppe nach 15 Jahren abermals untersucht. Dieser Vorgang wird nach weiteren 15 Jahren – also im Alter von 50 Jahren – wiederholt und gleichzeitig abgeschlossen. Die Messpunkte der einzelnen Testabschnitte werden mit einer Linie verbunden und bis zum voraussichtlichen Lebensende – dem Punkt „low battery“ – extrapoliert.

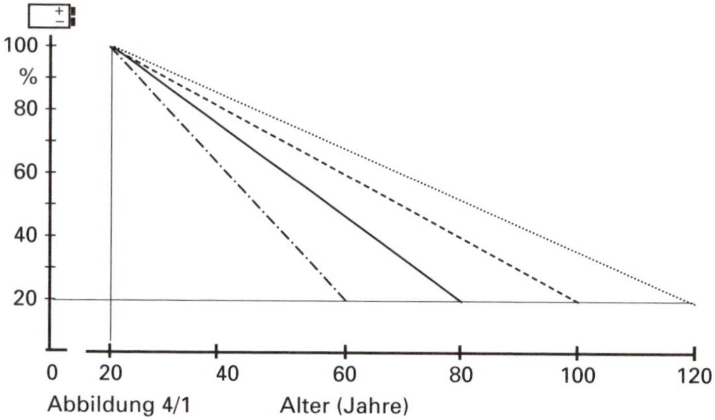

Abbildung 4/1

- Die vertikale Achse bezieht sich auf den Füllungszustand der „Lebensbatterie“.
- Die strichlierte Linie bezieht sich auf Szenario 1.
- Die durchgezogene Linie bezieht sich auf Szenario 2.
- Die punktierte Linie bezieht sich auf die theoretisch mögliche Lebenslänge von 120 Jahren.
- Die strich-punktierte Linie bezieht sich auf eine fiktive Testgruppe von kranken Personen.

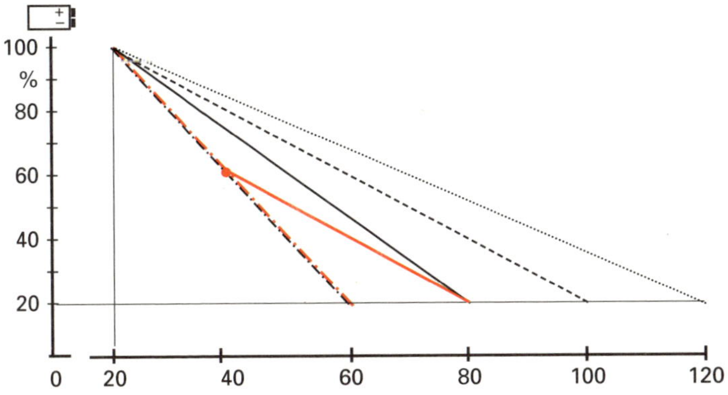

Abbildung 4/2

- Die strich-punktierte rote Linie bezieht sich auf eine fiktive Testperson – einen Raucher mit erhöhtem Blutdruck und erhöhtem Serumcholesterin.
- Der mögliche günstige Effekt einer Ausschaltung der Risikofaktoren – in diesem Beispiel im Alter von 40 Jahren – wird durch die durchgezogene rote Linie veranschaulicht.

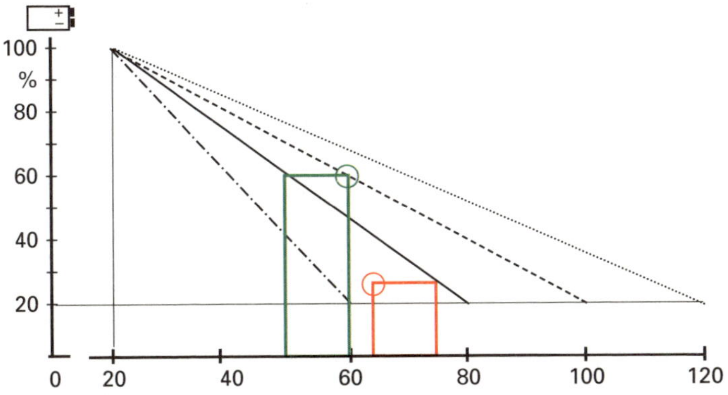

Abbildung 4/3

Wenn man verschiedene gesundheitsbezogene Faktoren in das Modell der „Lebenskurve" einbezieht, ist es möglich zu berechnen (und auch graphisch darzustellen), wo eine bestimmte Person in Relation zur „Norm" (durchgezogene Linie) steht. Ob dieser Mensch also im Vergleich zum Bevölkerungsdurchschnitt „biologisch" jünger oder älter ist, als aus seiner Geburtsurkunde hervorgeht.

Beispiel: Der 60-jährige Proband (grün) liegt auf der Linie der „Hundertjährigen" (Szenario 1). Er/sie ist „biologisch" etwa 10 Jahre jünger als die Durchschnittsbevölkerung des gleichen kalendarischen Alters. Das Umgekehrte trifft auf den dargestellten etwa 65-jährigen Probanden zu (rot).

Resümee

- Leistungs- und Gesundheitsdefizite finden ihren Niederschlag in einem steileren Abfall des „Ladezustandes der Lebensbatterie"
- und einer im Mittel geringeren Lebenserwartung.
- Schon in jungen Jahren wird die Basis für ein langes und wenig mit Krankheiten belastetes Leben gelegt.

Mit dem Herz auf Du

Hellhörig auf verschiedene Körpersignale zu achten, bedeutet nicht, dass man hypochondrisch ist. Ganz im Gegenteil. Ein subtiles Sensorium für die körperliche Befindlichkeit zu entwickeln, heißt in weiterer Folge auch die eigenen Grenzen auszuloten.

Da – wie bereits erwähnt – jede körperliche Anstrengung, geistige Anspannung oder seelische Erregung mit einem Pulsanstieg einhergeht und demzufolge auch das Herz betrifft, möchte ich an dieser Stelle auf einige Warnsignale hinweisen, die unser Körper parat hält, die aber erst richtig interpretiert werden müssen.

- Beschwerden im Bereich des Brustbeines und der linken Brust: Sollte es sich um Schmerzen oder andere Beschwerden handeln, wie Druckgefühl, Brennen (unter Umständen fehlinterpretiert als „Sodbrennen") oder „Engegefühl", die man bisher nicht bzw. nicht in dieser Stärke kannte und für die man keine plausible Erklärung hat, könnte dies ein Zeichen für eine sich erstmals manifestierende Durchblutungsstörung am Herzen sein (Angina pectoris, s. S. 156). Das betrifft zwar vorwiegend ältere Menschen, kommt aber auch in jüngeren Jahren vor (aufgrund von Fehlbildungen oder seltenen anderen Herzkrankheiten).
- Herzbeschwerden können auch in andere Körperteile ausstrahlen: häufig in die linke Schulter und in die Innenseite des linken Armes bis zum kleinen Finger, selten in Hals und Kiefer, rechte Schulter, Rücken und Magengrube. Gelegentlich

kommt es vor, dass sich die Beschwerden ausschließlich in diesen Bereichen lokalisieren!

- Das Herz gilt nicht umsonst als Sitz der Emotionen und ist eng an das vegetative Nervensystem sowie an humorale Steuerungsmechanismen gekoppelt. Als „Herzgefühl“ bezeichnet man einen Druck auf dem Herzen, der meist eng umschrieben und nicht großflächig auftritt. Auch Beschwerden, die wie eine typische Angina pectoris anmuten (vgl. Seite 156), können auftreten, ohne dass eine organische Herzkrankheit vorliegt. In diesen Fällen spricht man von „funktionellen Beschwerden“. Verantwortlich dafür kann unter anderem ein krisenhafter Blutdruckanstieg sein.
- „Koronarspasmus“: Angst kann die Herzkranzgefäße verkrampfen. Der Ausdruck: „Aus Kummer krampft sich mir das Herz zusammen“ ist in diesem Zusammenhang sehr treffend! Zur Beruhigung können Atemübungen positiv wirken, auch Einreiben der Herzgegend mit einer aromatischen Essenz oder ein (nur ein!) Schluck Alkohol.
- Bei allen unklaren oder neu auftretenden Beschwerden, die sich möglicherweise auf das Herz beziehen, sollten Sie nicht zögern, Ihren Arzt zu konsultieren!

Hinweis: Egal welche Beschwerden auch immer rund ums Herz auftreten – am besten ist es, wenn Sie ihrem Arzt ein möglichst komplettes und detailliertes Bild vermitteln. Teilen Sie ihm auch die Hintergründe, Ihren Kummer oder belastende Umstände mit! So kann der Grad einer eventuell ernsten Situation besser abgewogen werden.

Noch ein Wort zu komplementären und alternativen Methoden: Eben weil es „ums Herz geht“, kommt man um die Schulmedizin nicht herum. Auch wenn gewisse alternative Heilmethoden positive Auswirkungen nach sich ziehen, sollten diese gerade bei Herz-Gefäßkrankheiten nur von primär schulmedizinisch orientierten Ärzten angewendet werden.

Das kranke Herz

VI. DAS PROBLEM

Jeder kennt die Situation, wenn die ganze Aufmerksamkeit auf ein Problem fokussiert ist und man sich selbst in einer Spiralbewegung immer tiefer in diesen Gedankenstrom hineingezogen fühlt. Die Folge dieser „Sogwirkung“ ist eine geistige und emotionale Pattstellung.

Go beyond every problem

Eine Lösung kann sich am ehesten eröffnen, wenn man es schafft, eine Art „geistige Brücke“ zu bauen, um seinem Blick wieder jene Weite zu schenken, die neue Perspektiven eröffnet. Es ist eine Frage des Urvertrauens, das Problem quasi mental zu überspringen und diejenigen Zeichen wahrzunehmen, die Hilfe versprechen, diejenigen Optionen zu erkennen, die das Leben anbietet.

Bis man in Gedanken
einen Schritt
weiter ist
isolieren Probleme
den Blick

Herzfehler

■ Angeborene Herzfehler

Jedem ist der Begriff des „blauen Babys“ bekannt. Ein gerade auf die Welt gekommenes Kind mit einem angeborenen Herzfehler – ein Schicksalsschlag. Noch dazu, wenn der Großvater ein Arzt ist, emeritierter Vorstand einer Universitätsklinik in den USA, gewohnt, die Dinge in die Hand zu nehmen. Er weiß um das Risiko Bescheid, drängt auf die rasche Operation, aber aus irgendwelchen Gründen muss zwei – aus medizinischer Sicht unnötige – Tage zugewartet werden. In diesen zwei Tagen erleidet das Kind eine Durchblutungsstörung des Gehirns. Es bleibt behindert, obwohl sonst nach der dann durchgeführten Operation durchaus lebensfähig. Ein besonders lieber und ergreifend warmherziger Bub, nunmehr neun Jahre alt, zwar geistig erkennbar beschädigt, mit großer Mühe das Schreiben sich erarbeitend, aber der Schatz des Großvaters und mit Liebe eingebettet in die gerade um dieses Kind geeinte Familie.

Es gibt eine ganze Reihe von angeborenen Fehlbildungen des Herzens, jeder Schweregrad ist möglich, so dass es auch Fälle gibt, bei denen kein Eingriff notwendig ist, ja ein völlig normales Leben geführt werden kann, manchmal allerdings in späteren Jahren dennoch eine operative Korrektur ansteht.

■ Erworbene Herzfehler

Viel weniger schicksalhaft die erworbenen Herzfehler – darunter versteht man in diesem Fall Erkrankungen und Fehlfunktionen der Herzklappen. Sie wurden früher meist im Kindesalter im Rahmen einer eitrigen Mandelentzündung oder eines „rheumatischen Fiebers“ „erworben“, sind also vermeidbar, da es sich um bakterielle Infektionen mit Streptokokken handelt und diese mit Penicillin oder – bei Penicillinunverträglichkeit – mit einem anderen Antibioticum erfolgreich behandelt werden können! Daher gibt es derartige erworbene Herzfehler in unseren Breiten eigentlich nur noch bei älteren oder bei aus Ländern mit mangelnder medizinischer Versorgung zugewanderten Menschen. Denn Haus- oder homöopathische Arzneimittel stellen in diesem Fall keine geeignete Behandlungsalternative dar.

Was ist aber die Konsequenz, wenn doch ein Herzklappenfehler diagnostiziert wird, der eine fatale Wirkung auf die Pumpleistung des Herzens nach sich ziehen kann? Die Erkrankung kann:
- zum Stillstand kommen und sich nicht weiter auf das tägliche Leben auswirken
- fortschreiten und mit der Zeit „hämodynamisch“ wirksam werden (also die „Pumpe Herz“ beeinträchtigen) und Beschwerden verursachen – in erster Linie Atemnot bei zunehmend geringeren Belastungen. Im fortgeschrittenen Stadium ist eine Herzoperation oft die letzte Alternative.

Hinweis: Die Praxis zeigt, dass Herzklappenoperationen sehr gute Erfolge ergeben und manche Patienten sogar mit zwei oder auch drei operativ behandelten Herzklappen schon über 25 Jahre leben!

■ Schutzmaßnahmen – Penicillin „à la carte“

Um schon erkrankte Herzklappen vor weiteren Schäden zu schützen, empfiehlt sich bei fieberhaften Infekten und bei bestimmten Operationen (z.B. zahnärztliche Eingriffe, bei denen Bakterien von der Mundhöhle ins Blut gelangen) eine Behandlung mit Penicillin „à la carte“, also auf jeweilige Anweisung des Arztes. Bei Penicillinunverträglichkeit können andere geeignete Antibiotica verabreicht werden.

Hinweis: Am häufigsten sind die Mitralklappe (zwischen linkem Vorhof und linker Herzkammer) und die Aortenklappe (zwischen linker Herzkammer und Aorta) betroffen (Abb. 3, Seite 60).

Herzmuskelerkrankungen

Häufige Ursachen sind Infekte, insbesondere Virusinfektionen. Aus diesem Grund sollte man bei fieberhaften „grippalen" Erkrankungen stärkere körperliche Anstrengungen vermeiden, um das Herz nicht zusätzlich zu belasten. Auch von Sauna-Besuchen ist in dieser akuten Phase abzuraten! Es gibt aber auch angeborene Formen. Beispiel:

- „Hypertrophe Kardiomyopathie" (HCM): Eine mit Hilfe von Ultraschall (Echokardiographie) diagnostizierbare Herzmuskelverdickung, die sich meist kaum oder erst in späteren Jahren auswirkt, aber in besonderen Ausprägungen auch Konsequenzen von Leistungseinbuße bis zum plötzlichen Herztod, selbst in jungen Jahren, nach sich ziehen kann (ein Jugendlicher, der beim Sport plötzlich, aus scheinbar „heiterem Himmel", tot umfällt!).

Weitere spezielle und in Hinblick auf die Prävention wichtige Diagnosen sind:

- Dilatative Kardiomyopathie (CMP): Eine relativ häufige und lebensbedrohliche Herzmuskelerkrankung mit letztlich unklaren Ursachen. Am ehesten können Virusinfektionen, giftig wirkende Substanzen, die eingeatmet oder auch über den Magen und Darm aufgenommen werden, und Stoffwechselstörungen eine Rolle spielen.

Hinweis: Das Bild der dilatativen CMP gibt es auch bei Alkoholmissbrauch („alkoholische Kardiomyopathie")! Ein chronisches Übermaß an Alkoholkonsum kann in eine Leberzirrhose oder in einen geistigen Verfall (Korsakoff-Syndrom), aber ebenso auch in eine Herzmuskelschwäche münden. Das „Glück" bei der alkoholischen Kardiomyopathie ist die prinzipielle Möglichkeit einer Rückbildung – allerdings nur, wenn der Betreffende in einem nicht zu späten Stadium der Krankheit die Willenskraft aufbringt, auf Alkohol künftig gänzlich zu verzichten.

- Hypertensive Kardiopathie:

  Eine besonders aktuelle, weil zunehmend häufige und fatale Erkrankung ist die Herzmuskelschwäche im Gefolge einer lange bestehenden arteriellen Hypertonie (s. Seite 183). Sie einzudämmen ist eines der wichtigsten Ziele der präventiven Kardiologie!

Herzrhythmusstörungen

Jedem geläufig und meist schon am eigenen Leib erfahren sind „Palpitationen" – ein besonders rascher, auffallend starker oder unregelmäßiger Herzschlag. Je nach Ursache, Mechanismus der Entstehung und Auslösung, Komplexität und Folgewirkungen gibt es die unterschiedlichsten Diagnosen. Dafür einige Beispiele:

- **Kammerflimmern** ist die extremste Form und führt – so keine sofortige Behandlung einsetzt – zum „plötzlichen Herztod".
- **Vorhofflimmern** („absolute Arrhythmie") ist dagegen häufig und oft mit einer weitgehend normalen Lebensführung vereinbar. Gerade im höheren Alter ist diese Rhythmusstörung ein gängiger Befund. Herzschlag und Puls sind völlig unregelmäßig. Die Diagnose kann aus dem Tasten des Pulses und dem Abhören des Herzschlages vermutet werden, wird jedoch letztlich aus dem EKG gestellt. Oft liegt eine organische Herzkrankheit, ein „Altersherz" oder eine Schilddrüsenfunktionsstörung zugrunde. Um den richtigen Behandlungsweg einschlagen zu können, muss man der Ursache nachgehen. Auch eine „alkoholische" Herzmuskelschädigung kann sich mit Vorhofflimmern manifestieren. Nicht selten kommt es zu rasanten Pulssteigerungen: dann ist eine medikamentöse Behandlung anzuraten. Im Falle eines zu langsamen Herzschlages wird bisweilen eine Schrittmacherbehandlung notwendig. Die wichtigste Komplikation des Vorhofflimmerns ist allerdings die Embolie.
- **Embolie:** In den fibrillierenden (völlig regellos arbeitenden) Vorhöfen verliert der Blutfluss seine normale Strömung, so dass sich Blutgerinnsel an der Wand bilden können, also Blut-

klumpen, so genannte „Thromben“. Solche Thromben können sich loslösen. Tritt diese Situation ein und wird ein Thrombus aus dem Vorhof des Herzens „ausgeschwemmt“, so nimmt ihn der Blutstrom mit: Einen mit dem Blutstrom weitergetragenen Thrombus nennt man Embolus. Sobald ein Embolus – aufgrund der Aufzweigungen der Arterien in immer kleinere Äste – schließlich stecken bleibt, verursacht dies eine akute Durchblutungsstörung. Ist das Gehirn betroffen, kommt es zum Schlaganfall („Hirnembolie“). Um dieser fatalen Komplikation vorzubeugen, wird oft eine „Antikoagulation“ empfohlen – also eine medikamentöse Behandlung, die die Blutgerinnung und die Bildung von Thromben hemmt.

- **Extrasystolien** sind die häufigsten Herzrhythmusstörungen. Darunter versteht man Herzaktionen, die außertourlich in den Grundrhythmus „hineinschlagen“. Sie werden ihrerseits nach den schon erwähnten Kriterien unterteilt – nach Ursache, Mechanismen, Komplexität und Auswirkungen. Je nachdem, an welcher Stelle im Herzen die abnorme Reizbildung ihren Ausgang nimmt, spricht man von „supraventrikulären“ und „ventrikulären“ Extrasystolen. Die supraventrikulären Extrasystolen sind zwar meist harmlos, haben aber dennoch Bedeutung: So können sie zum Beispiel auf einen entzündlichen Herd im Körper hinweisen (nicht so selten auf einen eitrigen Zahn). Ventrikuläre Extrasystolen kommen in wenig komplexer Form – also in geringer Zahl und nicht in Paaren oder Salven auftretend – häufig auch bei Gesunden vor. Sie können auch ein Indiz für eine organische Grundkrankheit sein und ein erhöhtes Komplikationsrisiko anzeigen.

Hinweis: Um sich Klarheit zu verschaffen, sollte man Auffälligkeiten des Pulses und „Palpitationen“ (das Verspüren eines auffallend starken, schnellen oder unregelmäßigen Herzschlages in der Brust) mit einem Arzt besprechen. Handelt es sich um eine harmlose Irritation, ist man diese Sorge schnell wieder los!

Kreislaufkollaps

Vorweg: Der Kreislaufkollaps im landläufigen Sinn ist meistens eine harmlose Regulationsstörung. Dennoch gibt es Fälle mit ernstem Hintergrund.

Generell handelt es sich beim Kreislaufkollaps um ein mehr oder weniger akutes Zustandsbild mit Symptomen einer ungenügenden Blutversorgung des Gehirns aufgrund eines Blutdruckabfalles. Hierfür gibt es verschiedenste Ursachen, u.a.:

- Erschöpfungszustände, Hitze, langes regungsloses Stehen, Alkohol
- Krankhafte Veränderungen am Herzen: Herzklappenfehler, Herzmuskelerkrankungen, Herzrhythmusstörungen.

Die letztgenannten „organischen Ursachen" können nahezu immer in einem Frühstadium diagnostiziert werden – also bevor es zu ausgeprägten Beschwerden kommt. Allerdings gibt es auch Fälle, bei denen eine akute Störung „aus heiterem Himmel" auftritt.

■ Die Grenze der Belastbarkeit

Ein typisches Beispiel: Ein 55-jähriger Manager, der soeben von einer Auslandsreise zurückgekommen ist, fühlt sich plötzlich „kollapsig". Am Vortag noch voll bei Kräften, erledigte er wichtige Verhandlungen, absolvierte am Abend das obligate Geschäftsessen (mit reichlichem Alkoholkonsum) und steht nun – nach einer kurzen, unruhigen Nacht und einem Flug mit der ersten Morgenmaschine – am Flughafen. Plötzlich kommt es zu einem Schwächezustand. Ein kaum tastbarer, sehr rascher und völlig unregelmäßiger Puls wird festgestellt. In dieser Situation muss man durchaus die Möglichkeit in Betracht ziehen, dass es sich um einen Herzinfarkt handelt!

■ Untersuchungsergebnisse

In diesem Fall ergab das EKG jedoch keinen Infarkthinweis, sondern „nur" ein Herzjagen in Form des oben erwähnten „Vorhofflimmerns“, mit einer Herzfrequenz von durchschnittlich 150 Schlägen pro Minute. Auch die Ergebnisse des Akutlabors sprachen gegen einen Herzinfarkt. Der Herzultraschall ergab keine Hinweise auf einen Herzfehler oder eine Herzmuskelerkrankung. Obwohl somit schwerwiegende organische Diagnosen ausgeschlossen werden konnten, stellte diese Befundkonstellation dennoch eine dringliche und potentiell lebensbedrohliche Situation dar. Um eine gewisse Stabilisierung zu erreichen, wird in dieser Situation durch eine sofortige intravenöse Behandlung die Herzfrequenz reduziert. Durch diesen Schritt wird die Lage entschärft, aber der Normalzustand noch nicht hergestellt. Deshalb wird nach den notwendigen Vorbereitungen die „Elektrodefibrillation“ vorgenommen. Dies führt zum „Umspringen“ auf den normalen Sinusrhythmus. Damit ist das Problem zunächst einmal beseitigt – und der Patient ist um die Erfahrung reicher, dass er keine unverwundbare Maschine ist!

Synkope und Schrittmachertherapie

Unter „Synkope“ versteht man im wahrsten Sinne des Wortes das „Zusammenstürzen“ eines Menschen – und zwar gänzlich ohne Vorwarnung. Obgleich es beim zuvor beschriebenen „Kreislaufkollaps“ ebenfalls zur Bewusstlosigkeit kommen kann, kündigt sie sich im Fall des Kreislaufkollaps mit Schwindelgefühl, Schwäche und flauem Magengefühl an. Man sinkt „in sich zusammen“. Im Gegensatz dazu stürzt man im Rahmen einer Synkope „wie vom Blitz getroffen“ und zieht sich nicht selten Kopfverletzungen zu.

Allerdings: Die Vorgeschichte des Patienten enthält bei genauer retrospektiver Analyse bisweilen sehr wohl Hinweise auf das drohende Herzrhythmus-Versagen, die jedoch vom Betroffenen nicht ernst genommen oder fehlinterpretiert wurden. Kurze „Black-outs“, Schwindelzustände, Balancestörungen oder „Ungeschicklichkeiten“ (wenn beispielsweise die Kaffeetasse auf Grund einer plötzlichen Schwäche aus den Fingern gleitet) sind mögliche Vorzeichen für einen so genannten „Adams-Stokes'schen Anfall".

Die dem Adams-Stokes'schen Anfall zugrundeliegende Störung am Herzen basiert auf einer Unterbrechung der Leitungsbahnen, welche das Reizbildungszentrum mit der Arbeitsmuskulatur des Herzens verbinden und die Koordination sicherstellen, sodass die normale rhythmische Herztätigkeit zustande kommt. Diese Störung wird häufig durch eine Durchblutungsstörung, seltener durch andere degenerative oder entzündliche Schädigungen hervorgerufen.

Zur Veranschaulichung: Man könnte das Reizbildungszentrum mit einer militärischen Kommandozentrale und die Herzmuskulatur mit der Truppe vergleichen. Wenn die Kommunikation zur Truppe – beim Herzen also die Reizleitung über die oben erwähnten Leitungsbahnen – plötzlich unterbrochen wird, ist die Truppe wie gelähmt und zumindest für kurze Momente handlungsunfähig.

Genauso wie sich die Truppe in der Notsituation neu formiert, um selbständig agieren zu können (wenn auch mangels Koordination „von oben" weniger effizient), werden auch im Herzen in der Regel nach wenigen Sekunden „Ersatzzentren" aktiv. Ein „Notkreislauf" kommt in Gang und der Patient erwacht aus der Bewusstlosigkeit.

Hinweis: Die Neigung zu Adams-Stokes'schen Anfällen ist eine „klassische" Indikation für die Behandlung mit einem künstlichen Herzschrittmacher, dem so genannten „Pacemaker".

■ Pacemaker (Herzschrittmacher):

Hierbei handelt es sich um einen kleinen batteriebetriebenen Computer, der mittels eines Hautschnittes im subkutanen – also direkt unter der Haut gelegenen – Bindegewebe eingesetzt wird. Meist erfolgt dieser Eingriff auf der rechten Körperseite unter dem Schlüsselbein. Über Elektroden, die ihrerseits unter der Haut zur Halsvene und über diese bis ins Herz vorgeschoben und vom Herzinnenraum her am Herzmuskel befestigt werden, wird der Herzmuskel nunmehr elektrisch stimuliert. Das Programm für die Herztätigkeit kann von außen, ohne neuerlichen Eingriff, an die Erfordernisse des Patienten angepasst und je nach Bedarf geändert werden.

Die Schrittmacherbehandlung ist bei vielen Formen der „bradykarden" Herzrhythmusstörung die Behandlung der Wahl, also dann, wenn ein zu langsamer Herzschlag mit anderen Mitteln nicht ausreichend behoben werden kann. Weiters kann die Pumpleistung des Herzens in Fällen einer Herzschwäche manchmal durch „programmierte Stimulation" mit einem Pacemaker verbessert werden.

Es gibt allerdings noch einen ganz anderen Einsatz: Bei drohendem Kammerflimmern kann dem gefährdeten Patienten ein spezieller Schrittmacher, der mit einem Defibrillator kombiniert ist, vorbeugend implantiert werden. Damit ist es möglich, diese akut lebensbedrohliche Herzrhythmusstörung zu beherrschen.

Oft haben jene Personen, denen der Arzt zur Schrittmacherbehandlung rät, Angst vor diesem Fremdkörper, der ihr Herz „in die Hand nehmen" soll. Vielen fällt die Entscheidung schwer – verständlich! Letztendlich wird aber gerade in diesen Fällen im Rückblick der Eingriff dankbar quittiert.

Hinweis: die koronare Herzkrankheit wird separat abgehandelt. Aufgrund ihrer großen Häufigkeit und ihrer Auswirkungen auf das Wohlbefinden, die Belastbarkeit und den Alterungsprozeß ist die koronare Herzkrankheit von einer so eminenten Bedeutung, daß die praktisch relevanten Gesichtspunkte für ihre Prävention gar nicht eindringlich genug dargelegt werden können. Vorher sollen noch die Eingriffe am Herzen erwähnt werden, um vor Augen zu führen, welche Optionen bei schon fortgeschrittener Krankheit zur Verfügung stehen, um eine Katastrophe zu verhindern – wenn auch nur als Überbrückung, da eventuell längst fällige Lebensstiländerungen dadurch keineswegs ersetzt, sondern vielmehr erst recht ins Zentrum der Aufmerksamkeit gerückt werden.

Die Stirn bieten

Gewiss ist es fast noch wichtiger,
wie der Mensch das Schicksal nimmt,
als wie es ist.

Wilhelm von Humboldt

Wenn du eine saure Zitrone bekommst:
mach Limonade daraus!

USA

VII. EINGRIFFE AM HERZEN

Bei jedem Eingriff am Herzen – meist handelt es sich um Eingriffe an den Herzkranzgefäßen – spielt auch „die Natur“ eine Rolle. Deshalb sei an dieser Stelle festgehalten, dass ein Eingriff nur dann durchgeführt wird, wenn der Nutzen das Risiko bei weitem übersteigt. Denn: Im Rahmen einer Intervention am Herzen existiert ein nicht kalkulierbarer Faktor, ein – wenn auch noch so minimales – Restrisiko für unerwartete Schwierigkeiten.

Situations / part of obstacles – do the duty best

Auch wenn ein Eingriff noch so exakt geplant ist, muss der Arzt auf situationsbedingte Probleme reagieren und die Strategie dementsprechend anpassen.

Deshalb ist es wichtig, dass der Patient vor dem Eingriff über diese Eventualitäten informiert wird. Jede Situation birgt in sich gewisse Risiken. Wo Licht ist, gibt es Schatten. Es wäre verfehlt, den Schatten zu negieren.

Somit liegt es am Arzt, seine Aufgabe bestmöglich zu erfüllen.

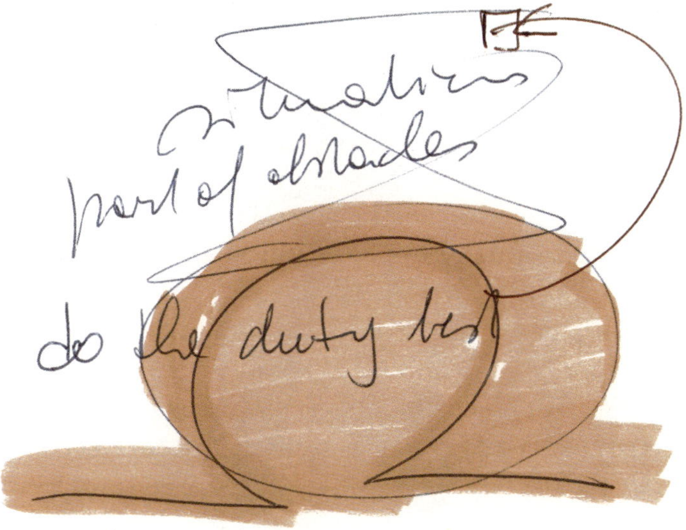

Das Licht ist das Ziel
Die Reise zum Licht
ein Gespann aus Licht und Schatten

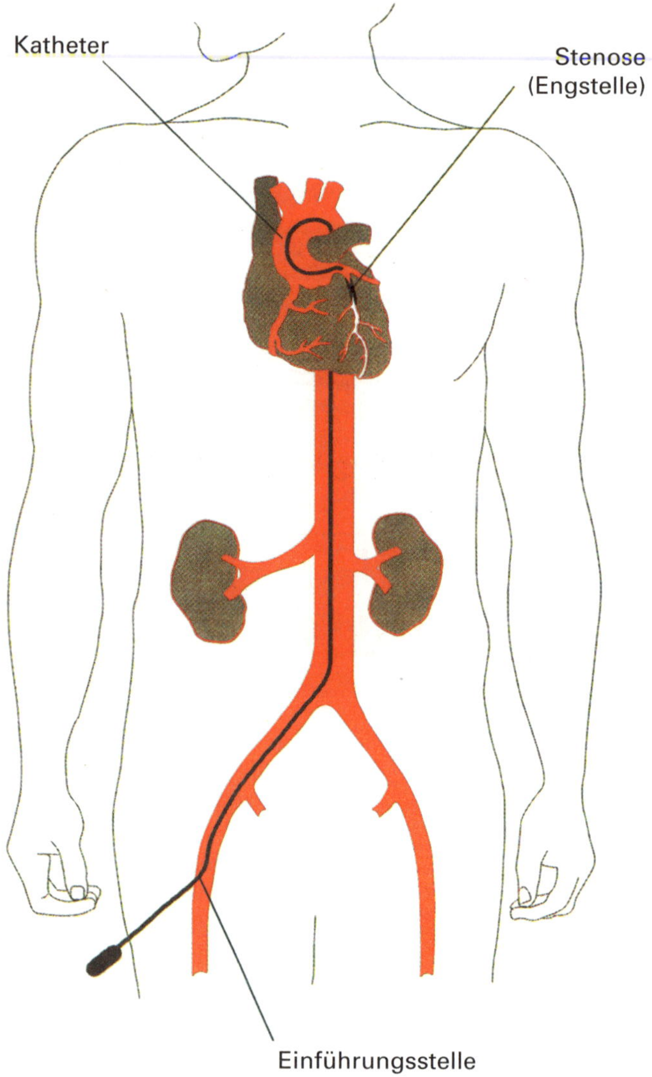

Abb. 5: Schematische Darstellung des Herzkatheters (Koronarangiographie). Die Spitze des Katheters ist am Abgang des zu untersuchenden Herzkranzgefäßes (Koronararterie) platziert. In dieser Zeichnung weist das Herzkranzgefäß eine Stenose auf.

Herzkatheter

Seit den späten 60er Jahren werden diagnostische Herzkatheteruntersuchungen sowie die Koronarangiographie angewandt. Ab diesem Zeitpunkt hat die Herzkatheteruntersuchung eine steile Entwicklung genommen. 1978 wurde die erste Ballondilatation eines Herzkranzgefäßes durchgeführt, zehn Jahre später folgte die Stent-Implantation. Die rasante medizinische Weiterentwicklung führte dazu, dass der Herzkatheterismus vom Patienten zu Recht als Routineeingriff erlebt wird.

■ Ablauf der Untersuchung

Der Eingriff erfolgt im Liegen und ist völlig schmerzfrei, weil die Innenwände der Blutgefäße keine Schmerzrezeptoren aufweisen. Der Katheter (ein dünner Plastikschlauch) wird unter lokaler Betäubung meistens an der rechten oder linken Leiste eingeführt und unter Röntgenkontrolle im Lumen (Innenraum) des entsprechenden Blutgefäßes bis zum Herzen und bei Bedarf in das Herz hinein vorgeschoben. Ein Zugang ist auch vom Arm aus möglich. Eine Variante, die aber wesentlich seltener gewählt wird.

Beim „Rechtsherzkatheterismus" wird in der Leiste die Vene punktiert. Damit wird der Zugang zur unteren Hohlvene, zum rechten Vorhof und zur rechten Herzkammer und zur Pulmonalarterie geschaffen (Abb.3, Seite 60). Im Folgenden beschränke ich mich jedoch auf die nähere Beschreibung des „Linksherzkatheterismus".

Beim Linksherzkatheterismus wird eine Arterie, in der Regel die Leistenarterie, punktiert. Der Herzkatheter wird über Beckenarterie, Hauptschlagader und Aortenbogen bis zum Abgang der Herzkranzgefäße und – bei Bedarf – in die linke Herzkammer vorgeschoben. Dieser Vorgang geschieht unter Röntgensicht. Es können somit in den verschiedenen Bezirken diverse Messungen und Röntgenfilmaufnahmen stattfinden.

Die verschiedensten Krankheitsbilder können auf diese Weise nicht nur qualitativ (ja/nein) erhoben werden. Insbesondere ist auch der jeweilige Schweregrad der diversen Krankheiten verlässlich beurteilbar. Das ist für die Abschätzung der Prognose und für die Wahl der geeigneten Behandlung von entscheidender Bedeutung.

Hinweis: Dank der heutigen Techniken und der computerunterstützten Röntgenanwendung ist eine Herzkatheteruntersuchung kaum mehr eine Belastung für den Patienten. Im Rahmen eines Eingriffes können außer dem Herzen auch

- die hirnversorgenden Arterien
- die Nierenarterien und
- die Becken- und Beinarterien beurteilt werden, wobei meist die digitale Subtraktionsangiographie angewendet wird, eine spezielle Computermethode, die mit einem Minimum an Kontrastmittel auskommt.

Dennoch: Da es sich beim Herzkatheterismus um einen „invasiven", also die Integrität des Körpers verletzenden Eingriff handelt, muss der Patient auf jeden Fall ausführlich über Nutzen und Risiko informiert werden. Der Nutzen ist oft groß bis lebensrettend, das Risiko minimal, aber nicht Null.

Koronarangiographie

Unter Koronarangiographie (Abb. 5) versteht man die Darstellung der Herzkranzgefäße. Zu diesem Zweck wird die Spitze des Herzkatheters an jene Stelle platziert, an der das zu untersuchende Herzkranzgefäß von der Hauptschlagader entspringt. Dort wird mittels einer Injektionsspritze gefühlvoll Röntgenkontrastmittel injiziert, das sich mit dem in die Kranzarterie fließenden Blutstrom vermischt. Somit stellt sich die innere Silhouette der Kranzarterie in der Röntgendurchleuchtung wie ein Ausgussbild dar.

Der Gefäßinnenraum und die Dynamik des Blutstromes werden bis in die feinsten Äste der Kranzarterie sichtbar und aus verschiedenen Projektionen gefilmt. Dieser „koronarangiographische“ Film wird digital für die on-line Analyse auf Sichtschirm dargestellt und für die Dokumentation auf CD gebrannt.

Die heute für die Koronarangiographie verwendeten Herzkatheter haben einen Durchmesser von etwa 2 mm. Die Technik ist so perfektioniert, dass der Patient von der ganzen Untersuchung kaum etwas spürt.

■ Goldstandard

Die Koronarangiographie stellt den Goldstandard für die genaue Beurteilung der Herzkranzgefäße dar. Allerdings möchte ich an dieser Stelle auch darauf hinweisen, dass zusätzliche Methoden in Entwicklung sind, mit denen eine nichtinvasive Darstellung – zumindest der großen Stämme der Herzkranzgefäße – angepeilt wird. Hierbei handelt es sich um die ultraschnelle Computertomographie und um Magnetresonanzuntersuchungen. Diese Techniken befinden sich – die Darstellung der Herzkranzarterien und die Beurteilung darin befindlicher Plaques betreffend – noch in einem experimentellen Stadium, so dass keineswegs genau abzusehen ist, für welche Fragestellungen und wann sie schlussendlich im Rahmen von Routineuntersuchungen zum Tragen kommen werden.

Die Ballondilatation der Herzkranzgefäße

(PTCA = „perkutane transluminale Koronar-Angioplastie“, Abb. 6)

Zur Entwicklungsgeschichte: In den ersten Jahren ihrer Anwendung war die PTCA eine auf weniger komplizierte anatomische Verhältnisse beschränkte Alternative zur aortokoronaren Bypass-Operation. Aufgrund der Fortschritte in Technik- und Materialfragen sowie in der unterstützenden medikamentösen

Therapie hat die PTCA in den letzten Jahren die aortokoronare Bypasschirurgie weit überholt. Auch positive Langzeitergebnisse unterstreichen diesen Trend. Die Chirurgie kommt somit nur noch in zunehmend selteneren Indikationen zum Zug.

■ Procedere

Das Prinzip der Ballondilatation beruht auf der Tatsache, dass bestehende Verengungen der Herzkranzgefäße von innen her durch ein Aufdehnen des Gefäßlumens behoben werden können. Die krankhaften Ablagerungen, welche die Stenose verursachen, werden an die Gefäßwand und in sie hineingedrückt!

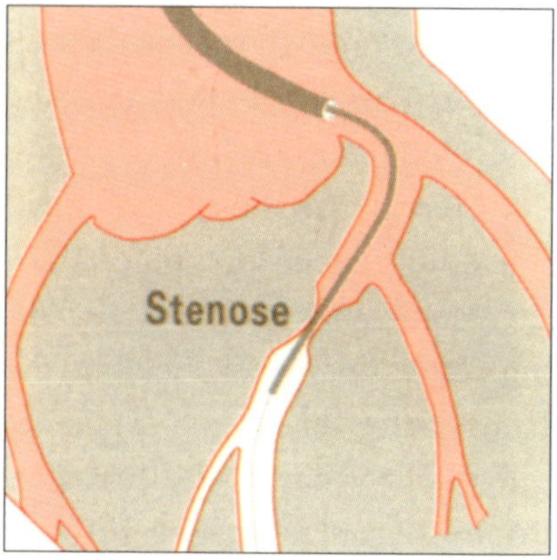

Abb. 6: PTCA. a) Die Spitze des Führungskatheters befindet sich am Abgang der betroffenen Herzkranzarterie von der Aorta. Über den Führungsdraht gelangt der an der Spitze des Ballonkatheters befindliche noch zusammengefaltete Ballon in die Engstelle.

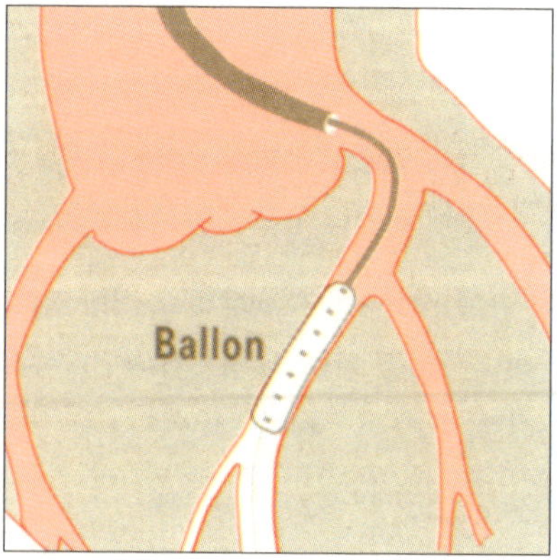

Abb. 6: PTCA. b) Dort wird der Ballon unter hohem Druck zur vollen Größe entfaltet.

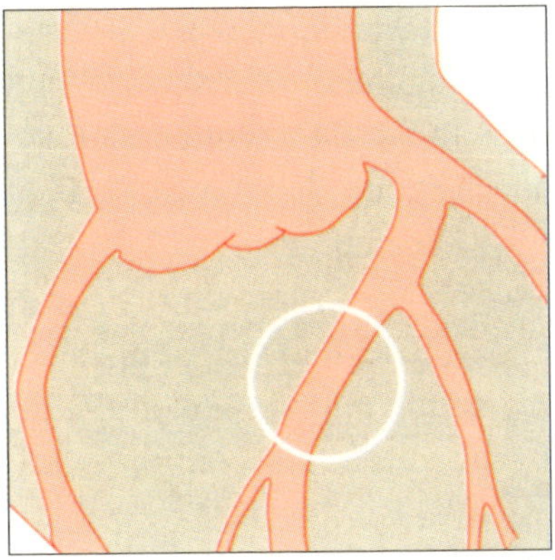

Abb. 6: PTCA. c) Das Ergebnis ist ein wiedereröffnetes und für den Blutfluss normal durchgängiges Koronargefäß.

Von technischer Seite geht man zunächst so vor, wie bei der zuvor beschriebenen diagnostischen Koronarangiographie. Statt dem diagnostischen Herzkatheter wird nunmehr ein spezieller „Führungskatheter" mit seiner Spitze an den Abgang jenes Herzkranzgefäßes gebracht, welches aufgedehnt werden soll. Durch das Lumen dieses Führungskatheters wird als nächster Schritt ein haardünner „Führungsdraht" herangebracht. Er wird aus der Spitze des Führungskatheters vorwärts in das betreffende Herzkranzgefäß weitergeschoben. Mittels Röntgendurchleuchtung und Kontrastmittelinjektionen kann seine Position im Herzkranzgefäß kontrolliert werden. Dieser Draht ist aufgrund seiner Drehstabilität und einer gebogenen Spitze, mit der man in die gewünschte Richtung zielen kann, gut steuerbar. Dadurch ist es möglich, ihn an abgehenden Seitenästen vorbei derart im Koronargefäß zu dirigieren, dass die Engstelle erreicht und passiert wird. Die Spitze des Führungsdrahtes wird in die Endbahn des Kranzgefäßes positioniert. Das Ganze ist ein Vorgang, der sich sehr zeitaufwändig gestalten kann.

Nun kann der Führungsdraht seine Funktion übernehmen, die darin besteht, gleich einer Schiene den aufgefädelten Ballonkatheter in Position zu bringen. An der Spitze des Ballonkatheters befindet sich der Ballon, der betreffend seiner Länge, seines Durchmessers und weiterer Eigenschaften je nach der Anatomie des Kranzgefäßes und der vorhandenen Stenose ausgewählt wurde. Beispielsweise kann der Ballon im aufgeblähten Zustand eine Länge von 16 mm und einen Durchmesser von 2,75 mm besitzen. Über ein dünnes Lumen steht der Ballon mit dem Ende des Katheters in Verbindung, so dass eine Kontrastflüssigkeit eingebracht werden kann. Durch das Hineinpressen der Kontrastflüssigkeit mit einem entsprechend hohen Druck wird der Ballon, der ursprünglich fein zusammengefaltet und kaum erkennbar am Ende des Ballonkatheters sitzt, gefüllt und zur vollen Entfaltung gebracht, was bei der Röntgenkontrolle mit verfolgt wird. Der Ballon hat dann die Form einer Wurst (Abb. 6).

Durch dieses Aufblähen des Ballons wird die Engstelle im Kranzgefäß aufgedehnt und das stenosierende Material – also der „Plaque" – an die Wand gedrückt und zum Teil auch in die Wand hinein gepresst. Anschließend wird der Ballon durch das Anwenden von Sog entleert und durch den Führungskatheter zurückgezogen. Nunmehr kann das Blut wieder frei fließen, das Blutgefäß bleibt offen. Wenn das Ergebnis nicht ganz optimal ist, bzw. der gewünschte Erfolg nicht zur Gänze eintritt, kann in der Folge ein Stent implantiert werden. Kaum jemals ist eine aortokoronare Bypass-Operation als rettender Ausweg notwendig. Andererseits gibt es auch Fälle, wo bereits von vornherein eine Stent-Implantation vorgenommen wird.

Wie gesagt: Aufgrund der rasanten medizinischen Entwicklung hat sich der Wirkungsgrad der Koronardilatation massiv verbessert. Was Anfang der 90er Jahre noch eine wirkliche Herausforderung an den Arzt darstellte, zählt heute zur Routine. Parallel zu dieser Entwicklung geht auch eine Erweiterung der Indikationsgebiete einher, so dass nunmehr auch Mehrfachdilatationen und technisch immer anspruchsvollere Eingriffe vorgenommen werden können. Die PTCA kann unmittelbar nach dem diagnostischen Herzkatheterismus erfolgen („prima vista PTCA") oder in einer zweiten Sitzung, zu einem etwas späteren Zeitpunkt. Beide Vorgangsweisen haben ihre Meriten und müssen an die jeweilige Situation angeglichen werden.

■ Vorteile der PTCA

Der große Vorteil der PTCA gegenüber der aortokoronaren Bypass-Operation liegt in mehreren Punkten:

- Die PTCA ist ein wesentlich „kleinerer“ Eingriff. Sie wird ohne Narkose, sondern lediglich mit einer lokalen Betäubung durchgeführt. Nachher ist in der Regel keine Aufnahme auf der Intensivstation notwendig und der Spitalsaufenthalt dauert nur wenige – durchschnittlich 2-3 – Tage.

- Die Rekonvaleszenz ist kurz. Nicht allzu anstrengende berufliche und alltägliche Aktivitäten können wenige Tage nach der Spitalsentlassung wieder aufgenommen werden.

- Die medikamentösen Verschreibungen halten sich in Grenzen. Die Kontrolluntersuchungen beschränken sich auf Laboruntersuchungen, EKG und Ergometrie. Eher selten sind zusätzliche Spezialtechniken notwendig. Häufig wird eine Kontroll-Koronarangiographie einige Monate später vorgenommen, um das Endresultat zu beurteilen und gegebenenfalls einen weiteren Eingriff durchzuführen.

Hinweis: Auch wenn mit PTCA und Stent-Implantation ein Behandlungsweg zur Verfügung steht, der dazu verleiten könnte, die Vorsorge gegen die koronare Herzkrankheit nicht mehr so ernst zu nehmen, weil es ein probates Hilfsmittel gibt, würde ich von derlei Überlegungen massiv abraten. Schließlich sind nicht nur die großen Kranzgefäße betroffen, sondern auch kleine periphere Seitenäste, die ihrerseits nicht mehr wiederhergestellt werden können. Außerdem ist dieser Eingriff auch eine Frage des richtigen Zeitpunktes – sich nämlich genau dann in diese Behandlung zu begeben, wenn zwar ein Myokardschaden bzw. Herzinfarkt schon droht, aber noch nicht eingetreten ist. Eben diesen richtigen Zeitpunkt zu erfassen, hängt von der Informiertheit des Patienten und von der Zusammenarbeit mit den behandelnden Ärzten ab.

Was die Nachsorge betrifft, ist ein ähnlich konsequentes Vorgehen ratsam wie nach einem Herzinfarkt, wenn auch die Langzeitprognose deutlich besser aussieht. In jedem Fall aber nehmen die Risikofaktoren einen hohen Stellenwert ein und müssen – so weit es geht – minimiert werden. Konkret bedeutet dies, dass Cholesterin- und insbesondere LDL-Cholesterinwerte sorgfältig zu kontrollieren sind. Es ist ein LDL-Cholesterin unter 100mg% dauerhaft anzustreben – was zusätzlich zu einer bewussten Ernährung praktisch immer die Einnahme eines Medikamentes erfordert –, ebenso Nikotinabstinenz, regelmäßige körperliche Aktivität und Limitierung von Stress!

Stent

Der „Stent“ ist ein metallenes Röhrengitter, das dazu dient, ein aufgedehntes Herzkranzgefäß mechanisch offen zu halten. Er funktioniert wie ein Scherengitter. Damit er in die Engstelle eingebracht werden kann, ist er zusammengefaltet auf einen Ballon montiert, ähnlich einem Scherengitter im zusammengeschobenen Zustand. Wenn der Ballon mit unter hohem Druck hineingepresster Flüssigkeit gefüllt wird, entfaltet sich auch der Stent zur vollen Größe des Ballons. Er bleibt konstruktionsbedingt auch nach der Entfernung des Ballonst in dieser Form, heilt ins Gefäß ein und hält so das Gefäßlumen offen.

Der Stent ist ein äußerst wertvolles Hilfsmittel, aber war bis vor kurzem in einer Reihe von Fällen dennoch keine 100%ige Lösung: Vorwiegend dann, wenn eine lange Stenose in einem kleinen Gefäß mit geringem Durchmesser gestentet werden musste, kam es fallweise im weiteren Verlauf zu einer neuerlichen Verengung. Dabei spielt eine Art „Narbenbildung“ die größte Rolle, also eine Verdickung der Gefäßinnenhaut. Der medizinischen Forschung ist es zu verdanken, dass diesem Problem nun weitgehend Abhilfe geschaffen wurde. Es wurden Stents entwickelt, die mit einem Medikament beschichtet sind, das die Wucherung der Gefäßinnenhaut verhindert oder zumindest stark reduziert. Das Medikament wird so auf den Stent aufgebracht, dass es in einer dosierten Menge und in einem kalkulierten Zeitablauf abgegeben wird und in der Gefäßwand seine Wirkung entfalten kann.

Dank dieser neuen Entwicklung dürfte in Zukunft der größte Teil der an den Herzkranzgefäßen notwendigen Eingriffe mittels PTCA abgedeckt werden können. Das bedeutet gleichzeitig, dass eine aortokoronare Bypass-Operation noch seltener als schon bisher notwendig sein wird.

Der Stent heilt im Gefäß ein und wird nicht mehr entfernt, obwohl auch die Möglichkeit von wiederentfernbaren oder sich wieder auflösenden Stents zur Diskussion steht.

„Mirakulöse" Phänomene

Ein Herzkatheterraum ist ein besonderer Ort. Und zwar nicht nur was die technische Ausstattung, die Art des Eingriffes und die Zusammenarbeit des Teams betrifft, sondern auch was die Atmosphäre anlangt.

Mag sein, dass auch die Tatsache eine Rolle spielt, dass der Patient beim Eingriff bei vollem Bewusstsein ist. Die Sorge um seine Gesundheit und um sein Leben teilt sich dem Personal unmittelbar mit, was ein besonders intensives und dem Patienten zugewandtes Arbeiten zur Folge hat.

Der Herzkatheterismus und insbesondere die Koronardilatation erfordern vom ganzen Team langjährige Erfahrung und Übung. Die Hand und der Katheter folgen wie von selbst den Signalen, die vom Gehirn der handelnden Personen ausgehen. Gerade in dieser hochkonzentrierten Atmosphäre werden oft ungeahnte Kräfte mobilisiert.

Oft kann man Situationen erleben, in denen das viel zitierte „Unmögliche" möglich wird. Wahrscheinlich resultieren solche Ergebnisse aus der Bündelung der Kräfte aller am Team Beteiligten. Ob man hier von einem Schutzengel spricht oder über Energien philosophiert, die im Extremfall zur Verfügung stehen, ist wohl von der persönlichen Einstellung abhängig.

Nicht nur die Erfahrung und das Training entscheiden, sondern in einem hohen Maß auch die psychische Verfassung der Akteure und der gute Geist, der im Eingriffsraum herrscht. Für das ganze Team ist es ein Glücksgefühl, wenn der Kranke von einem schwierigen Eingriff den größtmöglichen gesundheitlichen Erfolg hat. Dieses Glücksgefühl ist gleichzeitig eine zusätzliche Motivation für den vollen Einsatz.

Verschiedene Erlebnisse können den interventionellen Kardiologen und sein Team dazu bringen, manchmal etwas sprichwörtlich als einen „Wink von oben" zu bezeichnen. Bei einem so komplexen Betrieb wie einem Herzkatheterlabor kommt es naturgemäß gelegentlich zu Störungen oder unerwarteten Ereignissen. Die Signalwirkung eines derartigen Ereignisses mag man bisweilen zum Anlass nehmen, die Behandlungsstrategie nochmals zu überdenken bzw. ein anderes Material in Erwägung zu ziehen. Eine solche Überlegung ist deshalb nicht abwegig, weil unbewusste Wahrnehmungen und Assoziationen wohl auch ihren Niederschlag in unbewussten Handlungen oder scheinbaren „Fehlhandlungen" finden können.

Einfühlungsvermögen für den Kranken, Hilfsbereitschaft und Zuwendung gehören genauso zum Erfolg wie Ausbildung und Können. Dann lassen sich „mirakulöse" Phänomene auch ganz natürlich erklären!

Aortokoronare Bypass-Operation

Der aortokoronare – von der Aorta zur Koronararterie angelegte – Bypass überbrückt die Verschluss- oder Engstelle der Herzkranzarterie. Früher hat man dafür ausschließlich vom Bein des Patienten entnommene Venen verwendet, was sich nach der Operation in langen Narben am Unterschenkel manifestierte.

■ Chronologie der Operation

Der Zugang zum Herz wird geschaffen, indem das Brustbein in der Mitte der Länge nach durchtrennt wird und die beiden Hälften des Brustkorbs aufgeklappt werden („Sternotomie"). Der eigentliche Bypass besteht darin, dass das vom Bein entnommene und in seiner Länge genau angepasste Venenstück mit der Aorta (Hauptschlagader) knapp oberhalb von deren Ursprung aus dem Herzen „End-zu-Seit" verbunden wird. Das andere Ende der Vene wird in ähnlicher Weise mit dem Herzkranzgefäß jenseits der erkrankten Stelle mit einer Gefäßnaht in Verbindung gebracht. Nunmehr fließt das Blut über diese Vene von der Aorta ins Herzkranzgefäß und die Verschluss- oder Engstelle ist somit überbrückt. Am Ende der – in Wahrheit natürlich wesentlich komplexer und mit zahlreichen Zwischenschritten ablaufenden – Operation wird das Brustbein wieder mit Metallklammern zusammengefügt. Der Heilungsprozess dauert einige wenige Tage. Als sichtbares Zeichen der Operation bleibt lediglich eine Narbe zurück.

■ „Mehrfach-Bypass-Operation"

Wenn mehrere Herzkranzgefäße Verschluss- oder Engstellen aufweisen, die überbrückt werden müssen, werden entsprechend viele Venen eingesetzt. Drei sind häufig, fünf keine große Seltenheit. In diesem Fall spricht man von einer „Mehrfach-Bypass-Operation".

■ Medizinische Entwicklung

Gegenüber dieser ursprünglichen „klassischen" Methode, bei der nur Venen verwendet wurden, hat die medizinische Entwicklung nun einige wesentliche Neuerungen zu bieten. Ein wichtiger Schritt war, statt einer der entnommenen Venen eine Arterie als Bypass zu verwenden. Und zwar jene Arterie, die im Brustkorb von der zum linken Arm führenden Schlagader abzweigt und nach unten in den Brustkorb führt. Sie wird präpariert, in der richtigen Länge in Herzhöhe abgeschnitten und mit diesem distalen Ende ans Herzkranzgefäß, und zwar aus anatomischen Gründen meist an jenes, welches die Herzvorderwand versorgt (LAD), unterhalb der Verschlussstelle angeschlossen. Diese Arterie, die linke Arteria mammaria interna, kurz genannt „LIMA", war nur entwicklungsgeschichtlich für den Menschen von Bedeutung und kann unbeschadet verwendet werden. Diesen Bypass nennt man „LIMA-Bypass".

Anmerkung: Selten wird auch die rechte Arteria mammaria interna verwendet.

Diese Operationstechnik hat einen wesentlichen Vorteil: der „LIMA"-Bypass bleibt nahezu immer auf Dauer offen, wogegen die Venen nicht so gut halten. Im Durchschnitt sind einige Prozent der Venen schon ein Jahr nach der Operation wieder verschlossen. Dies liegt nicht am Chirurgen, sondern ist inhärent bedingt: eine Vene besitzt – was ihre Funktionalität und ihren Wandaufbau anlangt – nicht die gleichen Eigenschaften wie eine Arterie, die Verträglichkeit des hohen arteriellen Blutdrucks betreffend.

Eine weitere wichtige Neuerung in der Bypasschirurgie ist die Operation ohne Verwendung der Herz-Lungen-Maschine. Dadurch wird die Operation für den Patienten wesentlich weniger belastend.

■ PTCA statt Bypass-Operation

Heute wird die Bypass-Operation mehr und mehr von der Gefäßaufdehnung (PTCA) in den Hintergrund gedrängt. Die Rate von neuerlichen Verengungen („Re-Stenoserate“) in aufgedehnten und mit einem Stent versorgten Herzkranzgefäßen ist mit den neuen Materialien und Techniken nur noch sehr gering. Außerdem kann eine PTCA im Falle einer Re-Stenose meist problemlos wiederholt werden. Darüber hinaus weist die Statistik gute Langzeitergebnisse aus! Aus diesem Grund kommt nunmehr gelegentlich der „Hybrideingriff“ zur Diskussion – also bei einer koronaren „Mehrgefäßerkrankung“ die Kombination von LIMA zur LAD und Aufdehnung der anderen Gefäße.

Hinweis: Auch wenn die aortokoronare Bypass-Operation von der Koronardilatation (PTCA) zahlenmäßig weit überholt wurde, bleibt sie unter bestimmten Umständen nach wie vor der Eingriff erster Wahl. Der Spitalsaufenthalt dauert in der Regel etwa eine Woche. Anschließend ist eine Rehabilitationsphase von drei bis sechs Wochen notwendig.

VIII. PUT MY MIND IN YOUR SHOES!

Einander verstehen bedeutet, dort zu stehen, wo die Ängste und Sorgen des anderen sind. Ihn zu unterstützen, ihm „auf die Sprünge zu helfen“ und im wahrsten Sinne des Wortes Fort-Schritte zu vermitteln.

Wissen, Können und Erfahrung zur Verfügung zu stellen

- im täglichen Miteinander
- im Arzt-Patienten-Verhältnis
- im Zusammenwirken der Heilberufe
- im Hochhalten der medizinischen Schule, der kollegialen Zusammenarbeit, der interdisziplinären wissenschaftlichen Kontakte
- im Arztsein.

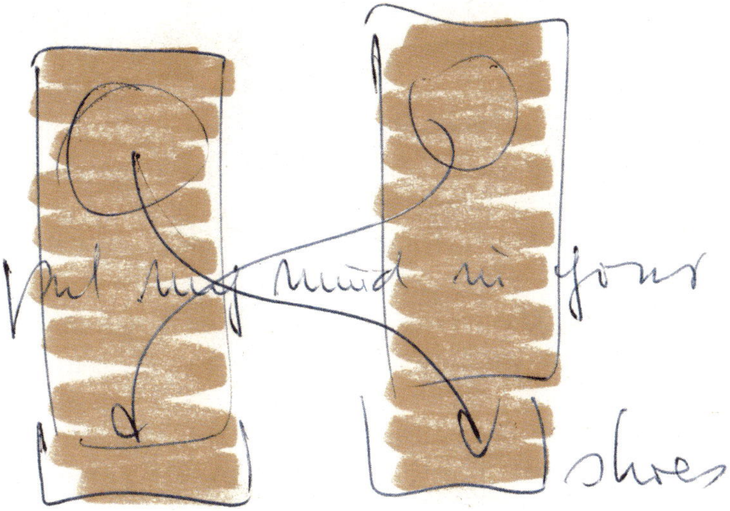

Verstehen meint
stehen wo Du stehst und
Dich begleiten
im geistigen Gleichschritt

Prägungen

Weshalb wählt jemand im Beruf eine bestimmte Fachrichtung, eine bestimmte Laufbahn? Rückblickend betrachtet kommt mir immer mehr zu Bewusstsein, wie sehr sowohl berufliche als auch persönliche Erfahrungen meinen Werdegang als Arzt prägten. Und genau dieses Zusammenspiel von unterschiedlichen Einflüssen zeichnet letztendlich für das „Credo" eines Arztes verantwortlich. Ein Entwicklungsprozess, der – für sich betrachtet – in der Kindheit begann und bis heute nicht abgeschlossen ist. Aus diesem Grund möchte ich in der Folge einige für mich sehr prägende Erlebnisse aufzeigen, die auch meinen beruflichen Weg beeinflussten.

Als kleines Kind verbrachte ich viel Zeit bei meiner Großmutter. Sie war die Witwe von Wilhelm Türk, der an der Wende vom 19. zum 20. Jahrhundert als Hämatologe in Wien tätig gewesen war. Im Rahmen seiner Erforschung von Blutkrankheiten half ihm meine Großmutter bei der Auswertung unzähliger Blutbilder. Es galt die weißen und roten Blutkörperchen zu zählen. Von daher behielt sie die Gewohnheit bei, alles und jedes zu zählen. Beispielsweise die Schritte beim Gehen oder die Stiche beim Nähen. In jedem Fall aber vermittelte sie mir ihre Liebe zu ihrer Arbeit.

Wilhelm Türk war als knapp 50-Jähriger an einem plötzlichen Herztod verstorben. Mein Vater- langjähriger Landarzt und später ärztlicher Standesvertreter – riet mir von Jugend an, keine Zigaretten zu rauchen. Er machte mir verständlich, dass der frühe Herztod meines Großvaters auch für mich einen Risikofaktor darstelle, den ich auf keinen Fall mit einem weiteren Risikofaktor potenzieren sollte.

Zu dieser Zeit verbrachten wir oft den Sommer im Salzkammergut. Jeden Freitag gab es einen Wochenmarkt. Eines Tages machte ich einen Marktstand ausfindig, an dem Farn angeboten wurde. Es hieß, dass ein heiß aufgetragener Absud von Farn eine prompte Erleichterung bei schmerzenden Gelenken brächte. Da meine Mutter an Kniegelenksschmerzen litt, kaufte ich den Farn von meinem Taschengeld und brachte ihn stolz nach Hause. Mein Vater fragte mich, ob ich ganz sicher sei, dass ich damit keinen Schaden anrichten könnte. Ich wurde nachdenklich und kam wieder von meiner Idee ab, als er mir erklärte, dass bei bestimmten Gelenkserkrankungen die Anwendung von Hitze genau das Verkehrte sein kann. Somit lernte ich das Prinzip des „Primum non nocere" – „Vor allem nicht schaden".

■ Abschreckendes Beispiel

Aus meiner Studentenzeit noch ein weiteres Erlebnis, das mein Denken und Handeln einschneidend prägte:

Während einer Neurologievorlesung wurde uns von unserem Professor ein Arzt als Gast angekündigt. Umso verblüffter war ich, als eine Gestalt hereinführt wurde, die zur Gänze mit einem Spitalsleintuch eingehüllt war. Zuerst herrschte völlige Stille und man hätte eine Stecknadel zu Boden fallen gehört. Dann begann die Gestalt unter dem Leintuch in einer unheimlich direkten und eindringlichen Weise das Drama einer Morphiumsucht zu schildern. Der Arzt litt in den Kriegsjahren unter unerträglichen Schmerzen. Als letzten Ausweg sah er sich gezwungen, sich selbst Morphium zu injizieren. Obgleich er sich der Suchtgefahr völlig bewusst war, glaubte er die Kraft zu besitzen, nach wenigen Tagen die Behandlung wieder einzustellen. Eine Vorstellung, die leider an der Realität scheiterte. Seine Schilderung machte uns Studenten bewusst, dass Sucht kein Gegenstand von Leichtfertigkeit oder Experimenten sein kann. Die Trauer in seiner Stimme, die Aufrichtigkeit in seinem Auftreten und das Drama seines zerstörten Lebens berührten uns auf unmittelbare Weise und sind mir bis heute eine unvergessliche Lehre.

Nachtdienst

Im allerersten Nachtdienst meines Lebens weckte mich ein Telefonanruf der Krankenschwester von Zimmer 105 aus dem tiefsten Schlaf: „Ich kann die Patientin XY nicht aufwecken! Bitte kommen Sie auf die Station.“ Zur Vorinformation: An der II. Medizinischen Universitätsklinik hatten drei Ärzte in der Nacht Dienst: ein Oberarzt, der „2. Stock-Dienst“ – ein schon länger an der Klinik tätiger Arzt – und der „3. Stock-Dienst“ – der Jüngste in dieser Riege. Damals, erst ganz kurz im Spitalsdienst, war ich noch zu wenig erfahren, um die unmittelbare Dringlichkeit des Anrufes außer Frage zu stellen: „Was soll das heißen – ich kann die Patientin nicht aufwecken?“. Ich zog mir Socken, Schuhe und den Ärztemantel an, checkte, ob das Stethoskop in der Tasche war, und ging aufs Krankenzimmer. Dort wurde ich sehr kühl empfangen, weil mein Kollege aus dem 2. Stock bereits vor mir eingelangt war und den Fall übernommen hatte. Erst jetzt wurde mir bewusst, dass ich die Dringlichkeit in der Stimme der Schwester achtsamer realisieren hätte müssen und blitzartig auf der Station hätte sein müssen.

Es stellte sich heraus, dass es sich um ein Coma diabeticum gehandelt hatte – eine Bewusstlosigkeit und nahezu irreversible Lebensbedrohung aufgrund einer massiv entgleisten Zuckerkrankheit.

Obgleich mein erfahrener Kollege sofort zur Stelle gewesen war, starb die Patientin. Es war mir zwar bewusst, dass ein früheres Eintreffen meinerseits auch nichts am traurigen Umstand geändert hätte, trotzdem war ich – was mein verspätetes Eintreffen anlangt – zutiefst betroffen und gleichzeitig beschämt. Die Quintessenz aus diesem Erlebnis war, dass ich für mein ganzes weiteres Leben geprägt war. Ab diesem Zeitpunkt war ich – wenn ich mitten in der Nacht aus dem Schlaf aufgeweckt wurde – sofort hellwach und einsatzbereit. Darin erging es mir wie allen anderen Klinikärzten auch: Durch die häufigen Weckrufe in den Jahren, in denen ich an der Klinik Fellinger und dann an der Klinik Kaindl Nachtdienst machte, wurde ich so trainiert, dass ich bis zum heutigen Tag innerhalb von Sekunden vollfit bin.

Ich denke, dass die Wahr-Nehmung und Einsatzbereitschaft eines jeden Arztes durch einschneidende Erlebnisse geschärft wird. Dazu die folgende Episode:

Der „Herzalarm“ war als Notruf-Einrichtung für lebensbedrohliche kardiale Komplikationen gerade erst installiert worden, der Defibrillator noch ein Novum, gleichzeitig ein Unikum. Einerseits auf Grund der Tatsache, dass es damals nur ein einziges derartiges Gerät an der Klinik gab, andererseits, weil es so schwer war, dass man es kaum tragen konnte. In diesem Zusammenhang sei noch angemerkt, dass die Herzalarm-Einrichtung nicht nur dem eigenen Haus diente, sondern auch den anderen, im „alten AKH“ zum Teil relativ weit voneinander entfernt liegenden Universitätskliniken. Das alte AKH, also das ehrwürdige, in der Bausubstanz aus der Mitte des 18. Jahrhunderts stammende allgemeine Krankenhaus der Stadt Wien, erstreckte sich über ein großes Areal und verteilte sich auf viele einstöckige Gebäude mit langen Gängen und früher großen, nunmehr unterteilten Krankensälen. Verbunden waren die Pavillons durch verwinkelte Fahrspuren. Durchfahrten waren zu passieren, Höfe zu überqueren. In unserem Hof stand der „Herzalarmwagen“, ein bejahrter VW Bus, der bei den Einsätzen seine Blessuren davontrug. Aus organisatorischer Sicht kamen bei Herzalarm der jüngste und der erfahrenste von den diensthabenden Ärzten zum Einsatz. Der 2. Stock-Dienst musste im Haus die Stellung halten.

Ich hatte 3. Stock-Nachtdienst, als in den frühen Morgenstunden das Telefon läutete: „Herzalarm auf der Hautklinik Zimmer XY“. Ich springe aus dem Bett in die Schuhe, werfe den weißen Mantel um und renne zum Herzalarmwagen, wo gleichzeitig zwei Schwestern mit dem Defibrillator und dem Notfallkoffer ankommen. Ich springe auf den Fahrersitz und starte. In dem

Moment kommt der Oberarzt, ein angesehener Dozent: Ohne Socken und nur mit einem Schuh bekleidet hievt er sich auf den Beifahrersitz und wir fahren los. Meinen Blick auf seinen bloßen Fuß beantwortete er mit den lapidaren Worten: „Der zweite Schuh war unter dem Bett. Ich habe ihn nicht mehr erwischt." Dazu ist nur noch zu ergänzen, dass dieser Vorfall um drei Uhr morgens in einer schneereichen, klirrend kalten Winternacht passierte! Einige Sekunden später erreichten wir die Hautklinik, wuchteten den Defibrillator und den Notfallkoffer aus dem VW und rannten auf das besagte Zimmer.

Was ich mit dieser Episode zum Ausdruck bringen möchte? Dass im Leben eines Arztes das bedingungslose Wahr-Nehmen einer Situation und das selbstverständliche Handeln im Hier und Jetzt eine enorme Rolle spielt. Aber auch, dass das lückenlos aufeinander abgestimmte Ritual des Zu-Hilfe-Kommens mit einem lebenslangen Lernprozess einhergeht.

Ärztliche Kunst

„Kunst kommt von Können" – was allerdings über Wissen und Können hinaus die ärztliche Kunst ausmacht, stellt zwar für den Arzt einen integralen Teil seines Berufes dar, ist aber in der Regel nicht leicht in Worte zu fassen. Der Begriff „ärztliche Kunst" ist nahezu nicht mehr in unserem Wortschatz vorhanden.

Während man früher noch von einem ärztlichen Kunstfehler sprach, kennt die heutige Rechtsprechung lediglich den Terminus „Behandlungsfehler". Fazit: Es gibt keinen Spielraum für die Bewertung von „Kunst". Generell betrachtet wird die Medizin heute eher als Wissenschaft und Handwerk denn als Kunst eingestuft. Einzige Ausnahme: In der lateinischen Bezeichnung „lege artis", also des kunstgerechten Handelns, findet der Kunst-Begriff nach wie vor seine Berücksichtigung.

Heute übt der Arzt seine Kunst sozusagen jenseits der öffentlichen Meinung aus. Im täglichen Leben des Arztes und im Routinebetrieb des Krankenhauses bleibt wenig Zeit, über diesen Status quo nachzudenken. In der Praxis wird man allerdings tagtäglich mit den unterschiedlichsten Situationen konfrontiert: Ob es einem vergönnt ist, zu helfen und zu heilen, ob sich etwas fügt oder nicht, oder ob man versagt hat, obwohl man sich nach einer „objektiven“ Beurteilung völlig richtig verhalten hat.

Auf Grund all dieser Erfahrungen stellt sich einmal mehr die Frage: Gibt es über Wissen und Können hinaus doch noch etwas Entscheidendes, das die ärztliche Berufsausübung kennzeichnet?

■ Bereich der Intuition

Es handelt sich um etwas, das unter Umständen nicht so sehr im Bewusstsein abrufbar ist, aber insbesondere bei einer starken emotionalen Beteiligung zum Tragen kommt: nämlich um den weit gefassten Bereich der Intuition.

Außer Zweifel steht, dass Engagement und persönliche Erfahrung eine wichtige Rolle spielen. Weiters scheint mir, dass man als Arzt lernt, an einem Problem – das momentan nicht lösbar scheint – nicht haften zu bleiben, sondern es sozusagen zu überspringen. Dahingehend einen neuen Standpunkt einzunehmen, dass man nicht nur das Problem als solches sieht, sondern – soweit es die ärztliche Erfahrung und Hoffnung erlaubt – den erwünschten oder erwarteten Zustand jenseits des Problems anvisiert. Den Patienten also beispielsweise nicht in seiner momentanen prekären Situation vor sich sieht, sondern als potentiell gesunden Menschen. Ihn – und das ist der entscheidende Punkt – auch in dieser Weise behandelt: Ihm Mut zuspricht und nicht mit „Mitleiden belastet“. Es zählt zur ärztlichen Kunst, Patienten festen Halt und Zuversicht zu vermitteln.

Manches Mal stößt man allerdings an die Grenzen des Glaubhaften. Im folgenden berichte ich über ein Gespräch mit einer Fachärztin für Psychiatrie. Wir sprachen über „Supervision“, einen mir nicht sehr sympathischen Begriff, weil er nach meinem Sprachgefühl keine gute Balance zwischen den Supervisoren und den Supervidierten herstellt.

Im Falle der besagten Ärztin handelte es sich allerdings um eine besondere Art von Supervision, da sie an einer Abteilung eines städtischen Krankenhauses als externe Mediatorin an den wöchentlichen Sitzungen der Ärzte mit den Krankenschwestern und -pflegern teilnahm. Diese Sitzungen dienten der intensiven Auseinandersetzung mit Problempatienten. Die Besprechungen wurden wie ein Brainstorming mit großem Engagement und Zuwendung zu den jeweiligen Patienten geführt und gingen – laut Angabe der Ärztin – mit einem oft schlagartigen positiven Stimmungswandel einher.

Anfangs zeigte ich mich skeptisch, aber die Ärztin rückte keinen Millimeter davon ab, dass die „Supervisionssitzungen", die ich lieber auf „super Visionssitzungen" umtaufen würde, nach ihrer Erfahrung ganz eindeutig eine unmittelbare Wirkung auf die Patienten hätten.

■ Spirituelle Komponente

Ein weiterer Aspekt der „ärztlichen Kunst" postuliert eine spirituelle Komponente, etwas, das außerhalb unserer uns bewussten Reichweite liegt und von unseren wissenschaftlichen Messmethoden nicht erfasst werden kann. Hier herein spielt der selten offen angesprochene Begriff des Arzt-Priesters. Mein Lehrer Professor Fellinger war zweifelsohne ein Vollblut-Mediziner, aber gerade er vermittelte mir die Realität dieser anderen Dimension: Zusätzlich zu den für uns abschätzbaren Faktoren spielt noch etwas anderes für den Krankheitsverlauf oder die Heilung eine Rolle!

■ Musik als Bote

Ich kann, obwohl ich ähnliche Erfahrungen gemacht habe, selbst kein so eindrucksvolles Beispiel liefern wie die folgende Geschichte, die mir eine Pastorin anvertraut hat. Hier ihre Erzählung im „Originalton":

„Ich möchte jetzt von einer Kollegin sprechen, die mit mir gemeinsam sehr schöne Feste gestaltet hat. Sie hat als Germanistin

Texte vorbereitet, ich habe als Organistin für die musikalische Umsetzung gesorgt. Durch Text und Musik waren wir innig miteinander verbunden. Leider erkrankte sie in der Folge sehr schwer und mir wurde mitgeteilt, dass sie in den letzten Zügen liege. Nun war meine Sorge und innere Not, wie ich mit dieser Frau noch in Kontakt treten könnte. Ich hatte einfach den tiefen Wunsch, ihr noch in irgendeiner Form etwas zu vermitteln bzw. zu schenken. Da kam ich auf die Idee, ihr jenes gemeinsam gestaltete Stück von Johann Sebastian Bach aus den Goldberg-Variationen vorzuspielen, das ihr so sehr gefallen hatte, dass wir davon auch eine Kassettenaufnahme machten.

Ich ging daraufhin in das Spital, wo ich sie in einem sehr schlechten, man kann sagen unansprechbaren Zustand antraf. Ich rief sie mit ihrem Namen an, streichelte sie, wandte mich mit all meiner Liebe ihr zu und fragte sie, ob sie jenen Ausschnitt aus den Goldberg-Variationen von Bach hören wollte. Und sie nickte. Plötzlich, gegen Ende des Stückes, riss Inge die Augen auf und schrie 'Wahnsinn' – und dann, in einem fort, 'Glücklich, glücklich, glücklich, glücklich …'. Sie hatte keine Angst, sie hatte keine Schmerzen, es war eigentlich nur die Musik, die Schwingung, die Liebe im Raum. Ich verabschiedete mich von ihr und sagte 'Auf Wiedersehen', und dachte, es ist eben das – das ganz besondere Wiedersehen, das es hier auf Erden nicht mehr gibt.

Eine Woche später traf ich eine Kollegin, die mich fragte, ob ich schon wisse, was mit Inge sei. In einer ersten Reaktion dachte ich, sie sei verstorben. Aber nein! Wie durch ein Wunder gehe es Inge besser! Seltsam berührt ging ich einige Tage später erneut ins Spital. Erfreut stellte ich fest, dass ihr Gesicht voller war, ihr Haarton frischer und ihre Augen klarer. Sie richtete sich im Bett auf, hörte wieder Musik und aß – wenn auch nur Yoghurt, aber immerhin.

Dieses Wiedersehen war etwas schwieriger. Es war nicht so selig, sich verabschiedend, weil Inge wieder bei vollem Bewusstsein war. Sie stellte Fragen, war interessiert, erkundigte sich nach meiner Familie, nach meinem Mann Werner und meiner Tochter Annette. Auf meine Frage, ob sie noch einen Wunsch hätte, antwortete sie ‘Den inneren Frieden’. Daraufhin sagte ich, dass ich wieder etwas vorbereitet hätte, nämlich von Johann Sebastian Bach das Stück ‘Nun kommt der Heiden Heiland’ – unser aller Heiland, auf den wir warten. Daraufhin wurde sie wieder ganz still, sog die Musik mit einem Lächeln auf und sagte ‘Wunderschön, wunderschön, wunderschön …’. Sie bedankte sich, und sagte ‘Ja bitte, betet für mich.’ Mit dem Psalm ‘Der Herr ist mein Hirte, mir wird nichts mangeln’ verabschiedete ich mich von ihr. Und sie sagte ‘Gott beschütze den Werner, deine Annette und dich.’

Wir sind ihr dann sehr nahe gekommen, Werner und ich, dem Gesicht sehr nahe gekommen, und haben sie auch berührt. Ich würde sagen, das ist eine ganz eigene Art von Zärtlichkeit, die da ausgetauscht wird zwischen dem Sterbenden und dem Lebenden, es sind Berührungen, es sind Blicke, es ist ein Lächeln, es ist einfach unglaublich, und indem man mit dem Gesicht dem anderen so nahe ist, entsteht im anderen ein Bild und sie sagte: ‘Werner und Grete, ihr habt Gesichter wie Engel.’

Was heißt denn ‘Engel’? Bote! Boten waren wir in musikalisch-seelischer Einheit, Boten waren wir von einer anderen Welt, von der wir hier auf dieser Welt zu wenig spüren, in unserer Zeit.“

Zusammenarbeit der Ärzte

In der Regel ist der Arzt für Allgemeinmedizin die erste und zentrale Anlaufstelle des Patienten. Er kennt die Spezialisten, denen er seine Patienten für weitere Untersuchungen oder Behandlungen zuweist, und stellt auf diese Weise auch die bestmögliche Vorgangsweise sicher.

Ebenso besteht eine Rückkoppelung vom Internisten oder Kardiologen an seine Zuweiser. Diese gute Kommunikation zwischen der Ärzteschaft stellt einen wichtigen Garanten für die medizinische Qualität dar. Denn: Keine Kontrolle von außen könnte jemals so verlässlich funktionieren wie die gegenseitige kollegiale Ergänzung und damit auch Kontrolle im Interesse der Patienten.

Qualitätskontrolle ist heute nicht nur ein Schlagwort, sondern wird zum Teil auch dokumentiert und beispielsweise von den Kardiologen zur landesweiten und lückenlosen Erfassung der Ergebnisse der Herzkatheterlabors eingesetzt. Auch hier ist aber die unmittelbare Kenntnis der Kardiologen untereinander der bei weitem wichtigere Faktor als nüchterne Zahlen.

Warum ist die freie Arztwahl so essentiell? Nicht weil ein Arzt mitunter qualifizierter wäre als ein anderer, sondern vielmehr wegen der individuellen Unterschiede im Arzt-Patienten-Verhältnis! Ein gutes gegenseitiges Verständnis ist eine der Voraussetzungen für eine erfolgreiche Behandlung. Daher hat auch jeder Kardiologe seine ihm vertraute Klientel.

Das gute Zusammenspiel zwischen den Ärzten, das sich auch im prompten Austausch der Überlegungen und Befunde äußert und in eine verbesserte Patientenbetreuung mündet, ist ein besonders wertvoller Bestandteil unseres medizinischen Systems und unserer medizinischen Schule. Es ärgert mich, wenn abschätzig über die Schulmedizin geurteilt wird, weil in Wahrheit jede medizinische Tätigkeit nachvollziehbar, mitteilbar und lehrbar sein muss, um auf Dauer zu bestehen.

■ Alternativmedizin am Prüfstand

Mit anderen Worten gehe ich davon aus, dass die Schulmedizin auch die alternativen und transkulturellen Methoden unter ihren Sicherheitsmantel einschließt, sobald diese Methoden ausreichend bewiesen haben, dass sie einer seriösen Prüfung standhalten und allgemein vertreten und empfohlen werden können. Bis dahin ist es allerdings oft ein weiter Weg und es bedarf manchmal engagierter Pioniere, um diese Prüfschritte zu bewältigen.

Hinweis: Unter Sicherheitsmantel verstehe ich die Garantie für ein qualifiziertes und ethisches ärztliches Handeln. Anders herum ausgedrückt ist er ein Schutz vor Wildwuchs und unsicheren oder potentiell gefährlichen Methoden.

Nach Möglichkeit will ich den Begriff „evidence based medicine" vermeiden, für den es ohnehin keine treffende deutsche Übersetzung gibt. Vielmehr stellt sich die Frage, was man denn ein- bzw. ausschließen will?

Muss nicht jeder gute Arzt immer und unter allen Umständen sein Handeln auf den festen Boden gesicherten Wissens und Könnens und des kollegialen Erfahrungsaustausches begründen? Natürlich – und das ist keine neue Erfindung – unter Einbeziehen der ausreichend abgesicherten neuen und neuesten Erkenntnisse und Methoden. Abgesichert insbesondere dahingehend, dass dem Patienten weder durch ein schädigendes Vorgehen noch durch Vorenthalten einer wirksamen Behandlung Schaden zugefügt wird!

Der Arzt selbst ist als Person ein integraler Bestandteil der Behandlung. Die Behandlung kann weder losgelöst vom Kranken noch vom Arzt „objektiviert" werden. Nicht nur ist die medizinische Wissenschaft letztlich subjektiv, weil ihre Methoden von Subjekten – nämlich eben von Menschen – stammen! Auch ihre Anwendung betrifft ein Subjekt in der Person des Kranken und kommt ohne Beteiligung von Menschen – eine nochmalige subjektive Komponente – nicht aus.

Kein einzelner Arzt ist in der Lage, die gesamte Heilkunde, zu der er als „doctor universae medicinae" promoviert ist, am heutigen Wissensstand zu überblicken, geschweige denn auszuüben. Die Heilkunde ist ein weites Feld und kann vom Einzelnen nicht dargestellt, sondern nur von der Gesamtheit der Ärzte und der anderen Heilberufe repräsentiert werden.

Dennoch will ich versuchen, mein Bild zu zeichnen: Vorurteilslos betrachtet berührt die Heilkunde alle menschlichen Seiten – und nicht zuletzt auch die spirituelle Dimension. Sie beruht auf den urmenschlichen Eigenschaften: Helfen, Mitfühlen, Trösten, Neugierde, Tatkraft, Freude am Erfolg. Sie bedient sich aller verfügbaren Quellen des Erkennens, Wissens und Könnens. Sie begleitet, wo sie nicht eingreifen kann, und handelt, wo es notwendig und ihr möglich ist, nach ihren durch die Tradition legitimierten ethischen Werten. Sie schlägt immer wieder neue Wege ein, so wie sich die Gesellschaft wandelt. Aber sie entspringt unverrückbar einem einzigen Prinzip, wie es Hans Georg Zapotoczky, emeritierter Vorstand der Grazer Universitätsklinik für Psychiatrie, im „Entwurf einer Orientierung ärztlichen Handelns"*, dargestellt hat: *Der Ursprung allen Handelns sei die Liebe.*

---

* Zapotoczky weist in diesem Zusammenhang auf eine Veröffentlichung von A. W. Bauer hin: „Naturwissenschaftliche und hermeneutische Methode in der wissenschaftlichen Medizin: Unvereinbarer Gegensatz oder fruchtbarer Dialog?", in „Wissenschaftlichkeit in der Medizin", Herausgeber R. Haux, Verlag für akademische Schriften, VAS, Frankfurt 1998.

Der Entwurf möge anhand von Beispielen erläutert werden:

Links unten: Annahme der Existenz übernatürlicher Kräfte oder Wesen.

- Beispiel: Gott hat mir die Krebserkrankung geschickt – vielleicht als Strafe für ….

Links Mitte: Berechtigung von Analogieschlüssen, Berufung auf semiotische Korrespondenz

- Beispiel: bei A. ist es so verlaufen, daher wird es bei B. identisch sein.

Rechts unten: Deduktiv-naturwissenschaftliches Denken, kausalgesetzlicher Ansatz, deterministische Haltung

- Beispiel: Bakterien haben dieses Krankheitsbild hervorgerufen, es kann daher durch Vernichtung dieser Bakterien zum Abklingen gebracht werden.

Rechts Mitte: Hermeneutischer Ansatz. Intuitive Vorgangsweise. Interpretation verbaler und nonverbaler Zeichen.

- Beispiel: Wenn die Gattin des Patienten (er liegt komatös nach Herzinfarkt auf der Intensivstation) zu Besuch kommt, treten vermehrt Pulsarrhythmien und Erhöhung des Blutdrucks auf; kommt ein guter Freund, normalisieren sich die vegetativen Parameter. Die Ehe des Patienten ist schlecht, er hat eine Trennung von der Ehefrau überlegt, getraut sich diesen Schritt aber nicht zu tun.

Oben: Transpersonale spirituelle Orientierung, Verbundenheit im Sein

- Beispiel: Ich fühle mich mit dem Leben eins. Habe keine Angst vor dem Tod. Fühle mich mit der Welt (Pflanzen, Tiere, Steine) verbunden. Die Welt steuert auch mein Leben. „Der Menschheit ganzer Jammer ficht mich an“ – aber auch ihr ganzes Glück. Meine Verbundenheit ist grenzenlos. Ich kann auch meine Krankheit lieben.

Entwurf einer Orientierung ärztlichen Handelns

nach Hans Georg Zapotoczky

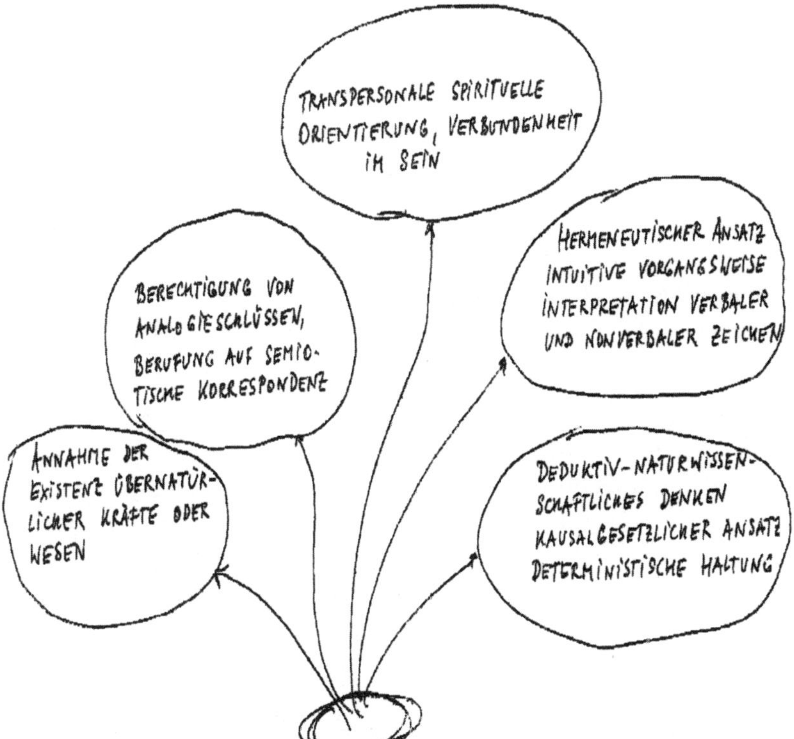

Pflegepersonal

Es macht mich sehr betroffen, wenn ich lese, wie diese Berufsgruppe bisweilen in der Öffentlichkeit dargestellt und womöglich für Fehler verantwortlich gemacht wird, die für jeden, der einen Spitalsbetrieb von innen kennt, eindeutig anderswo liegen.

Nur in extremen Ausnahmefällen habe ich erlebt, dass sich ungeeignete Schwestern und Pfleger auf Dauer in einem gut geführten Spitalsbetrieb gehalten hätten. „Schwarze Schafe" gibt es natürlich, aber die Schwesternschaft bzw. die Krankenpfleger arbeiten in einem engen Team. Damit verbunden ist, dass sie eine starke gegenseitige Kontrolle ausüben. Schwestern und Pfleger halten einerseits zusammen und sorgen andererseits dafür, dass auftretende Missstände und Unregelmäßigkeiten wieder behoben werden. Voraussetzung für dieses lückenlose Zusammenspiel ist allerdings, dass sie bei ihren Vorgesetzten Gehör und Interesse finden. Für keine Krankenschwester und keinen Krankenpfleger ist es auf Dauer befriedigend, in einem Spital zu arbeiten, das ihrer Tätigkeit keine optimalen Voraussetzungen schafft, wie es durch schlechte Organisation, Führung und Personalpolitik sehr wohl passieren kann.

Auf gut geführten Krankenhausabteilungen habe ich es nie anders erlebt, als dass die Krankenschwestern und Pfleger mit den Ärzten und den anderen im Spital tätigen Gruppen als Team aufgetreten sind. Dies gilt gleichwohl für den Spitalsalltag, als auch wenn es darum geht, alle Kräfte zu bündeln, um schwierige Behandlungsfälle zu meistern und Notsituationen zu beherrschen.

Gerade auf dem Gebiet der Herzkrankheiten müssen alle Spitalseinheiten klaglos ineinander greifen. Die Zusammenarbeit, die primär von der Leitung induziert werden muss, aber wesentlich vom Pflegepersonal getragen wird, entscheidet über das Klima im Spital und das Wohlergehen der Patienten.

Menschen, die in Gesundheitsberufen tätig sind, sind dazu erzogen und meist auch sehr motiviert, jedem, der sich ihnen anvertraut, zu helfen und ihre menschliche Zuwendung zu geben – selbst dann, wenn es ihnen manchmal sehr schwer fällt oder auch sehr schwer gemacht wird.

Aufklärung des Patienten

Was die medizinische Aufklärung betrifft, gilt es zwei Perspektiven zu beachten. Aus der Sicht des Patienten spricht man von Aufklärungsrecht, aus der Sicht des Arztes von Aufklärungspflicht. Während sich der Patient seiner Ansicht nach für mündig hält, ist die Mündigkeit des Patienten aus der Sicht des Arztes eine Frage der Kommunikation, Information und letztlich des Berufsverständnisses. Schließlich muss sich der Patient ja darauf verlassen können, was ihm gesagt wird.

In den 70er Jahren hatten wir im Rahmen von Sitzungen des „Council on Rehabilitation of Cardiac Patients" der „Internationalen Gesellschaft und Vereinigung für Kardiologie" (ISFC, International Society and Federation of Cardiology) ausgedehnte Diskussionen über die ärztliche Grundhaltung im Rahmen der Rehabilitationsmaßnahmen. In dieser weltweiten Arbeitsgemeinschaft waren Vertreter verschiedener Länder an einem Tisch versammelt. Insbesondere die Meinungen zwischen Vertretern der USA und von Europa prallten deutlich aufeinander.

■ Kontroverse Meinungen

Die Amerikaner tendierten mehr zur Einstellung, dass die Patienten eine Mitverantwortung über Art und Weise ihrer Behandlung zu tragen hätten. Die Ärzte wurden damit in einem gewissen Sinn von einem Teil der Verantwortung entbunden. Ein Hintergrund für diese Einstellung mag gewesen sein, dass das Geschäft mit so genannten Kunstfehlerklagen schon damals zu blühen begann. In Europa herrschte hingegen noch eine sehr konventionelle Grundhaltung. Der kulturelle Unterschied war in einem wesentlichen Punkt deutlich spürbar: Wir europäischen Ärzte waren es in einem höheren Maße gewohnt, die Verantwortung für die Patienten, die uns anvertraut wurden, wie selbstverständlich voll zu übernehmen.

Aus meiner persönlichen Sicht haben sich in der Folge Entwicklungen eingestellt, die zu einem guten Teil durchaus notwendig und gut waren, aber möglicherweise in manchen Belangen etwas überspannt wurden. Langsam könnte es dazu kommen, dass von Seiten der Bevölkerung vermehrt der Wunsch auftaucht, sich im Krankheitsfall wieder stärker dem Arzt anzuvertrauen, als es in der öffentlichen Auseinandersetzung propagiert wird. Der Anspruch, alles zu verstehen und mitzubestimmen, dürfte somit in bestimmten Fällen nicht immer erwünscht sein.

Nach meinem Dafürhalten war ein Umdenken aufgrund des zunehmenden Bildungsgrades der Bevölkerung und der Kommunikationsmöglichkeiten durchaus angemessen. Aber das Plädoyer für den mündigen Patienten hat oft die richtige Perspektive verloren. Denn: Das Gefühl der Geborgenheit sollte dem Patienten nicht genommen werden.

Natürlich bin ich ein unbedingter Vertreter der Aufklärung des Patienten und des so genannten „informed consent". Der Patient hat einen Anspruch darauf, über wesentliche Entscheidungsgrundlagen eines medizinischen Eingriffes entsprechend informiert und in seinem Mitsprachebedürfnis respektiert zu werden.

Ein gewisses Problem liegt aber bisweilen in der öffentlichen Darstellung der Gesundheitsberufe. Nichts gegen berechtigte Kritik – aber die so genannte „sich selbst erfüllenden Prophezeiung", dass also das eintritt, was man in den Raum stellt, hat schon ihren wahren Kern. Somit würde es den Gesundheitsberufen zuträglich sein, wenn man die geforderten Kriterien voraussetzt, einfordert und würdigt.

Mündigkeit des Patienten hängt von der Qualität seiner Information ab, die er vom Arzt erhält. Gesicherte Qualität kann nur auf einer bewährten medizinischen Schule beruhen. Mit einem strengen Prüfungs- und Ausleseverfahren, das nicht nur Wissen und handwerkliches Können, sondern auch ethische Grundhaltung erfasst. Dazu gehört auch ein immer am letzten Stand gehaltenes Fortbildungsprogramm und ein Standesbewusstsein, das eine hohe Kritikfähigkeit gegenüber schädigenden Elementen besitzt.

Gerade in der Medizin ist die Vielfalt der Ansätze und Meinungen wichtig, weil jede Verknöcherung und Einseitigkeit die lebendige Entwicklung hindert. Die Grundsätze sollten aber stimmen, wobei in diesem Zusammenhang die Tradition, also die Tatsache, dass sich bestimmte Methoden bewährt haben, wohl das verlässlichste Kriterium darstellt.

IX. LEBENSBEDROHUNG

Angst ist eine elementare menschliche Reaktion auf die Lebensbedrohung. Im Falle eines akuten Herzinfarkts löst Angst allerdings einen „Circulus vitiosus“ aus, da es zu einer zusätzlichen Belastung des Herzens durch eine Beschleunigung des Herzschlages und einen Blutdruckanstieg kommt. Damit verbunden ist ein zusätzlicher Sauerstoffbedarf des Herzmuskels. Ein umso kritischerer Umstand, als der Herzmuskel durch den plötzlichen Verschluss der Herzkranzarterie bereits von der Versorgung abgeschnitten ist, womit die Sauerstoffnot mehr und mehr kulminiert.

(Have) complete faith – help comes!

In dieser Situation fühlt man sich dem Schicksal zwar ausgeliefert, kann es aber ein wenig lenken: Findet man einen Weg, tiefes Vertrauen an die Stelle von Angst zu setzen, kann sich eine positive Kettenreaktion ergeben: Vertrauen lenkt den Kreislauf der Angst in ruhigere Bahnen, was speziell im Falle eines akuten Herzinfarkts lebensrettend sein kann.

An dieser Stelle sei allerdings auch die Tatsache festgehalten, dass trotz aller Bemühungen der Herzinfarkt nach wie vor die häufigste aller Todesursachen ist. Selbst wenn von jenen Patienten, die das Spital erreichen, 90% oder mehr überleben, täuscht diese Statistik über den tatsächlichen Status quo hinweg: Etwa 50% aller Menschen sterben an Herz-Gefäßkrankheiten, wobei dem vorzeitigen Lebensende oft noch eine lange Phase des Leidens vorausgeht.

Manchmal gibt es – trotz aller Bemühungen – keine menschliche Hilfe, sondern „nur“ noch das Urvertrauen als letzte Brücke über Schmerz und Angst.

Vertrauen
bis über die Grenze
der Endlichkeit
ist die Brücke
über die Angst

Kammerflimmern und Defibrillator

„Kammerflimmern“ ist eine akut lebensbedrohliche Herzrhythmusstörung und die am meisten gefürchtete Komplikation des Herzinfarkts. Was passiert? Die von der Sauerstoffversorgung abgeschnittenen Herzmuskelfasern fibrillieren völlig ungeordnet, die Pumpfunktion des Herzens versagt, der Blutfluss kommt zum Stillstand.

Ohne sofortige Intervention führt Kammerflimmern unweigerlich zum Tod. Die einzige Überlebenschance bietet ein rasches Eingreifen mit Beatmung und Herzmassage. Damit können die Helfer eine Minimalversorgung der Organe mit dem überlebenswichtigen Sauerstoff aufrechterhalten, bis der Einsatz eines „Defibrillators“ das Kammerflimmern beendet. Mit diesem Gerät wird – mittels der auf den Brustkorb aufgesetzten Elektroden – ein Stromstoß an das Herz abgegeben. Auf diese Weise wird das völlig „aus dem Tritt“ geratene Herz wieder auf „0“ gestellt – analog dem Ausschalten und Wiedereinschalten eines „abgestürzten“ Computers. Die elektrische Aktivität des Herzens formiert sich neu, der Herzrhythmus wird wieder aufgebaut, das Herz beginnt wieder zu pumpen.

Wenn Kammerflimmern auf der Straße oder sonst abseits einer medizinischen Einrichtung passiert und somit ein Defibrillator nicht unmittelbar zur Verfügung steht, kann auch ein längerer Zeitraum (etliche Minuten, aber keineswegs stundenlang) bis zum Eintreffen des Rettungsteams mittels Beatmung und Herzmassage überbrückt werden. Aber selbst dann, wenn die Ersthelfer über eine intensive Schulung verfügen und ärztliche Hilfe innerhalb kurzer Zeit eintrifft, ist aufgrund der fatalen Ausgangssituation die Rettung des Patienten oft nicht möglich.

■ Defibrillator-Stationen

Die Überlebenschancen sind viel besser, wenn Herzmassage und Beatmung nur kurzfristig oder gar nicht notwendig sind, weil der Defibrillator unmittelbar eingesetzt werden kann. Dies ist der Hintergrund für all jene Bemühungen, Defibrillatoren im öffentlichen Bereich an strategischen Punkten – also dort, wo eine besonders hohe Personenfrequenz beobachtet wird, auf Bahnhöfen, in Kaufhäusern und dergleichen – bereitzustellen. Dafür konzipierte Defibrillatoren können auch von medizinischen Laien bedient werden! Eine vorherige Einschulung in Notfallkursen ist jedoch erforderlich.

Hinweis: Rasches Eingreifen erfordert punktgenaue Kenntnisse, die in entsprechenden Kursen erworben werden können und speziell für Angehörige von Herzpatienten empfehlenswert sind. Denn: Je schneller der normale Herzrhythmus wieder hergestellt wird, umso größer ist die Chance des Überlebens!

■ Sekunden entscheiden

Im Spital und insbesondere auf Herzüberwachungsstationen gehört Kammerflimmern zu den Notfällen, für die man immer gerüstet ist. Auch auf einer „normalen" Bettenstation können jene Risikopatienten hinsichtlich ihres EKGs lückenlos überwacht werden, bei denen aufgrund ihres Krankheitsbildes mit der Möglichkeit eines Kammerflimmerns gerechnet werden muss. Diese Überwachung kann telemetrisch, kabellos per Funk, geschehen, damit der Patient nicht ans Bett gefesselt ist. Bei Bedarf wird so ein Eingreifen in Sekundenschnelle ermöglicht.

Wenn die Reanimationsmaßnahmen mit Hilfe des Defibrillators prompt innerhalb von 20 bis 30 Sekunden einsetzen, öffnet der Patient nach einem kurzen Intervall die Augen. Nicht selten stellt er an die ihn umringenden Helfer erstaunt die Frage: „War etwas, was ist los?". Ein Zeichen, dass er oder sie absolut nichts von der prekären Lage mitbekommen hat. Befragt man den Patienten nach seinen unmittelbaren Erinnerungen, folgt oft die Beschreibung eines wunderschönen Erlebnisses, eines hellen, warmen und geborgenen Zustands, aus dem man gar nicht gerne zurückgeholt wurde. In manchen Fällen reagiert der Betroffene beim Wiedererlangen seines Bewusstseins sogar zornig auf die Helfer-Crew. Oft wird auch das viel zitierte „Tunnel-Erlebnis“ beschrieben: Wie durch einen röhrenförmigen Tunnel erblickt der Patient ein traumhaft schönes, helles Licht und empfindet den Prozess des „Zurückholens“ als schmerzhaften Vorgang.

Akuter Herzinfarkt

Um 5 Uhr morgens läutet das Telefon. Die Gattin eines Patienten ist am Apparat und schildert in höchster Aufregung die Symptome ihres Mannes: Schmerzen auf der Brust, Erbrechen und Angstzustände. Begonnen habe alles vor zirka einer halben Stunde mit einem Brennen am Brustbein. Auch die Einnahme von Nitroglycerin (ein Medikament, das eine sofortige Entlastung des Herzens herbeiführt und bei ihm bisher immer prompt gewirkt hatte) hat nicht geholfen. Am Telefon will der Arzt wissen, ob der Patient auf der Stirn schwitzt, wie sich die Stirn anfühlt. Offenbar ist sie kalt-schweißig. Der Patient sitzt erschöpft und schwer atmend im Bett. Die kurze Schilderung entspricht einem akuten Herzinfarkt.

Der Frau wird mitgeteilt, dass der Notarzt in wenigen Minuten in der Wohnung eintreffen werde, erhält ein paar kurze Anweisungen und beruhigende Worte. Sie müsse sofort anrufen, wenn neue Symptome auftreten. Danach ruft der Arzt die Rettung an, unmittelbar darauf das Krankenhaus, damit bereits entsprechende Vorbereitungen getroffen werden können. Vorhandene Unterlagen zur Krankengeschichte des Patienten werden per Fax hinsichtlich der wesentlichen Angaben (samt EKG und Medikamentenliste) an den diensthabenden Arzt in der Notfallaufnahme des Krankenhauses übermittelt.

Wenig später ist der Patient im Krankenhaus und kann sicher sein, dass alle Maßnahmen planmäßig ablaufen werden. Die Akut behandlung, die bereits bei der Ankunft der Rettung in der Wohnung begonnen und während der Fahrt im Notfallwagen fortgesetzt wurde, kann nun intensiviert werden. Gleichzeitig beginnt die Sicherung der Diagnose mit Rücksicht auf differentialdiagnostische Möglichkeiten, die ebenfalls eine derartige Symptomatik verursachen könnten – ein Riss in der Aorta, ein Lungeninfarkt, vieles ist möglich. Sobald nach wenigen Minuten die wesentlichen Befunde vorliegen und eindeutig für einen akuten Myokardinfarkt sprechen, fällt die Entscheidung über das weitere Vorgehen. Die wesentlichen Alternativen sind: konservative Behandlung mit dem Versuch, das Blutgerinnsel aufzulösen, oder Herzkatheter und Aufdehnung des verschlossenen Herzkranzgefäßes (PTCA).

Zur Information: Der oben skizzierte Fall ist zwar konstruiert, aber sehr charakteristisch. Zeit spielt eine große Rolle, um der lebensbedrohlichen Komplikation des Kammerflimmerns zuvorzukommen. Außerdem kann der Herzmuskel nur in den ersten Stunden nach dem Beginn der akuten Infarktsymptomatik gerettet werden.

■ Optimale Hilfe

Was kann also der Partner, der erste Helfer, der Nachbar tun, um die so wichtige Zeit nicht zu vergeuden? Da es in einer so dramatischen Situation sehr schwierig ist, einen klaren Kopf zu bewahren, sollte man sich rechtzeitig darauf einstellen. Also zu einem Zeitpunkt, wo man nicht unter Druck steht und sich in Ruhe überlegen kann, welche Vorkehrungen es für den Notfall zu treffen gäbe. Diese Notfall-Prophylaxe ist speziell für Menschen wichtig, die Herzkranke in ihrer Umgebung haben.

Was gilt es nun zu beachten?

- Als erstes Gebot nimmt man sich vor, die Nerven nicht „wegzuwerfen“! So kann man rasch und richtig handeln, wenn es darauf ankommt.
- Wichtig ist beim akuten Herzinfarkt der sofortige Notruf. Deshalb sollten die entsprechenden Notrufnummern immer zur Hand sein.

- Zuerst ruft man die Rettung – nach Möglichkeit einen Notarztwagen. Wenn die Rettung aufgrund der lokalen Verhältnisse zu lange brauchen würde und der Hausarzt schneller zur Stelle sein kann, sollte man ihn zuerst kontaktieren.
- Überbrückend gilt es, dem Kranken in jeder Hinsicht zu helfen – ihn zu trösten und zu beruhigen, so dass er psychisch und körperlich möglichst wenig belastet wird.
- In dieser Situation sind Vorwürfe und „gute Ratschläge" fehl am Platz! Stattdessen sollte man sich an die medikamentösen Empfehlungen des Arztes erinnern. Lesen Sie dem Kranken die Wünsche von den Augen ab! Sie müssen aufmerksam sein und – so gut es geht – geistesgegenwärtig zur Stelle sein.
- Helfen Sie dem Kranken, eine optimale Position im Bett einzunehmen. Meist ist eine halbsitzende Position am besten, die Beine horizontal. Der Oberkörper muss mit Polstern gut unterstützt werden, und zwar in einer Weise, die auch ein seitliches Wegkippen verhindert und eine entspannte Haltung ohne jeden Kraftaufwand ermöglicht.
- Halten Sie für den Fall von Brechreiz und Erbrechen Zellstoff oder Tücher bzw. ein Gefäß bereit. Ein kühl-feuchtes Tuch auf der Stirn kann Erleichterung bringen.

Alles andere ist eine Sache Ihrer Einfühlsamkeit, Ihrer Zuwendung und Ihres Verständnisses für die Not des Kranken!

Akuter Herzinfarkt: Sechs Beispiele

Nicht immer erfolgt der Ablauf beim akuten Herzinfarkt so optimal wie in der eingangs geschilderten (konstruierten) Situation.

Im Folgenden sechs wahrheitsgetreue Beispiele:

Beispiel 1:

Ein Mann bricht auf der Straße zusammen. Die Passanten versuchen sofort zu helfen. Als der Rettungsarzt eintrifft, kniet schon eine Frau neben ihm, die sich als Ärztin zu erkennen gibt. Der Mann ist blau im Gesicht, pulslos und ohne Atemtätigkeit. Lagerung, Freimachen der Atemwege, Versuch zu reanimieren mittels Beatmung und Herzmassage: es ist alles vergebens. Selbst die Behandlung mit dem Defibrillator bringt nichts mehr. Es kann nur noch der eingetretene Tod festgestellt werden.

In diesem Fall hat es sich aller Wahrscheinlichkeit nach um einen „plötzlichen Herztod" aufgrund von Kammerflimmern im Rahmen eines akuten Herzinfarktes gehandelt. Es kommen auch andere differentialdiagnostische Möglichkeiten, beispielsweise ein Lungeninfarkt, in Frage. Dies zu klären ist Aufgabe der Gerichtsmedizin.

Beispiel 2:

Eine mir von früher bekannte Patientin, die zuletzt jahrelang im Ausland tätig war, ruft um 7 Uhr morgens an. Es handelt sich um eine weltgewandte, hochintelligente und selbständige – zu diesem Zeitpunkt 60-jährige – Dame.

Sie schildert eine Herzinfarktsymptomatik. Ein Brennen auf der Brust, das ziemlich genau um 1 Uhr einsetzte und ihr Angst machte. Dennoch wartete sie mit dem Notruf, bis Übelkeit, Erbrechen und Atemnot ihr keine andere Wahl mehr ließen. Ich veranlasse den sofortigen Rettungstransport und erreiche gleichzeitig mit ihr das Spital. Es handelt sich um einen ausgedehnten Hinterwandmyokardinfarkt.

Die weitere Krankheitsgeschichte ist durch einen Herzkatheterismus mit Koronarangiographie (bei dem ein Verschluss der rechten Herzkranzarterie festgestellt und ein zweites Kranzgefäß aufgedehnt wird), Jahre später eine aortokoronare Bypass-Operation, sowie eine nochmalige Koronardilatation (PTCA) gekennzeichnet. Nun ist der Zustand der – mittlerweile 70-jährigen – Frau stabil. Trotz eingeschränkter Belastbarkeit kann sie ein einigermaßen normales Leben führen.

Interessant an dieser Geschichte ist, warum sie zum Zeitpunkt des akuten Infarktes nichts unternommen hatte, sondern erst sechs Stunden später zum Telefon griff. In diesem Fall lag die Ursache Gott sei Dank nicht darin, dass sie den Arzt in der Nacht nicht stören wollte, sondern weil sie ihren Mann am Morgen aus den USA zurückerwartete. Sie wollte vermeiden, dass er nach Hause kommt und glaubt, es sei etwas passiert. So absurd dieses Argument auch klingen mag, es stellt für mich nur einen weiteren Grund dar, noch intensiver an der Information und Schulung von Risikoträgern zu arbeiten.

Beispiel 3:

Herr C war ein älterer Patient, der schon zwei Herzinfarkte und eine Koronardilatation (PTCA) hinter sich hatte.

Ich spielte gerade Squash, als mein Pager anschlug. Die Gattin von Herrn C bat mich, dringend zu kommen, ihrem Gatten gehe es sehr schlecht. Die Angst in ihrer Stimme veranlasste mich, in der Squashkleidung ins Auto zu springen. Arzttasche, EKG und Defibrillator hatte ich im Kofferraum. Als ich die Wohnung des Patienten erreichte, lag Herr C blau im Gesicht und mit Schaum vor dem Mund auf dem Boden. Nach den Erste-Hilfe-Maßnahmen ergab das über die Defibrillatorelektroden abgeleitete EKG „Kammerflattern" – die Vorstufe zum Kammerflimmern. Als ich den ersten Stromstoß abgab, war bereits Kammerflimmern eingetreten. Ich war also genau in der richtigen Sekunde eingetroffen!

Die Defibrillation führte sofort zum normalen Sinusrhythmus. Ich machte mich daran, einen „venösen Zugang" zu legen. In der Zwischenzeit rief Frau C die Rettung an. Wenige Minuten später war das Rettungsteam vor Ort und alles lief „wie am Schnürchen". Im Krankenhaus wurde aufgrund der Laborbefunde festgestellt, dass ein neuerlicher umschriebener Herzinfarkt abgelaufen war. Der Patient konnte wenige Tage später das Spital verlassen und führte in der Folge ein einigermaßen normales Leben, bis er zwei Jahre später verstarb.

In diesem Zusammenhang möchte ich einen Kommentar zur Wiener Rettung abgeben: unbeirrbar professionell, höflich und prompt!

Beispiel 4:

Eine 60-jährige Frau kommt wegen eines akuten Koronarsyndroms mit „instabiler Angina-pectoris-Symptomatik" zur Aufnahme ins Krankenhaus. Instabil bedeutet in diesem Fall, dass sie zwar schon längere Zeit Herzbeschwerden hatte, sich diese aber nunmehr plötzlich verschlechterten. Das Brennen am Brustbein und die Schmerzen in der linken Brust, die manchmal in die linke Schulter und die Innenseite des linken Armes zum kleinen Finger hin ausstrahlen, treten nunmehr bei den geringsten Belastungen – zeitweise auch in Ruhe – auf und verschwinden jedesmal prompt auf die Einnahme von Nitroglycerin. Die Patientin kommt auf die Wachstation, wird stabilisiert und mit entsprechenden Medikamenten und Maßnahmen versorgt.

Nach Vorliegen aller Entscheidungsgrundlagen wird ihr erklärt, dass ein Herzinfarkt drohe, der aber durchaus abgewendet werden könne. Noch heute sei ein Herzkatheterismus notwendig, um dann über das weitere Vorgehen entscheiden zu können. Die Behandlungsoptionen werden ihr auseinandergesetzt und die Chance, mit einer eventuell möglichen „Ballonaufdehnung" die unmittelbare Gefahr zu bannen, dargelegt.

Aber die Patientin kann sich nicht entscheiden und verweigert die Zustimmung zu einer Intervention. Sie will sich zuerst mit ihrer Familie besprechen und hat Angst vor einem Eingriff. Am Abend kommt der Gatte, der sie allerdings auch nicht überzeugen kann. In der Nacht tritt ein ausgedehnter Herzinfarkt ein. Trotz der vorhandenen Einrichtungen für die Intensivbehandlung und aller Bemühungen verstirbt die Patientin.

Beispiel 5:

Ein 58-jähriger Mann wird von seinem behandelnden Arzt zur Untersuchung in Hinblick auf einen Herzkatheterismus und einen möglichen Eingriff an den Herzkranzgefäßen zugewiesen. Der Arzt weist in seiner Zuweisung darauf hin, dass der Patient vor längerer Zeit einen „stummen Herzinfarkt" übergangen hat, der aus dem EKG nachweisbar ist. In den letzten Wochen sei eine typische Angina-pectoris-Symptomatik mit Herzschmerzen bei mäßigen körperlichen Anstrengungen eingetreten.

Hinzu kommt, dass der Mann ein ausgeprägtes Risikoprofil für koronare Herzkrankheit aufweist: Er war lebenslang ein starker Raucher, übt einen sitzenden Beruf aus und betreibt nahezu keinen Sport. Auch sein Blutdruck und seine Cholesterinwerte im Serum sind erhöht. Aufgrund des EKGs ist anzunehmen, dass der früher durchgemachte Herzinfarkt nicht ausgedehnt war und sich auf die Spitze der Herzvorderwand beschränkt. Die nunmehr erhobenen Befunde belegen allerdings den Verdacht, dass die koronare Herzkrankheit seither weiter fortgeschritten ist.

Deshalb wird das Vorgehen mit dem Patienten detailliert besprochen und eine zusätzliche medikamentöse Therapie eingeleitet, die zum Teil auch als Vorbereitung für eine eventuelle Koronardilatation (PTCA) notwendig ist. Der Termin für den Herzkatheterismus wird für die nächste Woche vereinbart.

Doch alles kommt anders als geplant: Zwei Tage später erreicht mich morgens ein dringender Anruf. Der Patient hat Schmerzen auf der Brust und möchte sofort ins Krankenhaus kommen. Alle Vorbereitungen für ein rasches Eingreifen werden getroffen. Als der Mann um 7 Uhr 30 mit der Rettung ins Spital eingeliefert wird, weisen alle Vorzeichen auf eine lebensbedrohliche Situation.

Um 8 Uhr 15 hat er bereits den diagnostischen Herzkatheterismus hinter sich. Die Koronarangiographie ergibt den folgenden Befund: Das große Herzkranzgefäß, das die Herzvorderwand versorgt, ist kurz nach seinem Ursprung komplett verschlossen! Das akute Ereignis – nämlich der Verschluss dieses Gefäßes – muss vor kaum mehr als einer Stunde passiert sein.

Mittels Ballondilatation gelingt es, das verschlossene Herzkranzgefäß wieder durchgängig zu machen, und ein Stent – eine röhrenförmige Metallprothese, welche die aufgedehnte Koronararterie offen halten soll – wird eingesetzt. In der Folge bilden sich die eingangs vorhandenen EKG-Zeichen des akuten Vorderwandinfarktes wieder völlig zurück und auch die Blutbefunde weisen darauf hin, dass kein wesentlicher Schaden am Herzmuskel entstanden ist.

Bei einer Kontroll-Koronarangiographie ein Jahr später ist das wiedereröffnete und mit Stent versorgte Herzkranzgefäß „wie neu". Der Patient ist beschwerdefrei. Er führt nunmehr ein gesundheitsbewusstes Leben, ist normoton (der Blutdruck ist unter 135/85 mmHg) und hat mit dem Rauchen aufgehört. Sein LDL-Cholesterin wird mit einem Wert unter 100 mg% bestimmt. Nunmehr sind seine Zukunftsaussichten gut!

Beispiel 6:

Ein Patient mit einer medikamentös behandelten Zuckerkrankheit wird von seinem Hausarzt zur kardiologischen Stellungnahme wegen Verdachts auf Zustand nach einem Herzinfarkt zugewiesen. Er erzählt, dass er längere Zeit krank und anfangs sogar bettlägrig gewesen sei. Es sei eine Grippe gewesen und er sei zu Hause geblieben. Nun habe er seinen Hausarzt zur Zuckerkontrolle aufgesucht.

Die Untersuchung ergibt, dass der Patient einen Hinterwandmyokardinfarkt durchgemacht hat (der oft aus dem Ruhe-EKG nicht diagnostiziert werden kann!), der aber offenbar ohne jede Schmerzsymptomatik abgelaufen ist, wie das gerade, aber nicht nur, bei Zuckerkranken vorkommen kann. Ein Krankheitsbild, das man als „übergangenen Herzinfarkt" bezeichnet und das vom Patienten als „Grippe" erlebt wurde.

In der Folge wurde eine PTCA und Stent-Implantation durchgeführt.

Hinweis: Besonders bei Zuckerkranken verläuft oft ein Herzinfarkt ohne eine typische Schmerzsymptomatik! Seit der Verfügbarkeit der „beschichteten Stents" bringen interventionelle Eingriffe auch bei Zuckerkranken gute Langzeitergebnisse.

X. DIE KORONARE HERZKRANKHEIT (KHK)

Immer wieder markieren Situationen den Lebensweg, die den Menschen im wahrsten Sinne des Wortes „aus der Bahn" werfen. Ein Bild, das unterschiedliche Interpretationen erlaubt. Abrupte Einschnitte können als furchtbare Schicksalsschläge empfunden werden oder als Chance, neue Weichen für sein Leben zu stellen.

In diesem Sinne ist auch die Konfrontation mit einer koronaren Herzkrankheit zu verstehen. Plötzlich bricht das Wunschbild der eigenen Unverletzbarkeit in sich zusammen. Gemeinsam mit einem Arzt werden jene Möglichkeiten erörtert, die eine Stabilisierung der Situation herbeiführen können. Fragen des Lebensstils fallen ebenso in diesen Bereich wie medizinische Maßnahmen. Begreift man diese Notsituation als Markstein im Leben, lässt sich die Krise aber auch in eine Chance verwandeln. Mitunter eröffnet sich plötzlich ein ehrlicher Zugang zu jenen inneren Bedürfnissen, die bisweilen von diversen (materiellen) Obsessionen überlagert wurden.

Activities, obsessions (may have caused the) present situation – try to understand by going into retrospective

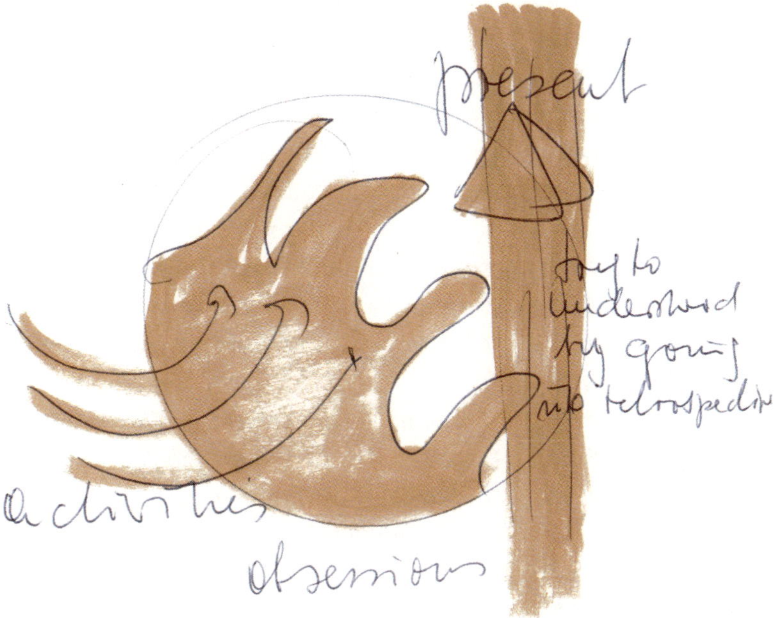

Die Flamme der Lust
brennt kürzer
als das innere Feuer
der Freude

Das Wesen und die Entstehung der KHK

In Gesprächen mit meinen Patienten vergleiche ich den Blutfluss im Herzkranzgefäß gerne mit einem Fluss und seinem Flussbett. Je nach der Beschaffenheit des Terrains können die Ufer fest sein und der Strom des Wassers kann unbehindert fortschreiten. Selbst Regenfälle und kleine Überschwemmungen stellen keine Gefahr dar. Bei der koronaren Herzkrankheit ist hingegen die Situation in den Herzkranzgefäßen vergleichbar mit einem Flussbett, dessen Uferböschung an manchen Stellen von einem Erdrutsch bedroht ist. Im Fall von starken Regenfällen droht eine Erd- und Steinlawine. Kommt es zu einer Flutwelle, wird der Fluss blockiert.

Der bedrohten Uferböschung entsprechen krankhafte Veränderungen der Herzkranzgefäße, die so genannten Plaques. Man unterscheidet zwischen „weichen“ Plaques (Atherome, cholesterinreiche degenerative Veränderungen der Gefäßwand. Man spricht von Atheromatose) und Kalkplaques (Gefäßverkalkungen – Atherome, die verkalkt sind. Man spricht von Atherosklerose und Arteriosklerose). Solange der Blutfluss größtenteils uneingeschränkt ist, machen sich beide Ausprägungen kaum bemerkbar. Dennoch sind die Schwachstellen bereits vorhanden! In dem Moment, wo Ereignisse eintreten, die die Gefäßwand akut belasten, können diese Plaques aufreißen.

Unter Umständen genügt schon eine Blutdruckkrise, die durch eine plötzliche Anstrengung oder eine starke psychische Erregung ausgelöst wird, um einen „instabilen Plaque“ aufzubrechen. Dabei werden Substanzen freigesetzt, die dazu führen, dass sich die Blutplättchen verklumpen und einen Thrombus bilden. Durch den aufgebrochenen Plaque und den sich darauf setzenden Thrombus wird das Gefäß kritisch verengt oder verschlossen.

Bei der koronaren Herzkrankheit sind es die Risikofaktoren, welche die Gefäßwand – also die Uferböschung des Flusses – verwundbar machen. Gute Erbanlagen sind vergleichbar mit einem festen felsigen Terrain. Es gibt Menschen, die nach Lust und Laune rauchen und essen können und trotz stressiger Lebensweise niemals Gefahr laufen, einem Herzinfarkt zu erliegen. Diese genetische Determination ist ein überaus interessanter Gegenstand der Forschung.

Bereits etabliert ist die Bedeutung der Risikofaktoren, welche mit einer Schädigung der Herzkranzgefäße korrelieren. Ebenso fundiert ist das Wissen um jene Schutzfaktoren, die wie eine Befestigung des Flussufers wirken.

Hinweis: Eine Übersicht über Risiko- und Schutzfaktoren folgt am Ende des Kapitels „Leben mit einer kardiovaskulären Krankheit (auf den Seiten 194-197)). Auch im Anhang („Europäische Richtlinien“, Seite 252) wird nochmals darauf eingegangen.

■ Seelische Faktoren

An dieser Stelle möchte ich noch ein sehr sensibles Kapitel anreißen, das mir im Laufe meiner kardiologischen Praxis immer wieder zu denken gab: die psychischen bzw. seelischen Wurzeln von Herz-Beschwerden. Da es speziell auf diesem Gebiet sehr schwierig ist, ein allgemein gültiges „Regelwerk“ aufzustellen, möchte ich anhand von Beispielen aufzeigen, wie mannigfaltig sich seelischer Kummer äußern kann. In diesem Fall verzichte ich ganz bewusst auf jegliche Form von Kommentar. Die Beispiele mögen als Denkanstöße fungieren, wobei jeder dazu eingeladen ist, seine eigenen Interpretationen abzuleiten.

Um bei der Fluss-Metapher zu bleiben, nur soviel: Was macht ein Fluss, wenn er in die Ebene eintritt und der weitere Lauf kein Gefälle mehr hat? Er versandet und stirbt. In der Natur tritt das Wasser in den Kreislauf von Verdunstung und Regen ein, sodass der Fluss sich an anderer Stelle als neue Quelle wieder finden kann. Aber wie meistert ein Mensch eine solche Situation? Findet er nach einer Lebenskatastrophe nochmals die Kraft, neu zu beginnen? Hinterlassen existentielle Krisensituationen tiefe seelische und gesundheitliche Narben?

■ Unbereinigter Konflikt

Herr D ist 65 Jahre alt. Er war beruflich erfolgreich, ist jetzt in Pension und kann als sensibler, musischer Mensch beschrieben werden. Ich betreue ihn seit Jahren nach einem Herzinfarkt. Obgleich er keine der bekannten Risikofaktoren besitzt, sind seine Herzkranzgefäße hochgradig krank. Ein tief sitzender Kummer belastet sein Leben und das seiner Frau. Die einzige Tochter will seit ihrer Verehelichung nichts mehr von ihren Eltern wissen. Das geht so weit, dass sie seit Jahren keine Form von Kontaktaufnahme mehr zulässt.

Wie auch immer es zu dieser traurigen Situation gekommen sein mag: Es gibt immer zwei Seiten einer Medaille. Fest steht, dass ein lange unbereinigter Konflikt – dem einen mehr, dem anderen weniger – ans Herz geht.

■ Verlust des beruflichen Lebensinhalts

Herr E war zeit seines beruflichen Lebens als Unternehmer tätig. Er hatte einen florierenden Betrieb aufgebaut, den er mit ganzem Einsatz und mit wahrem Charisma führte, was ihm den wesentlichsten Lebensinhalt bedeutete. In der Vorstellung, als Pensionist ein ebenso erfülltes Leben führen zu können, entschloss er sich zum Verkauf seines Unternehmens. Kaum war dieser Schritt getan, erkannte er, dass er seinen Lebensnerv durchtrennt hatte. Er fand keinen Ersatz für das gewohnte Maß an Aktivität, Erfolg und Anerkennung. Depressiv und richtungslos nahm er Gewicht zu, wurde körperlich inaktiv, vernachlässigte die Kontrolle seiner seit einigen Jahren bestehenden Zuckerkrankheit und eines Bluthochdrucks und schlitterte in eine gesundheitliche Katastrophe. Er erlitt einen Schlaganfall und wenig später einen Herzinfarkt.

■ Nagende Schuldgefühle

Frau F ist 43 Jahre alt. Sie hat keine der typischen Risikofaktoren für eine Koronarkrankheit, leidet aber seelisch zutiefst unter den nagenden Schuldgefühlen einer außerehelichen Beziehung.

Sie ist verheiratet und hat zwei Kinder im Alter von zwanzig und zweiundzwanzig Jahren, die sie sehr liebt. Beide studieren, wohnen aber noch im Elternhaus. Die Kinder ahnen, dass etwas nicht stimmt, und geben zu erkennen, dass sie sich von ihr distanzieren. Frau F bringt es aber nicht fertig, die Karten auf den Tisch zu legen und sich entweder für die Ehe oder für die Beziehung zu entscheiden.

Verschärft wird die Situation durch berufliche Belastungen, da Frau F in einer verantwortungsvollen Position tätig ist. Plötzlich treten bei einer stärkeren Anstrengung Brustschmerzen auf, die in den linken Arm ausstrahlen. Die Koronarangiographie ergibt eine einzige lokalisierte Verengung des Herzkranzgefäßes, welches die Herzvorderwand versorgt – ein drohender akuter Vorderwandmyokardinfarkt. Im Übrigen ist das Herzkranzgefäßsystem erfreulicherweise nicht wesentlich krankhaft verändert.

In diesem Fall kann mit einer PTCA (= Ballonaufdehnung) des verengten Gefäßes die Gefahr des Herzinfarktes gebannt und der Gesundheitszustand wieder hergestellt werden. Offen bleibt hingegen die Frage, wie es mit ihrer seelischen Gesundheit weitergehen wird.

Thema Angina pectoris: Fragen und Antworten zur Diagnostik der koronaren Herzkrankheit

– Das Aufspüren der Krankheit, der Arzt als Detektiv: Wie spielt sich das ab?

– Am Anfang steht immer die Anamnese: die Erforschung der Vorgeschichte. Das betrifft die familiäre Situation samt Krankheiten bzw. Lebenslänge der Eltern und Großeltern, Bildungsweg und berufliche Entwicklung, Lebens- und Ernährungsgewohnheiten, persönliche Umstände ebenso wie früher durchgemachte Krankheiten und Operationen. Dann erst geht es um die derzeitigen Beschwerden. Ganz wichtig ist es, „hellhörig“ zu sein, subtile Hinweise,

Zeichen, versteckte Indizien nicht zu übersehen. Eine gute Anamnese verlangt auf Seiten des Arztes Erfahrung, Einfühlungsvermögen und Zeit. Von Seiten des Patienten ist Vertrauen zum Arzt die wichtigste Voraussetzung. Gerade bei der koronaren Herzkrankheit (Arteriosklerose) ist eine gute Anamnese der Grundstein, auf den sich alle weiteren Untersuchungen und Maßnahmen aufbauen.

Was versteht man unter koronarer Herzkrankheit und wie macht sie sich bemerkbar?

Koronare Herzkrankheit umfasst die „Koronarkrankheit", also die Erkrankung der Herzkranzarterien, samt allen ihren Folgen. Daher gibt es eine breite Palette von Symptomen. Einige der wichtigsten sind die folgenden:

- Reduzierte Leistung ohne erkennbare Ursache
- Atemnot bei Anstrengungen
- Herzrhythmusstörungen
- Angina pectoris
- Herzinfarkt
- plötzlicher Herztod.

***Angina pectoris** ist eines der häufigsten Symptome. Wie tritt sie in Erscheinung?*

„Angina pectoris" kann sehr vielgestaltig auftreten. Wörtlich übersetzt heißt Angina pectoris „Herzenge" – womit schon eine der Erscheinungsformen beschrieben ist.

Häufig handelt es sich um ein Druckgefühl auf der Brust oder ein Brennen im Bereich des Brustbeins – manchmal fehlinterpretiert als „Sodbrennen" und vom Patienten daher nicht ernst genommen! Nicht selten strahlen die Beschwerden in die linke Schulter und in den linken Arm aus, entlang der Kleinfingerseite bis in den Unterarm verlaufend. Gelegentlich machen sich Schmerzen auch am Hals und am Kiefer oder sogar im Rücken, an der rechten Schulter und in der Magengrube bemerkbar.

Typisch an der Angina pectoris ist, dass sie häufig entweder bei körperlicher Belastung oder bei Stresszuständen auftritt. Weil dabei die Herzfrequenz zunimmt und der raschere Herzschlag mit einem höheren Sauerstoffbedarf des Herzmuskels verbunden ist, kann auf Grund der Erkrankung der daraus resultierende höhere Anspruch an die Durchblutung nicht erfüllt werden.

Zwischen Herzfrequenz und Sauerstoffbedarf des Herzens besteht ein nahezu linearer Zusammenhang. Das bedeutet, dass die Verdachtsmomente für eine koronare Herzkrankheit schwerer wiegen, wenn Beschwerden bei relativ geringer Belastung und relativ niedriger Herzfrequenz auftreten, als wenn das Gleiche erst bei starken Anstrengungen und hohen Herzfrequenzen der Fall ist. Auch ein hoher Blutdruck ist eine Belastung für das Herz und kann einen Angina-pectoris-Anfall provozieren.

Gibt es ***Sonderformen der Angina pectoris****?*

Von „instabiler" Angina pectoris spricht man, wenn sich Beschwerden zum ersten Mal bemerkbar machen oder wenn sich im Charakter schon bestehender Beschwerden etwas gravierend ändert. Diese Instabilität kann spontan, scheinbar aus heiterem Himmel auftreten. Das bedeutet nicht selten, dass an den Herzkranzarterien etwas passiert ist: Ein Plaque ist aufgebrochen, ein Blutgerinnsel hat sich gebildet, der Blutfluss in einer Herzkranzarterie ist plötzlich behindert: dringende Gründe, rasch eine Klärung und Behandlung herbeizuführen, weil das Risiko einer dramatischen Entwicklung zum „akuten Koronarsyndrom" und Herzinfarkt gegeben ist.

Es gibt aber auch weniger dramatische Sonderformen der Angina pectoris. Ein recht häufiges Phänomen ist, dass zu Beginn einer Belastung Beschwerden auftreten, die nach einer Aufwärmphase wieder nachlassen und ganz verschwinden können („walk-through-Phänomen"). Das mag fälschlicherweise beruhigen, aber in Wirklichkeit handelt es sich um eine echte Angina pectoris.

Weiters gibt es auch die Angina pectoris im Liegen bzw. die „nächtliche Angina pectoris". Dafür gibt es mehrere auslösende Faktoren:

- zu reichliches oder spätes Essen
- erhöhter Blutrückstrom zum Herzen in der liegenden Position
- die „vegetative Umschaltung".

– Also gibt es neben körperlicher Belastung und Stress auch noch andere auslösende Faktoren?
– In aller Deutlichkeit: Große und insbesondere späte Mahlzeiten sind für jemanden, der herzkrank ist, eine schwerwiegende Belastung und unbedingt abzuraten! Eine altbewährte Regel besagt, dass ein koronar Herzkranker nach 18 Uhr nichts oder nur noch eine Kleinigkeit essen sollte! Dieser Rat ist übrigens auch für Gesunde von Vorteil – man erhält sich jung, schläft besser und reduziert die Neigung zum Übergewicht, bzw. zur krankmachenden Hypercholesterinämie.

– Kommen wir zu anderen Symptomen. Womit macht sich die koronare Herzkrankheit sonst noch bemerkbar, bevor es zur Katastrophe des Herzinfarkts kommt?
– Manche Menschen entwickeln trotz einer wesentlichen Durchblutungsstörung des Herzmuskels keine Schmerzsymptomatik. Das trifft insbesondere auf Zuckerkranke häufig zu, weil bei ihnen die Schmerzempfindlichkeit herabgesetzt ist. Dann treten andere Beschwerdebilder in den Vordergrund, die dadurch zustande kommen, dass die Pumpfunktion des Herzens unter Sauerstoffmangel leidet oder der Herzrhythmus gestört wird:
- Auffallende Leistungsschwäche ohne plausible Ursache
- Kurzatmigkeit (Dyspnoe = Atemnot) bei Belastung
- Blässe und kalter Schweiß bei stärkeren Anstrengungen
- „Herzstolpern", unmotiviertes Herzjagen

Hinweise auf eine beginnende Herzschwäche können sich ergeben, wenn
- man in der Nacht öfters zum Urinieren aufstehen muss,
- man nicht flach liegen kann, sondern sich besser fühlt, wenn der Oberkörper etwas aufgerichtet ist
- die Beine abends anschwellen.

– Welche Untersuchungsschritte sind in Hinblick auf eine mögliche koronare Herzkrankheit zu durchlaufen?

– Zur Routine-Diagnostik gehören:

1. Anamnese
2. unmittelbare Untersuchung
3. EKG und Blutanalyse
4. Echokardiographie (Herzultraschall)
5. Ergometrie

Hinweis: Die Ergometrie – also der Belastungstest am Fahrrad- oder Laufbandergometer – ist mehr als ein „Belastungs-EKG"! Vielmehr muss man die Ergometrie als ärztliche „Herz-Kreislauf-Untersuchung unter Belastungsbedingungen" verstehen, die eine Menge an Informationen und Grundlagen für die weitere Beratung und Behandlung liefert.

Bei Bedarf gibt es eine ganze Palette von zusätzlichen diagnostischen Methoden. Unter anderem das 24-Stunden-Langzeit-EKG (HOLTER EKG) oder die ambulante 24-Stunden-Blutdruckmessung (ABM). Beide Methoden ergeben wichtige Befunde!

Mit Hilfe einer speziellen computertomographischen Methode kann das Maß der Koronargefäßverkalkungen quantitativ bestimmt werden, so dass gewisse Aussagen über die Wahrscheinlichkeit von wirksamen Verengungen der Herzkranzgefäße möglich gemacht werden. Dennoch ersetzt das „Kalzium-Scoring" nicht die Koronarangiographie. Diese Einschränkung gilt bis auf weiteres auch für andere vielversprechende „nichtinvasive" Methoden, die sich bezüglich wichtiger kardiologischer Fragestellungen derzeit noch im Experimentalstadium befinden (ultraschnelle Computer-Tomographie, Magnetresonanz-Tomographie).

Hinweis: Gut etabliert sind hingegen szintigraphische Untersuchungen („Thalliumszintigraphie" für Rückschlüsse auf die Durchblutung von bestimmten Herzmuskelarealen, „Technetiumszintigraphie" zur Beurteilung der Pumpleistung der linken Herzkammer).

Wohin mündet die Diagnostik?

Mit all diesen diagnostischen Maßnahmen verfolgt der Arzt im Prinzip drei Ziele:

- Antwort auf die Frage: Liegt eine koronare Herzkrankheit vor, ja oder nein? Andere zum Teil gefährliche Differentialdiagnosen müssen bedacht werden – zum Beispiel ein Aortenriss. Eine koronare Herzkrankheit kann aber auch durch „funktionelle" Störungen vorgetäuscht werden: Beispielsweise können Kummer und Angst ein Druckgefühl im Brustkorb auslösen, auch wenn das Herz völlig gesund ist. Beim „Cervikalsyndrom" (Schulter-Arm-Syndrom) kommt es aufgrund von Irritationen im Bereich der Halswirbelsäule und wegen Muskelverspannungen im Schulter-Nackenbereich zu Schmerzen, die sich auch auf der linken Brustseite bemerkbar machen können. Diese bezieht man dann unbewusst auf das Herz und es entsteht ein „circulus vitiosus": Man wendet die Aufmerksamkeit noch mehr dorthin, was die Verkrampfung nur weiter verstärkt, so dass Schmerzen und Angst eskalieren!
  Das Cervikalsyndrom ist nicht selten psychisch bedingt („Hartnäckigkeit", „Starrköpfigkeit" mit einhergehenden Muskelverspannungen). Andererseits wird es oft auch durch eine (berufsassoziierte) Fehlhaltung oder zugige Luft (Klimaanlage im Auto) verursacht. Ähnlich ist es mit der „Interkostalneuralgie". Schmerzen, die aufgrund einer Irritation der zwischen den Rippen verlaufenden Nerven auftreten. Weiters gibt es „Koronarspasmen". Darunter versteht man Verkrampfungen bzw. eine funktionelle Engstellung der Herzkranzgefäße. Diese pfropfen sich allerdings manchmal auf „weiche" Plaques auf und sind somit bereits Indizien für beginnende krankhafte Veränderungen an den Herzkranzgefäßen!
- Antwort auf die Frage: Wie ist der Schweregrad der Krankheit? Der Schweregrad ist vom Arzt aus der Sicht des Organbefundes, aber auch bezüglich der Auswirkungen auf die Körperfunktionen (Belastbarkeit) und in Hinblick auf die Prognose (drohende Komplikationen, Lebenserwartung) zu be-

urteilen. Schließlich geht es nicht nur um die weiteren medizinischen Konsequenzen, sondern auch um die Auswirkungen auf Familie, Beruf und gesamte Lebensplanung.

- Antwort auf die Frage: Wie geht es weiter? Dafür gibt es aus der Sicht des Arztes im Wesentlichen drei Optionen:
  1. Weitere konservative Therapie: Abbau der Risikofaktoren, Aufbau von Schutzfaktoren, Medikamente – allein oder in Kombination mit:
  2. PTCA: optimale Behandlung, wenn indiziert und machbar!
  3. Aortokoronare Bypass-Operation: manchmal unumgänglich!

Koronare Herzkrankheit bei Frauen

Frauen haben vor der Menopause ein deutlich geringeres Infarktrisiko als Männer. Bis vor wenigen Jahren galten sie in der „Prä-Menopause" (also etwa bis zum 45. Lebensjahr) nahezu als immun gegen die Koronarkrankheit. Dennoch sind bei besonders ungünstigen Risikokonstellationen Herzinfarkte auch bei jungen Frauen beobachtet worden. Generell ist die Herzinfarkt-"Prävalenz" (Häufigkeit pro 100.000 Frauen) nach wie vor in der weiblichen Bevölkerung vor der Menopause sehr niedrig – trotz einer Zunahme der Infarktrate in den letzten Jahren. Diese Entwicklung lässt sich mitunter auf Veränderungen im Lebensstil (Zigaretten, Stress) zurückführen. Der Gipfel der Infarkthäufigkeit ist bei Frauen – gegenüber den Männern – zeitlich betrachtet um 5 bis 10 Jahre „nach hinten" verschoben. Allerdings: in der Altersgruppe der über 65-Jährigen liegt auch bei Frauen die Prävalenz sehr hoch.

■ Einfluss der Pille

Bezüglich der Risikofaktoren gibt es bei Frauen spezielle Gesichtspunkte. Obgleich die „Pille" bei Frauen unter 30 Jahren und bei Nichtraucherinnen keinen Erkrankungsfaktor darstellt, erhöht sie bei Raucherinnen das Infarktrisiko zumindest ab dem 35. Lebensjahr deutlich. Eine besonders fatale Kombination ist das Zusammentreffen von Zuckerkrankheit, Zigarettenrauchen und Pille. Generell haben Zuckerkrankheit, Übergewicht und Entzündungszeichen (ein häufig bestimmter Entzündungs-Parameter ist das C-reaktive Protein, „CRP") bei Frauen ein relativ größeres Risikogewicht als bei Männern – auch wenn sich insgesamt betrachtet die Reihenfolge der Risikofaktoren nicht unterscheidet (vergleiche die SCORE-Tabellen):

- Rauchen (Zigarette, Zigarre, Pfeife)
- Bluthochdruck
- Erhöhte Werte von Gesamtcholesterin, LDL-Cholesterin und Triglyceriden, niedriges HDL-Cholesterin
- Psychosozial belastende Faktoren, „Stress", „Hostilität"
- Körperliche Inaktivität
- Übergewicht
- bei Frauen die „Pille"
- Zuckerkrankheit
- Zeichen chronischer Entzündung
- Thrombogene Faktoren (Abweichungen bestimmter Gerinnungsparameter)
- Lebensalter
- Familiäre Vorgeschichte (vergleiche Anhang Seite 260)
- Genetische Faktoren

Weitere Risikofaktoren können vom Arzt in die Gesamtbeurteilung einbezogen werden.

■ Plötzlicher Herztod eher selten

Noch ein Wort zur Statistik: Herzinfarkte sind zwar in Absolutzahlen bei Frauen weniger häufig als bei Männern. Dies erklärt sich durch die bei Frauen geringere Rate an koronarer Herzkrankheit. Genauso wie bei Männern ist aber der Herzinfarkt auch bei Frauen in einem Drittel aller Fälle das erste Ereignis, mit dem sich die Krankheit präsentiert. Diesbezüglich besteht kein Geschlechtsunterschied. Auffällig ist dagegen, dass Frauen im Vergleich zu Männern häufiger zuerst unter einer Angina pectoris leiden und seltener an einem plötzlichen Herztod versterben.

Hinweis: Nähere Informationen zu den unterschiedlichen Auswirkungen der Risikofaktoren sind den Tabellen des europäischen SCORE-Systems auf Seite 39/40 zu entnehmen.

■ Schwierigere Diagnostik

Ebenfalls nicht zu vernachlässigen ist der Umstand, dass die Diagnostik der koronaren Herzkrankheit bei Frauen größere Probleme und Unsicherheiten bereitet als bei Männern. Dies beruht auf der Tatsache, dass Frauen häufiger als Männer „funktionelle“ Beschwerden haben. Aus diesem Grund kann der „wirkliche“ Herzschmerz oft schwer abgegrenzt werden. Auch das Belastungs-EKG ist bei Frauen weniger verlässlich. In etwa einem Drittel der Fälle ist der Befund „falsch positiv“. Das heißt, es wird eine Durchblutungsstörung ausgewiesen, obwohl in Wirklichkeit keine vorliegt.

Ebenfalls häufiger als bei Männern kommt die umgekehrte Situation vor: nämlich ein „falsch negativer“ Befund. Das Belastungs-EKG sieht normal aus, obwohl die Frau koronarkrank ist. Das mag zum Teil daran liegen, dass Frauen mitunter weniger Kraft in den Beinen haben (oder diesbezüglich keinen besonderen Ehrgeiz entwickeln) und dementsprechend wenig Leistung am Rad erbringen. Daraus resultiert, dass verhältnismäßig mehr Frauen wegen eines Verdachts auf KHK zum Herzkatheterismus mit Koronarangiographie zugewiesen werden, bei denen dann aber tatsächlich ein normaler Befund erhoben wird.

Als Resümee halte ich fest, dass Frauen nicht davon ausgehen dürfen, dass sie vor einer koronaren Herzkrankheit geschützt seien. Abgesehen von den zuvor geschilderten Risikofaktoren nähern sich Frauen nach der Menopause hinsichtlich ihrer Herzinfarkt-Gefährdung mehr und mehr den Männern an. Deshalb sollte beim Arztbesuch ganz besonders darauf geachtet werden, dass eventuelle Beschwerden im Rahmen der Anamneseerhebung sehr präzise und vollständig zum Ausdruck gebracht werden!

Herzinfarkt – prognostische Faktoren

Die Auswirkung eines Herzinfarkts auf die Prognose, also darauf, wie sich das weitere Leben gestaltet, ist von mehreren Faktoren abhängig:

1) Ausdehnung des Herzinfarkts und verbliebene Pumpleistung des Herzens. Diese wird ausgedrückt als „linksventrikuläre Auswurffraktion". Der linke Ventrikel – also die linke Herzkammer – ist es, der das Blut aus dem Herzen in den Körper „auswirft". Normalerweise erfolgt eine Entleerung zu etwa zwei Drittel. Bei jedem Herzschlag bleibt ein Drittel des Blutes als Restmenge in der Herzkammer zurück. In diesem Fall ist daher die „Auswurffraktion" zwei Drittel = 67%. Eine Auswurffraktion von 50-65% bezeichnet man als „gering eingeschränkt". Bei 30-50% spricht man von „mittelgradiger", unter 30% von starker Einschränkung.

   Hinweis: Eine Herztransplantation kommt erst bei höchstgradiger Einschränkung, also bei einer Auswurffraktion von unter 10-15% in Betracht. Ein Eingriff, der allerdings nur dann möglich ist, wenn die anderen Organsysteme bestimmte Kriterien erfüllen.
2) Komplizierende Umstände, beispielsweise eine undichte Herzklappe aufgrund einer Beschädigung des Halteapparates.
3) Gesamtzustand der Herzkranzarterien (Koronararterien). Wenn nur jenes Gefäß krank ist, dessen Verschluss den Infarkt verursacht hat, ist die Prognose wesentlich günstiger, als wenn zwei oder gar alle drei großen Kranzarterien betroffen sind.

Besonders bei hochbetagten Menschen kommt es vor, dass das gesamte Kranzgefäßsystem diffus sklerotisch erkrankt ist. Allerdings ist dieser Befund oft mit einer gar nicht so schlechten Prognose verbunden, wenn durch eine gute „Kollateralisierung" der Engstellen und Gefäßverschlüsse dennoch eine gewisse Durchblutung gewährleistet ist.

Die Bedeutung von Kollateralen

Ein ausgedehnter Herzinfarkt, im Rahmen dessen ein großes Herzmuskelareal zugrundegeht, ist schwerwiegender als ein – durchaus auch oft vorkommender – „kleiner" Herzinfarkt. Der Herzmuskelschaden bleibt begrenzter, wenn entweder nur eine kleine, weniger bedeutende Herzkranzarterie verschlossen ist oder wenn ein über „Kollateralen" gebildeter Notkreislauf einen Teil des betroffenen Muskelbezirkes vor dem Absterben bewahrt. Diese Kollateralen kann man sich wie kleine Nebenstraßen vorstellen, die – sollte die Hauptstraße versperrt sein – eine (wenn auch eingeschränkte) Aufrechterhaltung der Zirkulation ermöglichen.

Normalerweise sind Kollateralen im Herzen kaum vorhanden. Wenn sich aber die Erkrankung der Herzkranzgefäße über viele Jahre entwickelt, können sie mit der Zeit in einer Weise ausgebildet sein, dass eine gute Notversorgung (zumindest von Teilen des bedrohten Herzmuskels) gewährleistet ist.

Mit zunehmenden Jahren erhöht sich die Wahrscheinlichkeit, dass das Herzkranzgefäßsystem an mehreren Stellen angegriffen ist. Deshalb weisen Befunde im hohen Alter nicht selten die Tatsache aus, dass praktisch alle Gefäße verkalkt sind. Als Folge hat sich ein reiches Kollateralennetz entwickelt. Auf diese Weise ist nie ein ausgedehnter Schaden entstanden und keine lebensbedrohliche Situation eingetreten. Der Herzmuskel hat viele kleine Narben und mit zunehmenden Jahren kann es zu einer Herzschwäche kommen.

Hinweis: Regelmäßige körperliche Aktivität trägt zur Kollateralisierung von sich langsam entwickelnden Gefäßverengungen bei. Körperlich aktive Menschen haben im Falle eines Herzinfarktes größere Überlebenschancen.

XI. NACH DEM AKUTEN HERZINFARKT

Medikamente sind in vielerlei Hinsicht ein Segen. Was aber den Herzinfarkt und andere auf einer „Gefäßverkalkung“ basierende Krankheiten betrifft, ist die medikamentöse Behandlung nur ein – wenn auch oft entscheidend wichtiger – Stein im Mosaik der Nachbehandlung und der „Sekundärprävention“.

Im Zentrum der Heilung steht der Mensch. Sein innerer Antrieb ist es, der den Heilungsprozess in Gang setzt. Hand in Hand damit können Medikamente greifen und die Mechanik ihrer Wirkung entfalten.

Medicaments (may produce) only (a) mechanical process – (the whole person) starts (the) healing process

Der Mensch
ist die Feder des Antriebs
Die Wirkung der Pillen
blanke Mechanik

Rehabilitation

Nach einem Herzinfarkt, kaum wieder auf den Beinen, gibt sich der/die eine unverwüstlich, tut so, als wäre nichts gewesen, ist kaum zu bremsen. Der/die andere zieht sich verängstigt zurück, traut sich überhaupt nichts, hat Todesangst bei der geringsten Belastung. Zwischen diesen beiden Polen gibt es alle Varianten. Die einen muss man bremsen, die anderen ermutigen. In jedem Fall hilft eine gute Kommunikation zwischen Patient und Therapeuten. Die Grundlage für die ärztliche Betreuung in dieser Situation und in der nun folgenden Phase der Rehabilitation – der Rückkehr ins private und berufliche Leben – ist somit die sehr genaue Kenntnis des Kranken in Bezug auf den Zustand seines Herzens, aber auch was seine allgemeine körperliche und psychische Verfassung betrifft. In dieser Phase braucht der Patient Vertrauen, der Arzt jede Menge Einfühlung, Zeit und Geduld.

Ein Herzinfarkt bedeutet Instabilität der Körperfunktionen und kann in seinen Folgen durch Komplikationen dramatisch verschärft werden. In den ersten Tagen ist daher die Spitalsbehandlung am besten. Von jenen Patienten, die in Spitalsbehandlung kommen, überleben an die 90% den Infarkt. Anfangs sind intensive Therapie und Bettruhe angesagt. Danach kann schrittweise der Prozess der Mobilisierung beginnen. Der Zeitpunkt des Auftakts variiert je nach dem Zustand des Patienten, sollte aber so bald wie möglich stattfinden, damit sich der Konditonsverlust am Kreislaufsystem und an der Muskulatur in Grenzen hält. Um die Rückkehr zu den Tätigkeiten des täglichen Lebens einzuleiten, praktiziert man zuerst passive, dann aktive Übungen.

Da viele Patienten ähnliche Fragen und Beschwerden haben, die in jedem Fall besprochen werden müssen, hat sich die Bildung von Patientengruppen etabliert. Hinzu kommt, dass auch die dosierte Bewegungstherapie standardisiert werden kann. Für diesen Zweck wurden für die Phase im Anschluss an die Entlassung aus dem Akutspital ambulante Rehabilitationsprogramme entwickelt, die sich sehr gut bewähren und meines Erachtens weiter ausgebaut und gepflegt werden sollten. Eine ideale Alternative stellen allerdings auch Herz-Kreislauf-Rehabilitationszentren dar. Physikalische Therapie, das Erlernen von Entspannungstechniken, sämtliche diagnostischen Kontrollen und nicht zuletzt die genaue medikamentöse Einstellung sind hier unter einem Dach versammelt. Darüber hinaus erfährt man rund um die Uhr die Sicherheit ärztlicher Überwachung.

Medikamentöse Therapie

Wie bereits erwähnt ist die medikamentöse Therapie zwar nur eine Facette der Behandlungsmaßnahmen, aber oft ein außerordentlich wichtiger Teil! Aus diesem Grund möchte ich auf einige Grundsätze hinweisen.

Die medikamentöse Therapie des Herzkranken vereint mehrere Ziele:

- Reduktion der Beschwerden, Verbesserung des Befindens: „symptomatische" Therapie
- Vorbereitung und Nachsorge von Eingriffen, zum Beispiel von einer Koronardilatation (PTCA): „adjuvante Therapie"
- Verbesserung der Prognose, Vermeidung von Komplikationen, Limitierung der Infarktgröße, Maßnahmen zur Lebensverlängerung: „prognostische" Therapie

Bei der letztgenannten Indikation merkt der Patient subjektiv keine Änderung in seinem Befinden. Den künftigen Effekt der Behandlung kann er nicht abschätzen und schreibt einen günstigen Verlauf auch nicht notwendigerweise der Behandlung zu, weil er ja nicht weiß, wie der „natürliche Verlauf" gewesen wäre. Hier kann nur der Arzt, der die relevanten wissenschaftlichen Studien, also die „Lehrmeinung", sowie aus eigener Erfahrung die Krankheitsverläufe kennt, den potentiellen Wert einer

Behandlung abschätzen. In dieser Situation spielt das Vertrauen des Patienten in den Arzt eine sehr wichtige Rolle.

Als Faustregel gilt: Je besser sich der Patient hinsichtlich der medizinischen Maßnahmen informiert fühlt, desto eher nimmt er die Therapie an.

■ Synergie-Effekte

Aber auch seinerseits kann der Patient wesentlich zur richtigen medikamentösen Einstellung beitragen, indem er Auffälligkeiten und Fragen mit dem Arzt bespricht. Fragen ist in jedem Fall besser, als – hinsichtlich der medikamentösen Dosierung – selbst die Initiative zu ergreifen. Nicht nur der Patient soll sich auf den Arzt verlassen können, sondern auch umgekehrt!

■ Naturheilmittel kontra (synthetisches) Medikament

Das Argument, dass man Chemie generell ablehne und ausschließlich auf „Naturheilmittel" vertraue, geht meist von falschen Vorstellungen aus und ist, jedenfalls in dieser kategorischen Form, völlig fehl am Platz. Ich bin selbst ein Anhänger von Naturheilmitteln, die sich traditionell bewährt haben und bei bestimmten Gesundheitsstörungen ihre guten Dienste tun. Da auch Medikamente oft aus Pflanzen gewonnene Wirkstoffe enthalten, allerdings in einer standardisierten Form und Dosierung, verwischen sich die Grenzen zwischen „Naturheilmitteln" und Medikamenten ohnehin. Standardisierung ist jedenfalls in Hinblick auf eine vorhersagbare Wirkung erwünscht und wo ein Medikament besser wirkt, sind alternative Methoden keine vertretbare Wahl.

Generell wurden die meisten Medikamente aufgrund von Erfahrungen mit natürlichen Substanzen isoliert, standardisiert und weiterentwickelt, so dass die Wirksubstanz in einer genau kalkulierbaren Form verabreicht werden kann. Synthetische Substanzen, die in dieser Form in der Natur nicht vorkommen, etablieren sich, wenn sie eindeutige Vorzüge aufweisen, und haben dann ebenfalls ihre Berechtigung.

Für den Arzt gilt grundsätzlich das Prinzip des „Primum non nocere“. Dem Kranken keinen Schaden zufügen heißt sowohl, ihm nichts Schädliches zu verabreichen, als auch, ihm nichts Nützliches vorzuenthalten! Das setzt voraus, dass immer Nutzen und möglicher unerwünschter Effekt einer Behandlung gegeneinander verantwortungsvoll abgewogen werden! Darauf, davon gehe ich aus, sind Ärzte trainiert.

• Symptomatisch wirksame Therapie:
Beispiel Nitroglycerin: das klassische Medikament bei Angina pectoris.
Häufige und vom Arzt zu beantwortende Fragen sind:
– ob man Nitroglycerin schon vor Anstrengungen einnehmen soll
– ob das Medikament – wenn dennoch Beschwerden auftreten – trotzdem noch wirkt
– wie hoch man Nitroglycerin bei Bedarf dosieren darf
– wie rasch hintereinander eine Einzeldosis verabreicht werden darf

• Symptomatisch und prognostisch wirksame Therapie:
Beispiel Betablocker: werden zur symptomatischen Behandlung des Bluthochdrucks und des zu raschen Herzschlages verabreicht. Darüber hinaus haben Betablocker bei bestimmten Befundkonstellationen eine prognostisch günstige Wirkung und werden zur Reduktion des Komplikationsrisikos bzw. für lebensverlängernde Maßnahmen eingesetzt.

Der Arzt wird den Patienten unter anderem darüber informieren, dass bei der dosierten Bewegungstherapie bzw. beim Sport die vorher empfohlenen Trainingspuls-Bereiche keine Gültigkeit mehr haben.

• Prognostisch wirksame Therapie:
Beispiel Thrombozyten-Aggregationshemmer und Statine.

Die Thrombozyten-Aggregationshemmer (Salicylate und Clopidogrel) verbessern die Fließeigenschaften des Blutes und beugen der Thrombenbildung in den kranken Blutgefäßen vor. Aus diesem Grund werden sie bei vielen Indikationen eingesetzt. In diesem Zusammenhang ist es für den Patienten wichtig zu wissen, dass diese Medikamente bei operativen Eingriffen die Blutungsneigung erhöhen. Deshalb muss der Operateur unbedingt über die Dosierung in Kenntnis gesetzt werden, was oft zur Folge hat, dass eine Woche vor dem Eingriff ein Absetzen des Medikaments angeordnet wird.

Hinweis: Salicylate sind schon in minimalen Dosen als Thrombozytenaggregationshemmer wirksam und sind in vielen schmerzstillenden, entzündungshemmenden und fiebersenkenden Präparaten enthalten! Daher muss man vor Operationen auch auf solche scheinbar harmlose Mittel hinweisen!

Statine sind Cholesterinsenker, die zusätzlich zu einer konsequenten Diät verschrieben werden können und bei Risikopatienten auch unabhängig vom Cholesterinspiegel einen Schutzfaktor für die Blutgefäße darstellen.

Dosierte Bewegungstherapie

Absichtlich spreche ich hier nicht von „Infarktsportgruppen“ – es geht nicht um den Sport, sondern um die Heilung! Somit geschieht auch die Dosierung der empfohlenen körperlichen Aktivitäten am besten auf der Grundlage eines Belastungstests am Fahrrad- oder Laufbandergometer. Dabei werden EKG und Blutdruck sowie alle anderen wichtige Symptome und Zeichen registriert. Exakt formuliert stellt die Ergometrie eine „kardiologische Untersuchung unter Belastungsbedingungen dar“. Bewegungsabläufe, Intensität, Häufigkeit und jeweilige Dauer der Therapiesitzungen werden individuell festgelegt und besprochen.

Da dies meist in Gruppen stattfindet, kommen auch viele andere Anliegen zur Sprache:

- Wirkungen der Medikamente, Einnahmemodalitäten in Bezug auf auftretende Beschwerden
- Ernährungsfragen, Kochrezepte
- Blutdruck, Salzreduktion, Risiko- und Schutzfaktoren
- Berufliche Tätigkeit
- Rechtliche Fragen
- Sport und Freizeit
- Entspannungstechniken, Stressmanagement
- Begleiterkrankungen

Diese Fragen werden zum Teil an den Arzt, zum Teil an den Bewegungstherapeuten, Diätassistenten, Psychologen oder an erfahrene Patienten gerichtet.

Wie lange dauert nun in etwa die Phase der Rehabilitation? Im Mittel kann damit gerechnet werden, dass drei bis vier Wochen nach einem Herzinfarkt oder einer Herzoperation der Patient wieder mehr „sich selbst" überlassen werden kann. Ein stabiler Zustand mit einem optimalen Konditionsgrad ist nach zirka zwei bis drei Monaten erreicht.

Beispiele für den Verlauf nach einem Herzinfarkt

Anfang der Siebzigerjahre bekam ich von meinem damaligen Chef, Professor Kaindl, den Auftrag, für die Kardiologische Klinik ein ambulantes Rehabilitationsprogramm für Patienten aufzubauen, die einen Herzinfarkt hinter sich hatten. Zu dieser Zeit wurden auch die ersten Herz-Rehabilitationszentren in Österreich gegründet.

Die Infarktpatienten wurden somit in unserer „Infarktambulanz" betreut. Zweimal pro Woche nahmen sie in Gruppen von 12 bis 15 Personen am so genannten „Infarktturnen" teil, das in Schulturnsälen stattfand. Aus diesen Gruppen bildete sich später der „Österreichische Herzverband“, eine Selbsthilfeorganisation, die sich 1975 unter dem Namen „Koronarverband“ formierte.

Manche der Patienten konnte ich über viele Jahre hindurch begleiten, einzelne bis heute. Die Art und Weise, wie manche Patienten ihr Leben nach dem Herzinfarkt meisterten, ist ein Erfahrungsschatz, den ich anhand von vier Beispielen weitergeben möchte.

■ Krise als Chance

Herr G erlitt den Infarkt im Alter von knapp 50 Jahren. Zeit seines Lebens hatte er extrem hart gearbeitet – zuerst um seine Dentistenpraxis aufzubauen, später um sein Haus abzuzahlen. Private Probleme verschärften die Kette an Belastungen. Nach seinem Infarkt ergab die Koronarangiographie einen katastrophalen Befund. Die Prognose war denkbar schlecht. Doch alles kam anders als gedacht: Herr G ergriff die Chance, schätzte seine Situation richtig ein und stellte sein Leben komplett um. Auch seine familiäre Situation kam wieder in Ordnung und er konzentrierte seine finanziellen Mittel auf das wirklich Notwendige.

Herr G ist ein leibhaftiges Beispiel dafür, dass man im konkreten Fall keine Vorhersage über die Lebenserwartung machen kann, weil Anpassung des Körpers und selbst-heilende oder auch -zerstörerische Kräfte manchmal nicht abschätzbar sind!

■ Im Zeichen der Disziplin – eine Rückbildung der Arteriosklerose ist möglich

Herr H ist Diplomat. Er erlitt im Alter von 40 Jahren einen kleinen umschriebenen Vorderwandspitzeninfarkt. Die Koronarangiographie ergab eine allerdings nicht höchstgradige Verengung der Herzkranzarterie, die die Herzvorderwand versorgt. Heute würden wir diese Stenose mit PTCA dilatieren und einen Stent einsetzen. Damals war diese Technik allerdings noch nicht verfügbar. (Hinweis: Eine Koronardilatation wurde erstmals 1978 in der Schweiz von Dr. Grüntzig erfolgreich durchgeführt.)

Daher kam nur eine aortokoronare Bypass-Operation in Betracht, die aber nicht zwingend notwendig erschien. Da sich der behandelnde Arzt nach Abwägung aller Vor- und Nachteile für den konservativen Behandlungsweg entschied, erhielt Herr H sehr strenge Therapievorgaben, die auf die Vermeidung aller Risikofaktoren und den Aufbau von Schutzfaktoren abzielten.

Herr H war äußerst konsequent, stellte das Rauchen ein, erlernte das Autogene Training, nahm sich Zeit für tägliche Bewegung und ernährte sich so, dass seine Serumcholesterinwerte in den Idealbereich kamen und auch auf Dauer dort blieben. Auch das medikamentöse Regime befolgte er konsequent. Vier Jahre nach dem Infarkt ergab eine Kontroll-Koronarangiographie, dass die Stenose nahezu verschwunden war!

Heute ist Herr H nach wie vor beschwerdefrei und voll leistungsfähig. Er ist ein klassisches Beispiel dafür, dass selbst wenn die statistische Datenlage dafür spricht (darauf bezieht sich die „evidence based medicine"), ein interventionelles oder chirurgisches Eingreifen nicht immer erforderlich ist.

Das Problem besteht nur darin, dass ein derartig günstiger spontaner Verlauf nicht mit ausreichender Sicherheit vorhergesehen werden kann. Dass man keine Rechtfertigung hätte, wenn – bei Verzicht auf ein Eingreifen – etwas passiert. Eine Entscheidung, wie ich sie oben dargelegt habe, kann daher im Endeffekt nur der Patient selbst treffen. Deshalb muss seitens des Arztes ein höchstmöglicher Grad an Information geleistet werden!

■ Priorität der Lebensziele

Herr I ist Rechtsanwalt. Obgleich er in den Siebzigerjahren im Alter von knapp 50 Jahren einen Infarkt erlitten hatte, ließ er sich in der Folge nicht davon abhalten, seinen Beruf im vollen Umfang und mit seiner ganzen charismatischen Persönlichkeit auszuüben. Um dies zu realisieren, rührte er keine Zigarette mehr an und lebte strikt nach gesundheitsbewussten Kriterien. Dieses disziplinierte Verhalten erlebte er deshalb nicht als Qual, weil ihm andere Lebensziele wichtiger waren.

Heute, im Alter von 85 Jahren, macht sich seine ungebrochene Lebensenergie immer noch mit seiner dröhnenden Stimme bemerkbar, mit der er jede Gesellschaft mühelos übertönt.

■ Vertrauen zur Therapie

Herr J erlitt mit knapp 35 Jahren einen – nicht sehr ausgedehnten – Herzinfarkt. Man stellte fest, dass er eine „familiäre Hypercholesterinämie" hat, die ihm bis dahin nicht bekannt war und dementsprechend unbehandelt blieb. Seine Serumcholesterinwerte waren extrem hoch.

Die Koronarangiographie ergab eine höchstgradige Koronarkrankheit, die alle drei großen Gefäßgebiete betraf. Die Situation war für eine aortokoronare Bypass-Operation nicht ideal, sodass darauf zunächst verzichtet wurde. Kurze Zeit später kam Herr J aber wieder mit einem „akuten Koronarsyndrom'" in die Herzüberwachungsstation zur Aufnahme. Nun entschied man sich für eine Bypasssoperation, welche auch erfolgreich durchgeführt wurde. Es folgte eine penible diätetische und medikamentöse Einstellung. Später wurde auch noch eine Koronardilatation (PTCA) notwendig.

Herr J kam regelmäßig zu den ärztlichen Kontrollen und hielt sich in einer bewunderungswürdigen Weise an alle Ratschläge. Seine Werte von Gesamt- und LDL-Cholesterin blieben bis dato immer im Idealbereich.

Seine Disziplin war wohl auch gepaart mit einem sehnlichen Wunsch, den er sich erfüllen konnte: seine damals kleinen Kinder heranwachsen zu sehen. Obgleich auch seine Kinder mit der gleichen Stoffwechselstörung zu kämpfen haben, können sie dank einer gezielten Ernährung und medikamentösen Therapie mit einer normalen, gesunden Lebenslänge rechnen.

Medikamente

Dass wir heute älter werden,
dass so und so viele Krankheiten beherrschbar sind,
dass so und so viele Krankheiten verschwunden sind,
verdanken wir den Medikamenten.

Dass man heute so viele komplizierte Operationen
durchführen kann,
verdanken wir ebenfalls den Medikamenten,
nicht nur dem technischen Fortschritt in der Chirurgie,
sondern dem Umstand, dass man durch dergleichen
die Gefahrenquote bei Operationen
ganz erheblich vermindern kann.

Karl Fellinger
in „Der König als Patient, der Patient als König.
Franz Kreuzer im Gespräch mit Karl Fellinger".
Franz Deuticke 1984.

XII. LEBEN MIT EINER KARDIOVASKULÄREN KRANKHEIT

Um erneut die Fluss-Metapher aufzugreifen: Angenommen, das Leben ist ein Fluss. Eingebunden in die Gegebenheiten der Natur folgt der Lauf des Flusses diversen äußeren Umständen. Ist das Flussufer weit genug, ist eine ruhige Bewegung des Wassers möglich. Wird der Weg des Wassers beispielsweise durch Treibgut blockiert, kommt es zu inneren Turbulenzen.

Auch ein Fels, der meterhoch aus dem Flussbett ragt, kann den Flussverlauf auf sehr unterschiedliche Art und Weise lenken. Seine mächtige Existenz kann den Weg des Wassers irritieren, aber auch regulieren. So kann das Wasser an den Fels branden, um danach wieder seine ruhige Strömung zu finden.

When the time comes – (be like a) rock

Ein Bild, das sich durchaus auch auf die Situation eines Menschen übertragen lässt, der nach einem Herzinfarkt mit einer neuen Situation konfrontiert ist. Jede kardiovaskuläre Erkrankung stellt einen massiven Einschnitt im Leben des Betroffenen, aber auch seiner Umwelt dar. Speziell der Lebenspartner hat nun die Funktion des „rettenden Felsens" inne. Sein Dasein sollte eine Art „Hilfe auf Abruf" signalisieren. Dem Patienten sollte das Gefühl vermittelt werden, dass man jederzeit für ihn da ist. Dass man gerne als Rettungsanker fungiert, gleichzeitig aber auch den Freiraum des Partners akzeptiert.

Auf diese Weise können Beziehungskrisen vermieden werden, die in solcher Situation oft auftreten, weil der Partner eine zu starke Kontrollfunktion einnimmt, die der Seele des Patienten den Atem nimmt.

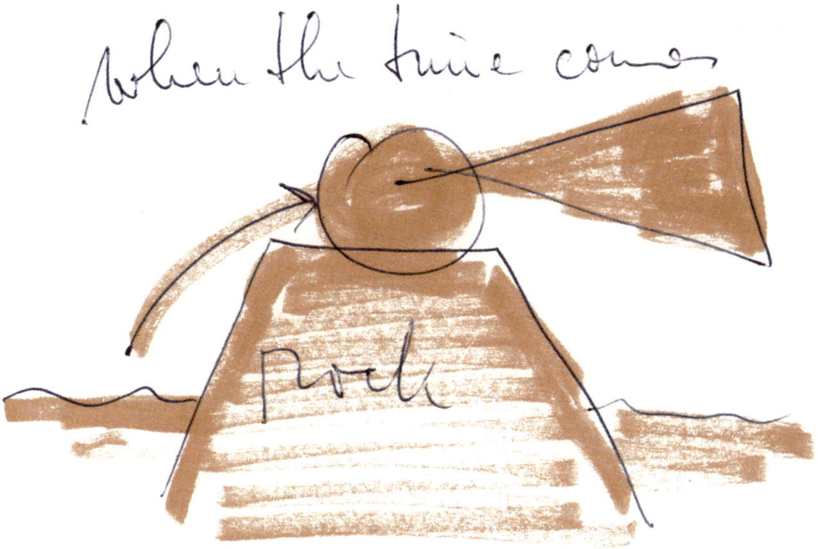

Der Fels ist die Rettung
aus dem toten Winkel
Die Weite des Horizonts
eine neue Perspektive

Sex nach Herzinfarkt

Sexualität ist ein intimes Thema. Mit ein Grund, weshalb – nach einem Herzinfarkt – oft die Frage nach sexuellen Verhaltensweisen weder vom Patienten noch vom Arzt angesprochen wird.

Deshalb in der Folge einige Richtlinien: Im Anschluss an eine Rehabilitationsphase, die je nach dem Krankheitsverlauf unterschiedlich lang sein kann (aber in der Regel nur wenige Wochen dauert), gibt es die Empfehlung, dass das normale Sexualleben mit dem gewohnten Partner wieder aufgenommen werden kann. Ein Vergleich: Die kardiale Belastung (ca. 75 Watt) entspricht in diesem Fall in etwa der Anstrengung eines raschen Gehverhaltens in der Ebene, bzw. eines langsamen Stiegensteigens. Voraussetzung ist, dass der Partner das notwendige Verständnis aufbringt.

Sind die obigen Bedingungen erfüllt, gibt es aus ärztlicher Sicht keine Einwände gegen ein normales Sexualleben.

Diese Richtlinien treffen in bestimmten Schattierungen auch auf andere Herzkrankheiten zu: Etwa auf Patienten mit Vitien (Herzfehlern) oder Herzrhythmusstörungen. Daraus folgt, dass nur in sehr seltenen Fällen über einen größeren Zeitraum hinweg tatsächlich vom Sexualleben mit dem Langzeitpartner abgeraten werden muss.

Hinweis: Eine ganz andere Situation ist allerdings gegeben, wenn es sich nicht um den gewohnten Langzeitpartner handelt. Die Problematik verschärft sich, wenn besondere Belastungen wie eine anstrengende Reise, spätes Essen und Alkohol zusammenkommen.

Sollten Beschwerden auftreten, ist in jedem Fall eine ärztliche Kontrolle angezeigt!

Noch ein Wort zum Thema Verständnis: Ein verständnisvolles Verhalten impliziert nicht die Notwendigkeit, dass sich der Partner überall einmischt. Herzpatienten sollen kein „Leben hinter Glas“ führen, sondern ihr Schicksal selbst in die Hand nehmen!

■ Vorprogrammierte Konflikte

Konflikte sind nahezu vorprogrammiert, wenn der Partner eines Herzinfarktpatienten die Fäden des zukünftigen Lebensweges allein ziehen will. Naturgemäß reagiert der Infarktkranke auf derlei Bevormundung gereizt und kehrt unter Umständen alle „guten Ratschläge“ ins Gegenteil – was die Situation zusätzlich verschärft.

Stattdessen ist in dieser Lebensphase allerhöchste Diplomatie angesagt. Der goldene Mittelweg wäre, wenn der Partner des Infarktpatienten eine Möglichkeit findet, Verständnis und Aufmerksamkeit auf eine Art und Weise entgegenzubringen, die den Partner nicht kompromittiert.

Der Schlaganfall

Weshalb ich an dieser Stelle kurz auf den Schlaganfall zu sprechen komme, rührt daher, dass er – ähnlich wie der Herzinfarkt – oft durch die Arteriosklerose verursacht wird und einen chronischen Folgezustand nach sich zieht.

Zur Ergänzung: Andere häufige Ursachen eines Schlaganfalls sind Blutungen im Gehirn und embolische Verschlüsse von Arterien, die das Gehirn versorgen.

Wenngleich der Schlaganfall statistisch betrachtet nicht so im Vordergrund steht wie der Herzinfarkt, sind die Folgewirkungen oft noch fataler. Daher stellt der Schlaganfall ein Hauptanliegen im Rahmen der primären Prävention dar.

Oft gibt es erste Warnsymptome: Schwindelzustände, unerklärliche Ungeschicklichkeiten bzw. plötzliche Muskelschwäche oder Taubheitsgefühl im Arm, Bein oder Gesicht, Richtungsabweichungen beim Gehen, Seh- oder Hörstörungen, Sprech- oder Schluckstörungen, plötzlich einsetzende unmotivierte Kopfschmerzen, „Blackouts“. Alle diese Symptome können auf eine fallweise nicht genügende Durchblutung des Gehirns hindeuten.

Der Zustand der hirnversorgenden Arterien kann mittels Ultraschall, dem sogenannten „Carotis Duplex Scan“, und ergänzenden Untersuchungen geprüft werden. Zur näheren Information: Meist befindet sich die ursächliche Gefäßverengung in einer der großen das Hirn versorgenden Halsschlagadern (Abb. 2, Seite 58). Typischerweise bildet sich die Stenose dort, wo sich die Halsschlagader, sei es die rechte oder die linke, in einen äußeren und einen inneren Ast teilt (dieser innere das Gehirn versorgende Ast ist die so genannte „Arteria carotis interna“, kurz „Carotis interna“ genannt). Die rechte und die linke Carotis interna versorgen die jeweilige Gehirnhälfte. Deshalb kann es bei einem Verschluss zum „rechtshirnigen“ oder zum „linkshirnigen“ Schlaganfall kommen.

Hinweis: Nähere Hinweise auf die Hirnembolie finden Sie im Kapitel „Herzrhythmusstörungen“ (Seite 95).

Eine Gehirnblutung steht meist im Zusammenhang mit einer Hochdruckkrankheit und wird oft im Zuge eines krisenhaften Blutdruckanstiegs virulent. Derlei Blutdruckkrisen können durch psychische oder körperliche Belastungen evoziert werden.

Aber auch bei der erstgenannten Form des Schlaganfalls, also der Durchblutungsstörung aufgrund von Verengungen und Verkalkungen der großen hirnversorgenden Arterien, ist die Hochdruckkrankheit der wichtigste ursächliche Faktor – der Risikofaktor Nummer 1.

Hochdruckkrankheit (arterielle Hypertonie)

■ Nahezu jeder ist betroffen

Da wir in der großen Mehrzahl in Europa keineswegs optimale Blutdruckwerte ausweisen, lohnt es sich, etwas länger bei diesem Thema zu verweilen. Bluthochdruck heißt nach heutigen Kriterien: Bei mehrfachen Messungen wurden Werte über 140 (systolischer Druck)/90 mmHg (diastolischer Druck) festgestellt! Der ideale Blutdruck liegt bei 120–130/60–80 mmHg. Das Risiko für Herz-Gefäßkrankheiten steigt kontinuierlich mit der Höhe der Werte an, in der sich systolischer Blutdruck („oberer Wert") und diastolischer Blutdruck („unterer Wert") präsentieren.

■ Tücke der Hochdruckkrankheit

Die arterielle Hypertonie gilt als die „tückische Krankheit". Und zwar aus einem einfachen Grund: Oft wird der Bluthochdruck subjektiv gar nicht bemerkt. Der Betroffene fühlt sich wohl und sieht mit einer entsprechend guten bis geröteten Gesichtsfarbe fabelhaft aus. Desto überraschender erscheint somit die Diagnose des Arztes, die – gar nicht selten – auf das Unverständnis des Patienten trifft. Eine heikle Situation, die wiederum nur durch möglichst viel Information gemeistert werden kann. Denn in dem Moment, wo dem Hochdruck-Kranken der Ernst seiner Lage nicht bewusst ist, wird er auch nicht bereit sein, entsprechende Schritte zu setzen, die seine Blutdruckwerte positiv beeinflussen.

■ Arten der Hypertonie

Meist handelt es sich um die „essentielle Hypertonie". Ihr liegt keine „organische" Ursache zugrunde, sondern eine „funktionelle" Störung, die in den Anfangsstadien noch reversibel wäre: siehe Lebensstil, Alkohol, Zigaretten, Stress usw.! Hypertonie kann allerdings auch auf der Grundlage einer anderen organischen Krankheit bestehen, beispielsweise einer Nierenerkrankung. Dann spricht man von einer „sekundären Hypertonie".

Weitere organische Ursachen sind Erkrankungen der endokrinen Drüsen, manchmal Tumore oder Verengungen der Nierenarterien. In solchen Fällen kann durch operative Eingriffe die Hochdruckkrankheit behoben werden. Die Vielzahl der möglichen Ursachen ergibt, dass vor der Behandlung einer Hochdruckkrankheit grundsätzlich eine ärztliche Abklärung durchgeführt werden muss.

■ 24-Stunden-Blutdruck-Monitoring

Am Anfang des ärztlichen Engagements steht die Frage nach den tatsächlichen Blutdruckwerten und nach Blutdruckschwankungen im Lauf des Tages. Am besten eignet sich dafür das „24-Stunden-Blutdruck-Monitoring" mit einem automatischen, am Arm angelegten Blutdruckmessgerät. Es misst den Blutdruck untertags alle dreißig Minuten und nachts in stündlichen Intervallen.

■ Selbstmessung des Blutdrucks

Die Selbstmessung durch den Patienten ist dann sinnvoll, wenn die Voraussetzungen dafür aus der Sicht des Arztes gegeben sind und wenn sie korrekt und in Abstimmung mit dem Arzt durchgeführt wird. Vor allem in der Anfangsphase, bis ein klares Bild über das Blutdruckverhalten gewonnen wird, ist die Messung mindestens zweimal täglich durchzuführen – morgens und abends.

Hinweis: Manche Menschen sind übergenau und überängstlich. Aber: allzu häufiges Messen des Blutdrucks führt leicht zu einer Verunsicherung, die keineswegs zum Erfolg der Blutdruckeinstellung beiträgt! Wichtig außerdem: Selbstmessung bedeutet nicht Selbstbehandlung! Daher: die selbst gemessenen Blutdruckwerte sollten in einem Kalender eingetragen werden und regelmäßig dem Arzt vorgelegt und von ihm überprüft werden! Vorübergehende Blutdruckerhöhungen kommen im Rahmen körperlicher Bewegung zustande, aber auch seelische Erregung, geistige Anspannung und Dispute, Lärm, Rauchen und Kaffee sowie Alkohol steigern kurzfristig den Blutdruck.

■ Wahl des Blutdruckmessgerätes

Vor dem Kauf eines Blutdruckmessgerätes sollten Sie sich mit Ihrem Arzt besprechen! Das ist besonders wichtig bei Geräten, die den Druck nicht am Oberarm, sondern am Handgelenk messen. Bei alten Menschen können arteriosklerotische Gefäßveränderungen solche Geräte ungeeignet machen! Eine Vergleichsmessung mit dem Gerät des Arztes vor dem Kauf empfiehlt sich, um sicherzustellen, dass das Gerät in diesem individuellen Fall geeignet ist! Die Abweichung sollte nicht mehr als 10 mmHg betragen!

Tabelle: Gerätetypen für die Selbstmessung

Messung am	Messprinzip	Anwendbarkeit für Selbstmessung
Oberarm*	akustisch (wie beim Arzt)	geeignet
Oberarm*	oszillometrisch**	besonders geeignet
Handgelenk+	oszillometrisch**	mit Vorbehalt++
Zeigefinger#	Volumenpuls/Infrarot	eingeschränkt

*: Es ist auf die Wahl der richtigen Breite der Blutdruckmanschette zu achten. Sie ist abhängig vom Oberarmumfang

**: nicht verlässlich bei Patienten mit bestimmten Herzrhythmusstörungen (insbesondere VH-Flimmern). Hier muss die Messung mit dem Stethoskop erfolgen.

+: der Handgelenksumfang ist zu berücksichtigen

++: nur geeignet, wenn die Messwerte sich bei Vergleichsmessungen mit denen des Arztes als vergleichbar erwiesen haben

#: Fehlmessungen treten besonders bei schlanken und kalten Fingern auf.

■ Anleitung zur Selbstmessung

Die Messung soll an dem Arm erfolgen, an dem der Arzt im Fall einer Blutdruckdifferenz zwischen beiden Armen den höheren Blutdruckwert festgestellt hat!

1) Messung am Oberarm:

- Die Blutdruckmanschette soll sich in Herzhöhe befinden (Abbildung 7)
- Der untere Rand der Blutdruckmanschette soll 2-3 cm über der Ellenbeuge platziert sein
- Bei den modernen oszillometrisch messenden Geräten ist die Manschette nach den Angaben des Herstellers zu platzieren
- Die Technik der Messung soll mit dem Arzt besprochen und geübt werden
- Messung am besten immer zur gleichen Zeit
- Vorher nicht rauchen, vorher kein Kaffee
- Messung im Sitzen nach drei Minuten Ruhe, dabei nicht sprechen

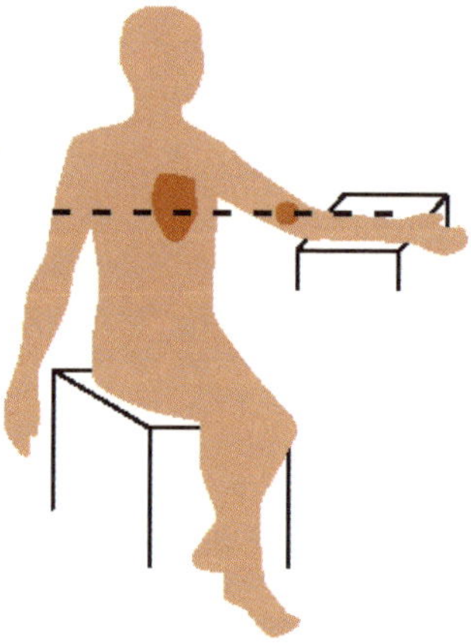

Abb. 7: Blutdruckmessung am Oberarm. Die Blutdruckmanschette befindet sich in Herzhöhe!

- Wiederholung einer Messung erst nach 1 Minute. Weichen die Werte für den oberen oder den unteren Blutdruckwert bei der zweiten Messung um mehr als 5 mmHg von jenen der ersten Messung ab, ist eine dritte Messung erforderlich. Der mittlere aller gemessenen Werte ist als der gültige anzusehen.

2) Messung am Handgelenk:

- Die Eignung des Gerätes und die richtige Messung müssen in jedem Fall durch Vergleichsmessungen beim Arzt überprüft werden!
- Ganz wichtig ist, dass sich das Handgelenk mit der Druckmanschette bei der Messung in Herzhöhe befindet (Abbildung 8).
- Betreffend allgemeine Richtlinien gelten die gleichen Grundsätze wie beim Messen am Oberarm.

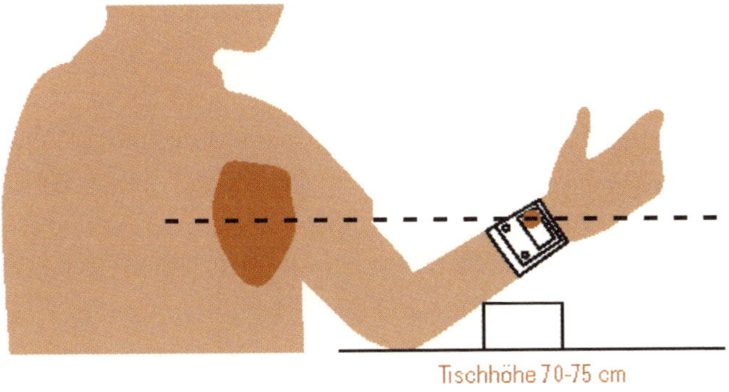

Abb. 8: Blutdruckmessung am Handgelenk. Man muss stets darauf achten, dass sich das Handgelenk mit der Druckmanschette in Herzhöhe befindet. Ein „Zu hoch" oder „Zu tief" verursacht Messfehler!

■ Ablauf der Behandlung

Sobald die Diagnose der Hochdruckkrankheit etabliert ist, macht eine komplette Durchuntersuchung den Auftakt der Behandlung. Insbesondere Herz und Gefäße, Nieren und Augen müssen genau unter die Lupe genommen werden. Dann geht es um eine konsequente Umstellung in der Lebensführung und – je nach Schwere der Hochdruckkrankheit und begleitender Risikofaktoren – um die medikamentöse Therapie.

Zwei Grundsätze:

- Eine Hochdruckkrankheit erfordert meist eine lebenslange Behandlung. Unbehandelt führt sie zu vorzeitiger Arteriosklerose, zu Schlaganfall, Herzinfarkt, Herzmuskelschwäche, Nierenerkrankungen, Augenschäden und anderen, manchmal akut lebensbedrohlichen Komplikationen (Beispiel: Aortenriss). Das Risiko steigt beträchtlich an, wenn zusätzlich eine Zuckerkrankheit vorliegt.
- Die Normalisierung des Blutdrucks muss in einer frühen Phase angestrebt werden – bevor Folgeschäden an den Organen auftreten. Das geschieht durch richtige Lebensführung, richtige Ernährung und richtige medikamentöse Therapie.

■ Richtige Lebensführung

Zur Reduktion von chronischem Stress kann eine Regelung des Tagesrhythmus mit ausreichenden Erholungs- und Entspannungsphasen helfen. Natürlich empfiehlt sich der Verzicht aufs Rauchen umso mehr, als damit ein wesentlicher Risikofaktor völlig eliminiert werden kann. Einen Schutzfaktor bietet regelmäßige körperliche Bewegung im Sinne des Ausdauertrainings.

■ Ausdauertraining

Durch ein Ausdauertraining kommt es zu einer bleibenden Senkung des peripheren Gefäßwiderstandes. Ein wichtiger Faktor ist die Umstellung des vegetativen Nervensystems, so dass der Spannungszustand des Vagus (das ist der Schonnerv) in Relation zu jenem des Sympathikus angehoben wird (der Sympathikus ist die Peitsche). So werden die Ruhe-Blutdrucke zwar nur gering reduziert, aber der Blutdruckanstieg bei körperlichen Belastungen und bei Stress wird durch ein Ausdauertraining deutlich günstig beeinflusst! Im Übrigen trägt das Training auch zu einem vermehrten Kochsalzverlust mit dem Schweiß und längerfristig zu einer Verminderung des Körperfettanteils bei. Als weitere positive Effekte des Ausdauertrainings, die gerade beim Hypertoniker besonders wichtig sind, wären zu nennen:

- Der HDL/LDL-Quotient der Cholesterinwerte im Serum steigt
- Die Kohlenhydrat-Verwertung wird verbessert
- Die Fließeigenschaften des Blutes profitieren
- Das Herz wird im täglichen Leben entlastet.

■ Vermeidung unnötiger Risken

Vor Aufnahme eines Ausdauertrainings oder einer bisher ungewohnten körperlichen Aktivität gelten die üblichen Vorsichtsregeln, um unnötige Risken auszuschalten: Konsultieren Sie Ihren Arzt und lassen Sie die empfohlenen Vorsorgeuntersuchungen durchführen! Das Ausdauertraining sollte dynamische Bewegungen mit großen Muskelgruppen und gleichmäßiger Intensität bevorzugen. Ideal sind Gehen, Wandern, Radfahren, Skiwandern, Golf. Am unteren Ende der Skala stehen Kraftübungen, statische Arbeit, Pressatmung und ehrgeizige Wettkämpfe!

■ Richtige Ernährung bei Hochdruckkrankheit

Viele Hochdruckkranke essen zu viel, zu fett, zu süß, zu salzig, rauchen und trinken zu viel Alkohol, sind übergewichtig, haben zu hohe Blutfette, einen gestörten Zuckerstoffwechsel und zu viel Harnsäure im Blut. Es gelten daher die allgemeinen Ernährungsempfehlungen, aber drei Punkte möchte ich im Zusammenhang mit der Hochdruckkrankheit besonders hervorheben:

- Der Kaloriengehalt sollte dem Energiebedarf angepasst sein. Ziele sind das Erreichen und das Halten des Idealgewichts („Normalgewicht" minus 10%).
- Alkohol ist doppelt kontraproduktiv: Alkohol steigert nicht nur den Blutdruck, sondern liefert noch dazu pro Gramm 7 Kalorien (kcal), das sind 29 Kilojoule (kJ)! Leider stellt auch Bier keineswegs eine Ausnahme dar.
- Die Kochsalzzufuhr sollte beschränkt werden.

■ Dimension des Salzes

Kochsalz (NaCl) ist die chemische Verbindung von Natrium (Na) und Chlor (Cl). Indem es Wasser im Blut und im Gewebe bindet, ist es ein den Blutdruck beeinflussender Faktor. Salz spielt nicht nur in der Entstehung, sondern auch in der Behandlung der Hochdruckkrankheit eine wichtige Rolle. Der Effekt von Medikamenten kann durch eine zu hohe Salzzufuhr zunichte gemacht werden.

Hinweis: Wir nehmen täglich im Durchschnitt 10 bis 12 Gramm Kochsalz zu uns, obwohl der tägliche Kochsalzbedarf des Menschen nur 2 bis 3 Gramm ausmachen würde! Selbst wenn wir weder in der Küche noch bei Tisch salzen, beträgt die tägliche Kochsalzzufuhr noch immer im Durchschnitt etwa 6 Gramm. Verstecktes Salz ist beispielsweise in Brot, Fleisch und Wurstwaren, Milchprodukten und Gemüsekonserven enthalten. Dort dient es als Geschmackskorrigens und Konservierungsmittel. Übrigens: Auch Meersalz, Steinsalz oder Kräutersalz enthalten NaCl, also Kochsalz!

Bei starkem Flüssigkeits- und Kochsalzverlust (Sport, Schwitzen, Medikamente) muss allerdings auf eine ausreichende Versorgung mit Salz geachtet werden.

■ Salzresponder

Der Hochdruckkranke darf bei Tisch nicht nachsalzen und muss nach Möglichkeit kochsalzreiche Lebensmittel vermeiden. Um eine Vorstellung von deren Salzgehalt zu geben, führe ich einige Beispiele an. Es handelt sich um ungefähre Zahlen:

Lebensmittel	Salzgehalt in Gramm pro 100 Gramm Lebensmittel
Mayonnaise	1-2
Käse	1-4
Gekochter Schinken	1-2
Gesalzener/geräucherter Schinken	3-4
Wurst	2-4
Speck	4-5
Geräucherter Fisch	1-2
Brot	1
Salzstangen, gesalzenes Gebäck	4-5

Zunehmend wird salzarmes Brot angeboten. „Salzresponder", also Menschen, die auf erhöhte Salzzufuhr besonders reagieren, sollten davon Gebrauch machen! Der Geschmackssinn gewöhnt sich an kochsalzfrei zubereitete Mahlzeiten schon nach einer Gewöhnungszeit von nur vier bis sechs Wochen und die verstärkte Verwendung von Kräutern und Gewürzen kann sogar ein neues Geschmackserleben triggern!

■ Resümee

Zusammenfassend lässt sich im Rahmen der essentiellen Hypertonie anmerken, dass es in erster Linie um eine Verhaltensänderung geht. Erst in einem zweiten Schritt folgt – wenn nötig – die medikamentöse Therapie. Oberstes Ziel ist es, den Blutdruck konsequent auf ein vernünftiges Maß zu senken. Weitere Angaben dazu finden Sie im Anhang (Seite 258).

Hinweis: In der Hand des Arztes ist im Übrigen die Relation zwischen den Blutdruckwerten, die am Unterschenkel, und jenen, die am Arm gemessen werden, von Interesse („Anklebrachial Index", ABI). Ein ABI unter 0.9 gilt als Zeichen einer Arteriosklerose. Dieser Index gilt auch als prognostischer Indikator für ein erhöhtes kardiovaskuläres Risiko (Herzinfarkt, Schlaganfall, Raucherbein).

Das „Raucherbein"

Schmerzen in der Wadenmuskulatur beim Gehen stellen das typische Beschwerdebild des Raucherbeins dar. Diese Symptomatik nennt man das „intermittierende Hinken" („claudicatio intermittens"). Weil man, um die Krankheit zu kaschieren, die notgedrungenen Zwischenstopps gerne mit einem eingehenden Betrachten von Auslagen verbindet, heißt die Krankheit auch „Schaufensterkrankheit".

■ Ursache des Schmerzes

Die Schmerzen entstehen auf Grund der Tatsache, dass die Beinmuskulatur beim Gehen mehr Sauerstoff benötigt als in Ruhelage. Wegen der durch Gefäßverkalkung behinderten Blutzufuhr wird die Beinmuskulatur allerdings nicht ausreichend mit Sauerstoff versorgt. In dem Moment, wo man die Muskeltätigkeit beendet – also stehen bleibt –, sinkt der Bedarf wieder ab, die Schmerzen lassen nach und verschwinden.

Der Name „Raucherbein" ist eine überaus charakteristische Bezeichnung für diese Krankheit:

- Es ist selten, dass ein Nichtraucher diese Krankheit bekommt, es sei denn, er ist zuckerkrank. Hinweis: Zuckerkrankheit und Rauchen ist eine fatale Risikokombination. Durch Bluthochdruck und erhöhtes Serumcholesterin wird das Risiko noch weiter verschärft oder potenziert!

- Beim Raucherbein handelt es sich um Verkalkungen der Beinarterien. Da selten beide Beine im genau gleichen Ausmaß betroffen sind, äußert sich die Krankheit immer in einem schmerzhaften Bein. Allerdings kommt es nicht selten vor, dass die Symptomatik auf das andere Bein „überspringt". Der Grund ist plausibel: Wenn im bisher weniger betroffenen Bein ein neuer Gefäßverschluss auftritt, „überholt" es sozusagen das bisher schlechtere Bein.

- Raucher, die es nicht schaffen, sich von ihrer Sucht zu befreien, leiden unter zunehmenden Schmerzen und riskieren die fatalen Endstadien der Krankheit. Früher war eine chirurgische oder interventionelle Behandlung (Gefäßaufdehnung, PTA) nicht möglich. Daher kamen Gangrän und Amputation eines Beines viel öfter vor als heute. Hinweis: Bei rechtzeitigem Beenden des Rauchens kann mit einer Stabilisierung gerechnet werden.

■ Therapie

Heute ist die Gefäßaufdehnung – wo anatomisch möglich – die Therapie der Wahl. Diese kann mit oder ohne Stent-Implantation erfolgen. Eine chirurgische Behandlung wird meist nur als Alternative und erst bei „strenger Indikation“ in Betracht gezogen: und zwar dann, wenn die „Claudicatio-Strecke“ (jene Gehstrecke, nach welcher bei normalem Gehtempo in der Ebene die Schmerzen beginnen) auf unter 200 bis 100 m absinkt.

Welche Maßnahmen gibt es vor – aber natürlich auch nach – einem Eingriff zu beachten?

- Die letzte Zigarette ist geraucht!
- Ernsthafter Umgang in Bezug auf Blutdruckeinstellung und Serumcholesterin.
- Diszipliniertes Einhalten des „Gefäßtrainings“. Die Form des Trainings besteht in erster Linie im kontinuierlichen Gehen. Empfehlenswert sind auch „Zehenstandsübungen“, die jederzeit durchgeführt werden können. **Hinweis:** für individuell empfohlene Übungen stehen auch „Gefäßtrainer“ als Trainingsgerät zur Verfügung.

■ Wichtige Verhaltensregeln

– Sehr wichtig ist es, die Haut zu pflegen und Infektionen am Bein zu vermeiden, weil bei gestörter Durchblutung die Heilungstendenz schlecht ist.

– Kleine Verletzungen der Haut sind umso kritischer, je weiter „distal“ sie passieren – also je weiter unten am Bein: im Bereich des Nagelbetts, der Zehen, Füße, Knöchel und Unterschenkel.

– Die Geschmeidigkeit der Haut muss erhalten werden. Zur Reinigung empfehlen sich pH-neutrale (pH 7) oder „saure“ Mittel (pH 6 bis 5). **Hinweis:** Mit alkalischer Seife wird der schützende Säuremantel der Haut zerstört! Zur Hautpflege wählt man eine fetthaltige neutrale Creme oder Salbe.

– Wenn die Haut austrocknet, rissig wird und Schuppen bildet, ist die Gefahr groß, dass Krankheitskeime eindringen und Entzündungen verursachen. Dies kann zu eitrig belegten Hautdefekten führen, die nicht nur qualvoll sind, sondern auch nur unter exaktester medizinischer Behandlung wieder abheilen. Solche Geschwüre entstehen typischerweise am Unterschenkel: „Ulcus cruris". Beruht die Ursache des Geschwürs einzig und allein auf einer Erkrankung der das Blut heranführenden Arterien, also Gefäßverkalkung, bezeichnet man dies als „arterielles Ulcus".

Demgegenüber gibt es auch das „venöse Ulcus". Hier liegt die Ursache an den das Blut zurück zum Herzen führenden Venen*. Diese Erkrankung äußert sich im Vorstadium durch Krampfadern (Varicosis) und durch braunfleckige trocken-schuppige Haut. (Zur Ergänzung: Wenn beide Mechanismen zusammenwirken, spricht man vom „gemischten Ulcus").

Abrundend sei noch auf das wichtige Kapitel der Pediküre hingewiesen. Die Zehennägel müssen fachgerecht gefeilt werden und sollten nicht mit der Schere geschnitten werden! Und zwar aus dem einfachen Grund, dass eine Verletzung des Nagelfalzes zur Eintrittspforte für Krankheitskeime werden kann. Im unglücklichsten Fall kann dies zum Ausgangspunkt einer nicht mehr kontrollierbaren Eiterung führen, verknüpft mit der fatalen Folge einer Amputation.

Sekundärprävention – Risiko- und Schutzfaktoren

Nach einem Herzinfarkt bedeutet Prävention, neuerlichen Komplikationen vorzubeugen (man spricht von Sekundär-Prävention. Die Primär-Prävention, nämlich die Verhütung des Infarkts, hat

* Schuld ist ein Circulus vitiosus aus einer Erweiterung der Venen und einer gestörten Funktion der Venenklappen, welche normalerweise darin besteht, den Blutstrom herzwärts zu richten und in aufrechter Körperhaltung (Stehen) das Versacken des Blutes in den Beinen zu verhindern.

ja offensichtlich fehlgeschlagen!). Im Vordergrund stehen eine konsequente Vermeidung der Risikofaktoren sowie der Aufbau von Schutzfaktoren.

Die wichtigsten Risikofaktoren für kardiovaskuläre Krankheiten sind sowohl in der Primärprävention als auch – mit noch größerem Gewicht – in der Sekundärprävention die folgenden:
- Rauchen (Zigarette, Zigarre, Pfeife)
- Bluthochdruck
- Erhöhte Werte von Gesamtcholesterin, LDL-Cholesterin und Triglyceriden, niedriges HDL-Cholesterin
- Psychosozial belastende Faktoren, „Stress“, „Hostilität“
- Körperliche Inaktivität
- Übergewicht
- bei Frauen die „Pille“
- Zuckerkrankheit
- Thrombogene Faktoren (Abweichungen bestimmter Gerinnungsparameter)
- Zeichen chronischer Entzündung
- Lebensalter
- Familiäre Vorgeschichte (vergleiche Anhang Seite 260)
- Genetische Faktoren

Der Konsum von Alkohol sollte bei Frauen 25 und bei Männern 30 Gramm pro Tag nicht überschreiten! Wein enthält etwa 120 Gramm Alkohol pro Liter. Bier variiert je nach Sorte in etwa zwischen 35 und 50 Gramm pro Liter. Das bedeutet, dass eine maximale Menge von einem 1/4 Liter Wein pro Tag nicht überschritten werden sollte. Bei Bier liegt das Limit – je nach Sorte – bei einem halben Liter bzw. knapp unter einem Liter. Dabei ist allerdings auch die kalorische Komponente in Hinblick auf Übergewicht nicht zu übersehen!

Die wichtigsten Schutzfaktoren sind:
- Gesunde Ernährung
- Körperliche Fitness, Idealgewicht

- Medikamente, so sie streng indiziert verordnet werden
- Sicheres soziales Netz
- Stressbewältigungsstrategien, Meditation, „Gottvertrauen"
- Individuell abgestimmte Vitamine und Nahrungsergänzungen
- Regelmäßige ärztliche Konsultationen

Regelmäßige Beratungen durch den Arzt mögen manchmal überflüssig erscheinen. Dennoch gilt es zu bedenken, dass man Veränderungen, die sich schleichend entwickeln, leicht übersieht. Wogegen der Arzt nach einer mehrwöchigen Frist solche Entwicklungen erkennen und darauf reagieren kann.

Was den Zustand nach einem Herzinfarkt betrifft, wäre auf drei Punkte etwas näher einzugehen:

- Zigarettenrauchen: Als Faustregel gilt, dass Raucher, die nach dem Herzinfarkt mit dem Rauchen aufhören, nur das halbe Sterberisiko haben wie Menschen, die weiterrauchen. Eine interessante Zwischenstellung nehmen die primären Nichtraucher ein: Wer vor dem Herzinfarkt nicht geraucht hat und auch weiterhin ein Nichtraucher bleibt, hat trotzdem eine etwas schlechtere Prognose, als der Raucher der aufhört. Die wahrscheinliche Erklärung ist recht einfach: Der frühere Raucher schaltet einen wichtigen Risikofaktor gänzlich aus, wogegen der primäre Nichtraucher offenbar andere Faktoren aufweist, die zum Infarkt geführt haben und die oft nicht so abrupt abzustellen sind. (Stoffwechselstörungen, psychische Konstellation, soziales Netz, etc.).
- Fettstoffwechselstörung: Wenn es gelingt, dauerhaft das Niveau des Gesamtcholesterins auf Werten unter 175mg% und das Niveau des LDL-Cholesterins auf Werten unter 100mg% zu halten (neueste Empfehlungen setzen die Zielwerte noch tiefer an), kann ein Fortschreiten der Arteriosklerose häufig verhindert werden. Denn: eine gewisse Rückbildung der Gefäßveränderungen ist möglich. Meistens wird dieses Ziel nicht allein

durch gesunde Ernährung erreicht, sondern in Kombination mit Ausdauertraining, entsprechenden Medikamenten und Nahrungsergänzungen.
- Medikamentöse Therapie ist ein sehr wichtiger Schutzfaktor. Um etwaige Gefahrenmomente zu bannen, sollten gewisse Grundsätzen verstanden und akzeptiert werden (Seite 169). Bei Unsicherheiten sollte der Arzt kontaktiert werden.

Hinweis: Zugegebenermaßen kommt es bei der Verabreichung von Medikamenten bisweilen zu unerwünschten Wirkungen bzw. wird manchmal eine „Umstellung" der Medikamente erforderlich. Auch was die Leberbelastung betrifft, sind mitunter Kontrollen wichtig. Dennoch: In Summe haben ärztlich verschriebene Medikamente mehr Vor- als Nachteile.

Noch ein Wort zur Sekundärprävention: Der Lohn ist nicht nur ein Gewinn an Lebenszeit, sondern auch eine Steigerung des Wohlbefindens!

Mit dem Herz auf Du

XIII. MEIN ABC ALS KARDIOLOGE

Die Elemente des eigenen Lebens sind in die richtige Ausrichtung zu bringen. Konkret betrifft dies die Einheit von Körper, Geist und Seele.

Mein ABC als Kardiologe ist somit recht einfach:

Gesunde Ernährung
Fitness (in jeder Beziehung)
Harmonie.

Wenn man dieses ABC wahr-nimmt und wahr-macht, eröffnen sich neue Wege jenseits des gewohnten Alltagstrotts. Als Quintessenz verschiebt sich die Lebenskurve in gesündere Bahnen. Damit verbunden sind nicht nur ein längeres Leben, sondern auch weniger durch Krankheit belastete Jahre.

Own life – ABC – right direction

Das Leben ist im Fluss
wenn Körper, Geist und Seele
drei Wellen sind
die parallel zum Licht verlaufen

Die gesunde Ernährung

Im dichten Dschungel unzähliger Ernährungsempfehlungen einen seriösen Weg zu finden, ist angesichts der Informationsflut kein einfaches Unterfangen. Demgegenüber sind die Ernährungsrichtlinien bei bestimmten Krankheiten, z.B. bei eingeschränkter Nierenfunktion, Zuckerkrankheit oder anderen Stoffwechselstörungen, relativ genau festgelegt. Auch Empfehlungen zur Gewichtsreduktion sind wissenschaftlich sehr gut definiert, verlangen aber persönliche Entscheidungs- und Willenskraft bzw. ein gutes Durchhaltevermögen.

Da die Praxis zeigt, dass diese Eigenschaften leider nicht immer ausreichend vorhanden sind, wären Alternativen hoch willkommen. Der berühmte Epidemiologe Prof. Stamler hat das Problem einmal überspitzt auf den Punkt gebracht: „Die guten Vorsätze halten meist nur drei Wochen und werden oft im Alkohol ertränkt." Aus dieser Tatsache heraus erklärt sich auch jener Industriezweig, der aus besagter Willensschwäche Kapital schlägt. Ominöse Diätprodukte und Richtlinien degradieren den übergewichtigen Menschen zum bloßen (zahlungswilligen) Konsumenten.

Für den Einzelnen ist es nahezu unmöglich zu entscheiden, was nun wirklich zu tun ist.

Dass jemand, der bereits an einer koronaren Herzkrankheit leidet, große und späte Mahlzeiten vermeiden muss, habe ich bereits im Zusammenhang mit der Diagnostik der KHK dargelegt. Es ist aber auch für den Gesunden ein guter Rat, am Abend nicht zu spät und nur mäßig zu essen. Das erhält jung und man schläft besser, wenn der Bauch nicht voll ist! Lassen Sie gelegentlich das Abendessen aus – dann merken Sie es selbst!

Man muss einräumen, dass insgesamt betrachtet in den letzten Jahren eine deutliche Trendwende erfolgt ist und sich die Ernährungsgewohnheiten durchaus positiv verändert haben. Ein sklavisches Befolgen von Diätrichtlinien ist meistens ohnehin weder möglich noch notwendig, weil schon ein gewisser Kurswechsel in Richtung einer kalorienreduzierten vernünftigen Kost (reich an Gemüse, Getreideprodukten, Kartoffeln, Obst oder anderen komplexen Kohlenhydraten und Ballaststoffen, arm an tierischen Fetten) den Großteil des praktisch auf Dauer Durchführbaren abdeckt.

Die verlässlichste Grundlage für die Wahl der geeigneten Ernährung ist, dass sie sich bereits über einen längeren Zeitraum hinweg hinsichtlich des Wohlbefindens und der Gesundheit in einer großen Bevölkerungsgruppe bewährt hat.

■ Mediterrane Kost

Bestes Beispiel hierfür: die „mediterrane Kost". Eine Ernährungsform, die auch aus wissenschaftlicher Sicht bei Herzkranken positive Ergebnisse nach sich zieht. Speziell bei Patienten nach einem Herzinfarkt steht die Wirksamkeit mediterraner Kost außer Zweifel.

Diesbezüglich verweise ich auf eine rezente italienische Studie und möchte im Folgenden für interessierte Leserinnen und Leser etwas detaillierter auf dieses Thema eingehen. Die hier genannten Prinzipien sollen laut einer europäischen Empfehlung (s. Anhang Seite 255) auch auf die (noch) gesunden Personen ausgedehnt werden, soferne Risikofaktoren vorhanden sind (was bei der überwiegenden Mehrzahl der europäischen Bevölkerung leider zutrifft).

Die Ergebnisse des „GISSI prevenzione trial" wurden 2003 publiziert*. Ziel dieser Studie war es zu untersuchen, ob einfache Diätratschläge zu einer Reduktion der Sterblichkeitsrate nach einem erlittenen Herzinfarkt führen können. Die Studie wurde in Italien an 172 Zentren bei 11.323 Männern und Frauen mit Zustand nach Herzinfarkt erhoben.

---

* F Barzi, M Woodward, RM Marfisi, L Tavazzi, F Valagussa and R Marchiali on behalf of GISSI-Prevenzione Investigators: Mediterranean diet and all-causes mortality after myocardial infarction: results from the GISSI-Prevenzione trial. European Journal of Clinical Nutrition (2003) 57, 604-611.

Alle Personen erhielten mittels einfacher Broschüren Anweisungen, die das Umsteigen auf eine „mediterrane Kost“ in der folgenden Weise zum Gegenstand hatten:

- täglich Früchte
- täglich rohes Gemüse
- täglich gekochtes Gemüse
- ein- bis zweimal pro Woche Fisch
- täglich Olivenöl, sonst so wenig Fette und Öle wie möglich
  Hinweis: Neben Olivenöl werden in unseren Breiten auch andere Öle, zum Beispiel Rapsöl, empfohlen!

Als Ausgangsbasis wurde zu Beginn der Studie festgestellt, wie die Essgewohnheiten der Studienteilnehmer in Bezug auf diese fünf Nahrungsmittel vor der Beratung waren.

Außerdem wurden die folgenden Empfehlungen abgegeben:

- Reichlich Getreideprodukte vorzugsweise aus Vollkorn („whole grain“)
- So wenig Milchprodukte wie möglich, vorzugsweise fettfrei und fettreduziert
- Geflügel und mageres Fleisch in reduzierter Menge

Nach dem Beginn der kontrollierten Studie wurden die Teilnehmer neuerlich in bestimmten Abständen über ihre nun gepflogenen Essgewohnheiten befragt. Konkret nach 6, 18 und 42 Monaten.

In der Folge wurden die Zusammenhänge zwischen einem „Diätscore“, also danach, inwieweit die Ratschläge von den einzelnen Teilnehmern umgesetzt und auf Dauer eingehalten wurden, und dem Sterberisiko über 6,5 Jahre untersucht. Ergänzend wurden auch einige nicht diätabhängige Variablen in Betracht gezogen, um andere beeinflussende Faktoren zu berücksichtigen.

■ Reduziertes Sterberisiko

Die Ergebnisse zeigten, dass sich insgesamt die Essgewohnheiten aufgrund der Beratung positiv – also in Richtung der „mediterranen Kost" – verändert hatten. Damit verbunden war tatsächlich auch eine bedeutende Reduktion des Sterberisikos: Für die gesamte Studienpopulation wurde das Sterberisiko durch den Wechsel von der Ausgangsdiät zur schlussendlich eingehaltenen Diät um 14% reduziert.

Da die Gesamtzahl der teilnehmenden Personen in vier Gruppen unterteilt wurde, nämlich je nach dem Diätscore, konnte das „beste" Viertel mit dem hinsichtlich des Diätscores, also hinsichtlich der Befolgung der Ratschläge „schlechtesten" Viertel verglichen werden:

Das Sterberisiko war im besten Viertel gegenüber dem Sterberisiko im schlechtesten Viertel um 49% reduziert! Durch ein konsequentes Umsteigen auf die „mediterrane Kost" wurde die Überlebenschance nach Herzinfarkt langfristig nahezu verdoppelt.

Auch wenn eine Gliederung in Untergruppen durchgeführt wurde – nämlich je nach Alter, Geschlecht, Rauchgewohnheiten und begleitender medikamentöser Therapie –, fand der schützende Effekt dieser empfehlungsgemäßen Ernährung seine Bestätigung.

Man kann schlussfolgern, dass motivierte Personen nicht nur offen für derart einfache Diätempfehlungen sind, sondern dass darüber hinaus auch eine substantielle Reduktion des Sterberisikos erreicht werden kann.

Wer es genauer wissen will

■ **Zusammensetzung der Nahrung**

Unsere Nahrung besteht aus Eiweiß, Fett, Kohlenhydraten, Vitaminen, Mineralstoffen, Spurenelementen, Wasser, Gewürzen sowie Duft- und Geschmacksstoffen.

Hinweis: Über die exakte Zusammensetzung der verschiedenen Nahrungsmittel kann man detaillierte Tabellen konsultieren, die leicht in Publikationen und im Internet aufzufinden sind. Allerdings: übergenaues Planen der täglichen Auswahl von Nahrungsmitteln kann auch kontraproduktiv sein, indem es zu Verhaltensstörungen führt. Also: machen Sie sich mit den Grundsätzen vertraut und informieren Sie sich über Details mit Maß und Ziel!

Die tägliche Nahrung sollte reich an Ballaststoffen und an langsam verdaulichen Kohlenhydraten sein – diese finden sich in Gemüse, Kartoffeln, Obst und Vollkornbrot. Reduzieren sollte man rasch in das Blut einströmende (raffinierte) Zucker und Salz. Die Menge sollte man dem täglichen Bedarf anpassen. Die beste Kontrolle der Energiezufuhr ist tägliches Wiegen! Das „Normalgewicht" errechnet sich ganz einfach nach der Formel von BROCA: Körpergröße in cm minus 100! Das Idealgewicht liegt 10% darunter. In Einzelfällen sollte allerdings ein besonders kräftiger oder zarter Körperbau mit entsprechend schweren bzw. leichten Knochen berücksichtigt werden.

Die Energiezufuhr wird in Kalorien (kcal) gemessen. Der Energiegehalt der verschiedenen Nahrungsbestandteile ist sehr unterschiedlich:

- 1 Gramm Eiweiß liefert dem Körper ungefähr 4 kcal,
- 1 Gramm Fett 9 kcal,
- 1 Gramm Kohlenhydrate 4 kcal,
- 1 Gramm Alkohol 7 kcal!

Die tägliche Kalorienzufuhr sollte in der folgenden Verteilung abgedeckt werden: zu

- 10–15% mit Eiweiß (vor allem auch pflanzliches Eiweiß)
- 30% mit Fett (weniger als 1/3 davon in Form tierischer Fette) und
- 50–55% mit Kohlenhydraten (mehr als 400 g Früchte und Gemüse am Tag)

Eiweißlieferanten sind nicht nur Fleisch, Eier, Milch und Milchprodukte, sondern auch Fisch, Hülsenfrüchte, Getreide und Getreideprodukte!

Fett wird etwa zur Hälfte als „verstecktes Fett" in Wurst, Fleisch, Backwaren, Käse und Schokolade zugeführt.

Hinweis: Cholesterin, dessen Aufnahme natürlich möglichst in Grenzen gehalten werden sollte (als kritische Grenze gelten 300 Gramm Cholesterin pro Tag), findet sich besonders in Fleisch, Innereien, Eigelb, Milch und Milchprodukten. 10 dag Fleisch enthalten ca. 60 bis 70 g Cholesterin, 10 dag Leber oder Nieren um 300 g, 10 dag Käse bis zu 100 g.

Tierische Fette sind, mit Ausnahme der Fischöle, reich an „gesättigten" Fettsäuren, welche die Cholesterinproduktion im Blut ankurbeln. Auch manche Pflanzenfette (Kokosfett) gehören hierher.

Andererseits sind Nahrungsfette wichtige Energieträger und transportieren die fettlöslichen Vitamine A, D, E und K. Besonders Olivenöl und Rapsöl haben einen guten Ruf in der Vorsorge gegen Herz-Gefäßkrankheiten. Sie sind reich an „einfach ungesättigten" Fettsäuren. Sonnenblumen-, Mais-, Soja- und Distelöl enthalten „mehrfach ungesättigte" Fettsäuren. Einfach und mehrfach ungesättigte Fettsäuren senken erhöhte Cholesterinwerte im Blut. Fischöl enthält „Omega-3"-Fettsäuren: Diese wiederum senken erhöhte Triglyceridwerte (da handelt es sich um das „Neutralfett") im Blut.

Kohlenhydrate sind nicht prinzipiell lebensnotwendig, weil sie vom Körper auch selbst hergestellt werden können. Dennoch sollte mindestens die Hälfte der Kalorienzufuhr mit Kohlenhydraten abgedeckt werden und zumindest 70-100 Gramm Kohlenhydrate sollten im täglichen Speiseplan aufscheinen.

Ballaststoffe fördern die Darmtätigkeit und wirken Verstopfung und Darmkrebs entgegen. „Körndl-Freunde" sollten allerdings vorsichtig sein: Menschen mit Divertikulose des Dickdarms (dabei handelt es sich um kleine Schleimhautaussackungen, in denen sich gerne unverdauliche Kerne und Körner verfangen) riskieren unangenehme Entzündungen („Divertikulitis").

Vitamine, Spurenelemente und Nahrungsergänzungen

Vitamine sind lebensnotwendige Stoffe, die dem Körper mit der Nahrung zugeführt werden müssen. Wichtige Vitaminträger sind Gemüse, Kartoffeln, Obst, Getreide und Getreideprodukte, Milch und Fleisch. Bei einer gemischten und abwechslungsreichen Ernährung tritt in der Regel kein Vitaminmangel auf.

Dennoch belegen Untersuchungen darüber die Tatsache, dass viele Menschen nicht optimal mit Vitaminen und Mineralstoffen versorgt sind. Als Folge kann dies neben anderen Störungen* zu Schädigungen der Zellkerne, bzw. zu einem Verfall im Bereich der Mitochondrien (Energiefabriken der Zellen) führen*.

Um ein mögliches Defizit auszugleichen, wird gerne – zusätzlich zur traditionell bewährten gemischten Kost – „routinemäßig" zu Vitaminen und Nahrungsersatzstoffen gegriffen. Eine Kombination von Vitaminen ist jedoch nicht immer von Vorteil und bedarf genauer Kenntnisse. Selbst wenn es sich um Multi-

* BN Ames: Review Article: Delaying the Mitochondrial Decay of Aging – a Metabolic Tune-up. Alzheimer Disease and Associated Disorders 17 (2003), Suppl.2, S54-S57.)

vitaminpräparate oder um ausgeklügelte Vitaminkombinationen handelt, sollten auch diese mit einem Arzt besprochen werden, weil ungünstige Wechselwirkungen zwischen Vitaminen und gewissen Medikamenten existieren.

Auch Spurenelemente müssen mit der Nahrung zugeführt werden. Hier gilt ebenso, dass eine ausgewogene Kost Mangelerscheinungen vermeidet. Die Zufuhr von Mineralstoffen ist besonders in der Zeit der körperlichen Entwicklung, in der Schwangerschaft und bei zunehmender Bewegungsarmut im Alter zur Vorbeugung einer Osteoporose zu beachten.

Da auf allen diesen Gebieten laufend neue wissenschaftliche Erkenntnisse ihren Niederschlag finden, kann seitens des Arztes vom aktuellen Stand der Medizin her argumentiert werden.

Derzeit sind in der kardialen Prävention positive Effekte für Phytosterine (Bestandteile von pflanzlichen Zellmembranen), Omega-3-Fettsäuren (vorkommend besonders in Meeresfischen) und Folsäure weitgehend abgesichert. Eine hohe Folsäurezufuhr ist auch mit einem niedrigeren Darmkrebsrisiko verbunden. Die tägliche Zufuhr von Folsäure, Vitamin B6 und Vitamin B12 kommt bei kardialen Risikopatienten mit einem erhöhten Homocysteinspiegel im Blut (ein weiterer Risikofaktor zusätzlich zu den altbekannten und vorher schon erwähnten Faktoren) in Betracht, wobei die Verschreibung und Dosierung allerdings vom Arzt festzulegen ist.

Als im Einzelfall sinnvolle Nahrungsergänzungen kommen prinzipiell zahlreiche Substanzen in Frage*. Ihre Aufzählung soll lediglich dazu dienen, die Vielfalt aufzuzeigen, soll aber keineswegs zum Selbstversuch verleiten:

* A. Hahn, M. Wolters: Nahrungsergänzungsmittel – eine Bestandsaufnahme. Erno (2000) 1:167 – 175.

Substanzgruppe	Beispiele
Vitamine, Provitamine	Vitamin A, C, E, B1, B6, B12, Folsäure, Biotin, Niacin, Carotin
Mineralstoffe	Kalzium, Magnesium, Eisen, Zink, Selen
Vitaminoide	Coenzym Q10, Inositol
Fettsäuren und Phospholipide	Omega-3-Fettsäuren, Omega-6-Fettsäuren, Lecithin
Aminosäuren und –derivate	L-Lysin, L-Cystein, L-Carnitin
Peptide und Proteine	Glutathion, Gelatine
Kohlenhydrate	Inulin, Oligofruktose
Sekundäre Pflanzeninhaltsstoffe	Phytoöstrogene, Phytosterine, Polyphenole, Glukosinolate, Saponine, Lycopin
Makromolekulare Naturstoffe	Kieselerde
Pflanzenextrakte, Produkte tierischenUrsprungs (auch chemisch modifiziert)	Obst- und Gemüsekonzentrate, Haifischknorpel, Chitosan
Sonstiges	Bierhefe, Gelee Royal, Algen, probiotische Bakterienkulturen

Die Nahrungsmittel-Pyramide

Anlässlich der Gesundheitsaktion der Ärzte- und Apothekerkammer „Wien nimmt ab“ hat die Abteilung Ernährungsmedizin (Vorstand Univ. Prof. Dr. Kurt Widhalm) der medizinischen Universitätsklinik Wien die wichtigsten Ernährungsgrundsätze, mit gleichzeitigem Hinweis auf die Bedeutung einer regelmäßigen körperlichen Aktivität, unter dem Schlagwort „Die GESUND LEBEN-Pyramide“ zusammengefasst und in einer sehr anschaulichen Graphik präsentiert (Abb. 9, *).

Analog zur Gewichtung der einzelnen Grundsätze und Lebensmittel verfügt die „GESUND LEBEN“-Pyramide über eine breite Basis. Die Basis symbolisiert somit jene Verhaltens-

* ÖÄZ 6, 25. März 2004. Ich danke für die freundliche Genehmigung zur Wiedergabe der Abbildung.

Die "GESUND LEBEN" - Pyramide Österreichs®

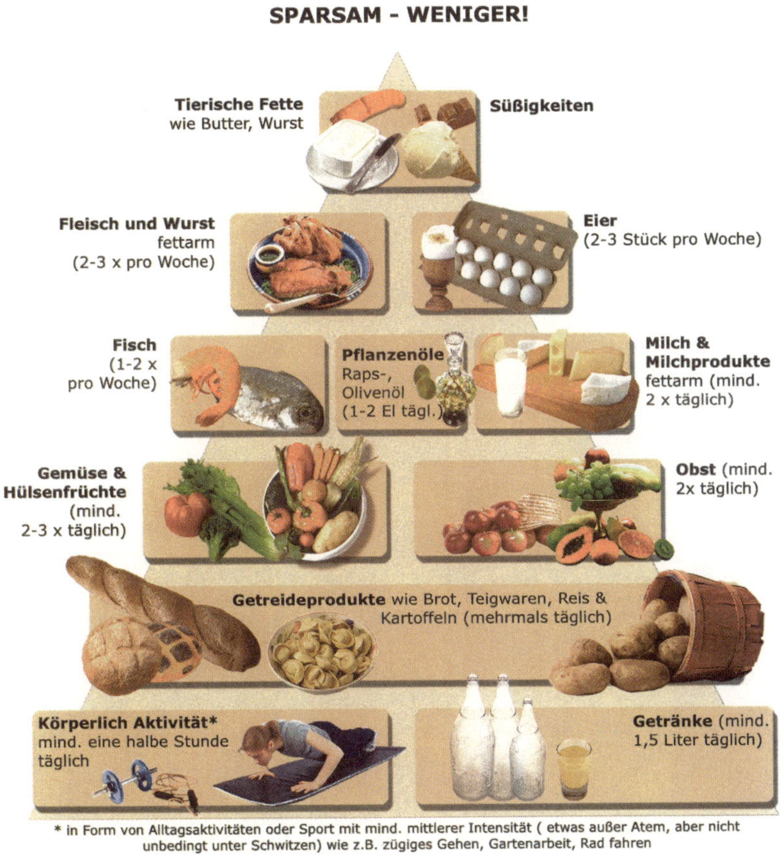

Abb. 9

weisen, die auf jeden Fall empfehlenswert sind. Einerseits ist hier der Rat, reichlich zu trinken. Als Minimum gelten 1,5 l pro Tag, bei körperlicher Aktivität, Hitze und Schwitzen entsprechend mehr. Wasser bzw. Mineralwasscr, auch selbstgepresste Gemüsesäfte und ungezuckerter Tee sind ideal. In dem Augenblick, wo käufliche Fruchtsäfte ins Spiel kommen, ist allerdings schon Vorsicht geboten. Speziell was die Zubereitung, aber auch was den Vitamin- und Kaloriengehalt betrifft, gibt es eklatante Unterschiede. Zuckerhältige Getränke sollten, wenn überhaupt, dann nur verdünnt getrunken werden. Auch drei bis vier Tassen Kaffee passen in das Konzept. In Bezug auf Alkohol gelten eigene Gesetze: nicht mehr als 30 Gramm Alkohol pro Tag beim Mann, 25 Gramm bei der Frau. Auf der anderen Seite stellt die körperliche Aktivität eine wichtige Basis für die Gesundheit dar: Täglich mindestens 30 Minuten Bewegung von zumindest „mittlerer" Intensität, bei der man jedenfalls etwas außer Atem, aber nicht unbedingt ins Schwitzen kommt.

■ Sättigende Energielieferanten

Auf der nächsten Stufe sind Getreideprodukte angeführt, komplexe Kohlenhydrate, welche die Grundlage unserer Ernährung darstellen. Empfehlenswert sind Teigwaren, die ohne Fett hergestellt und zubereitet sind. Bei Reis sollte man darauf achten, dass es sich möglichst um ungeschälten Reis handelt. Auch Kartoffeln können durchaus oft am Speiseplan stehen. Gleich wichtig und auf der dritten Stufe zu finden sind Obst, Gemüse und Hülsenfrüchte. Besonders rohe Gemüse sind gesund – roher Kohlrabi oder Karotten, Radieschen –, worauf man Appetit hat und was frisch, chemisch unbehandelt, zur Verfügung steht. Sie liefern Ballaststoffe, tragen mit ihrem Vitamin- und Mineralstoffgehalt zur Nährstoffversorgung bei und sind wichtige Quellen für das antioxidativ wirkende Vitamin C sowie Provitamin A, das Beta-Carotin. Auch schützen Pflanzenstoffe zusätzlich vor Herz-Gefäß-Erkrankungen und Krebs. Aus genau diesem Grund sind Vitaminpräparate kein voller Ersatz, weil diese natürliche optimale Kombination fehlt.

■ Obst als Zwischenmahlzeit

Gerade beim Obst ist es wichtig, auf den Zuckergehalt zu achten. Speziell bei Weintrauben ist Zurückhaltung angesagt: denn Traubenzucker geht sofort ins Blut! An sehr prominenter Stelle der Pyramide ist sicher bodenständiges Obst, ganz vorne der Apfel zu platzieren, wogegen man bei exotischen Früchten bedenken muss, dass sie einen langen Transportweg hinter sich haben und vielleicht manchmal der Haltbarkeit wegen behandelt sind.

Die nächste Stufe der Pyramide weist jene Nahrungsmittel aus, die bereits mit Bedacht häufig konsumiert werden sollten. Fisch ist als Eiweiß- und Vitaminlieferant sowie aufgrund seiner wertvollen „Omega-3-Fettsäuren“, welche die Fließeigenschaften des Blutes verbessern, ein Nahrungsbestandteil, der aus gesundheitlicher Sicht vor das Fleisch zu reihen ist. Fisch sollte ein bis zweimal pro Woche am Speiseplan sein. In einer Ebene finden sich daneben die Pflanzenöle, darunter besonders Olivenöl und Rapsöl. Ihr hoher Anteil an einfach ungesättigten Fettsäuren hat eine Schutzwirkung für Herz und Gefäße. Daher sollten diese Öle unbedingt gegenüber tierischem Fett bevorzugt und täglich in Mengen von einigen Gramm (etwa zwei Esslöffel) verwendet werden.

■ Achtsamer Umgang

Hingegen ist, was in dieser Ebene auf der rechten Seite steht, schon mit mehr Vorbehalt zu betrachten. Die Tabelle liest sich also hier von links nach rechts. Milch und Milchprodukte sind wichtige Quellen von Kalzium. Man sollte sie deshalb täglich, aber nur in sehr reduzierter Menge, zu sich nehmen. Bei Käse werden am ehesten Sorten bis 35% F.i.T., maximal aber bis zu 45% F.i.T. empfohlen.

Auf der vorletzten Stufe der Pyramide finden sich Fleisch und fettarme Wurst. Zwei bis drei Fleischmahlzeiten pro Woche reichen durchaus, um wertvolle B-Vitamine und Eisen zu erhalten. Man sollte nur die mageren Fleischteile verwenden. Innereien werden wegen des hohen Cholesteringehalts nicht empfohlen. Auch Eier sind reich an Cholesterin: zwei bis drei Stück pro Woche – inklusive der „versteckten“ Eier – sind mehr als genug!

Am Gipfel der Pyramide steht, was man weitestgehend einschränken sollte: Süßigkeiten, gezuckerte Mehlspeisen, Speiseeis, Butter, fetthaltige Wurst! Und für viele gültig: auch Salz!

„Habituelle" (gewohnheitsmäßige) körperliche Aktivität

Wenn man Maß an der körperlichen Aktivität nimmt, dann bieten sich vier Gruppen an:

- Gruppe I: vorwiegend körperlich inaktive Lebensweise, nahezu kein Sport
- Gruppe II: leichte berufliche körperliche Arbeit und/oder Gelegenheitssport, aber doch mit einer gewissen Regelmäßigkeit (zumindest dreimal pro Woche)
- Gruppe III: körperlich aktive berufliche Arbeit und/oder regelmäßig Ausdauersport (fünf mal pro Woche!), z.B. Wandern, Rad fahren, Bergsteigen, Tennis, Squash, Rudern usw.
- Gruppe IV: Hochleistungssport

Wissenschaftliche Studien haben gezeigt, dass die Gruppen I und IV bezüglich des gesundheitlichen Verlaufes schlechter abschneiden als die Gruppen II und III.

Gruppe III überlebt einen Herzinfarkt öfter als Gruppe II, obwohl in der Infarkthäufigkeit kein wesentlicher Unterschied besteht.

Ein regelmäßiges Ausdauertraining erfüllt die Gesundheitskriterien optimal.

Hinweis: Aus Rücksicht auf die Erhaltung der Beweglichkeit sollte ein gewisses Maß an gymnastischen Übungen und Dehnungsübungen eingeschlossen werden. Reine Kraftübungen sind zwar für die Ausbildung der Muskulatur wertvoll, gleichzeitig aber mit einem (je nach Anstrengung) unter Umständen exzessiven Blutdruckanstieg verbunden. Auch hinsichtlich des Ausdauerleistungstrainings (d.h. zur Steigerung der Ausdauerleistungsfähigkeit) sind reine Kraftübungen nicht geeignet.

Für das Training sollten die Grundsätze beachtet werden, die ich unter „Ausdauertraining“ (Seite 78) dargelegt habe. Zum Einstieg empfiehlt sich ein Trainingspensum von drei bis fünf Einheiten (Dauer: jeweils eine halbe Stunde) pro Woche. Der Grad der Anstrengung sollte vorab nach ärztlichem Ermessen (Ergometrie) festgelegt worden sein. Die Grundlagen sind im Kapitel „Herz-Kreislaufregulation“ (Seite 56) enthalten. Vor bzw. nach der Anstrengung sollten 5 Minuten für die Aufwärm- bzw. Abkühlphase einkalkuliert werden. Wenn jemandem dieser Zeitaufwand zu groß ist, kann auch mit Übungen begonnen werden, die nur wenige Minuten dauern. Obgleich das optimale Trainingspensum dann nicht erfüllt wird, gilt als Faustregel, dass „etwas“, wenn es auch anfangs wenig ist, jedenfalls besser als „nichts“ ist. Weshalb man diesen Kulanzbereich anfangs tolerieren darf? Weil Bewegung bei zunehmender Gewöhnung ohnehin zum Bedürfnis wird und auch nicht mehr als anstrengend empfunden wird.

Wie gesagt: Gewöhnungseffekt und Regelmäßigkeit sind die wichtigsten Ziele!

Alles andere lässt sich mit der Zeit in Erfahrung bringen, sofern man anfangs vorsichtig ist und von etwaigen Verletzungen verschont bleibt. Da Kniegelenksbeschwerden, insbesondere Meniskusläsionen, recht häufig vorkommen, möchte ich darauf hinweisen, dass seitens der Orthopädie nicht selten Rad fahren – viele Patienten haben ein Zimmerfahrrad vor dem Fernseher aufgestellt – als ideale Sportart empfohlen wird. Für nähere Detailinformationen ist es ratsam, sich fachkundig beraten zu lassen.

Noch ein Wort zur Wärmeabgabe der Haut: Speziell im Winter empfiehlt es sich, auf adäquate „atmungsaktive“ Sportbekleidung zurückzugreifen, um die Hitzeabgabe durch Schwitzen nicht zu beeinträchtigen.

Rauchen

Zu erwähnen, dass Rauchen die Gesundheit gefährdet, hieße Eulen nach Athen tragen. Dennoch scheint mir ein Segment dieser Thematik immer noch zu wenig beleuchtet: Nicht nur das Rauchen von Zigaretten schadet der Gesundheit, sondern auch „Mitrauchen“, auch Zigarren- und Pfeifenrauch!

Umso kontraproduktiver erscheint es mir, dass auf Grund der geltenden Rechtslage im Krankenhausbetrieb immer noch kein Rauchverbot herrscht. Hierzu eine Anekdote:

In den Achtzigerjahren war ich Leiter einer Herz-Kreislauf-Krankenanstalt mit Schwerpunktsetzung auf Rehabilitation und sekundäre Prävention. Damals nahm ich mir vor, das Haus „rauchfrei“ zu bekommen.

Ein Vorhaben, das vorerst – auf Grund der eingeschworenen Rauchergemeinde (sowohl seitens der Patienten, als auch seitens des medizinischen Personals) – Schiffbruch erlitt. Bis mir ein Zufall half.

Es handelte sich um ein neu errichtetes Krankenhaus mit einem durchwegs jungen Pflegepersonal. Eines Tages fiel mir beim Literaturstudium eine kürzlich erschienene wissenschaftliche Arbeit in die Hände, welche sehr deutlich zu dem Schluss kam, dass das ungeborene Kind einer rauchenden Mutter eine mögliche Schädigung in der Entwicklung der Lunge erleidet und später ein höheres Risiko für spastische („asthmatische“) Störungen und Lungenerkrankungen aufweist.

Ich kopierte diese englischsprachige Arbeit und befestigte sie zusammen mit einer deutschen Übersetzung an der Tür des Schwesterndienstzimmers.

In der Folge hatte ich zu diesem Thema nichts mehr beizutragen: Das Krankenhaus war nach einiger Zeit tatsächlich absolut rauchfrei – nicht nur beim medizinischen Personal, sondern auch bei den Patienten. Wie war das möglich? Die jungen und für ihre künftigen Kinder verantwortungsvollen Krankenschwestern entwickelten eine derartige Überzeugungskraft und wahrscheinlich auch einen so intensiven Druck, dass sich dem niemand mehr entziehen konnte!

Stress

Stress ist ein weit gefasster Begriff. Einerseits ein Ausdruck für die momentan empfundene nervliche Belastung, andererseits aber auch das Salz des Lebens.

Die folgenden Schlagworte drücken das aus:

- „Eustress" ist angenehm und gesundheitsfördernd,
- „Disstress" ist unangenehm und potentiell krankmachend.

Konkret ist Stress eine stereotype (also nicht je nach Art der Belastung unterschiedliche) Reaktion des Organismus (Aktivierung innersekretorischer Drüsen, erhöhte Sympathikusaktivität, Blutdruckanstieg usw.) auf die verschiedensten seelischen, geistigen oder körperlichen Reize bzw. Belastungen. Diese Stressauslöser nennt man Stressfaktor oder Stressor.

Hinweis: Der gleiche Stressor wird jedoch bei jedem Menschen andere Auswirkungen haben: Die Antwort des Körpers, also die Art und Ausprägung des Stress, ist bei verschiedenen Menschen unterschiedlich! Sie resultiert aus den persönlichen Umständen und Eigenschaften und steht in Abhängigkeit von endogenen (genetische Disposition, Alter, körperliche und psychische Konstitution) und exogenen Faktoren (Umwelt, chronische Belastung, Mobbing, Medikamente). Mit anderen Worten: Es kommt nicht nur auf den Stressor an, sondern auch auf die individuelle Antwort, die „Stressreaktion", wie der Stress sich letztendlich darstellt.

Zur Veranschaulichung seien unterschiedliche Stressantworten von drei Personen auf ein und dieselbe Situation beschrieben:

Ausgangssituation: Eine Sekretärin hat von ihrem Chef den Auftrag, eine wichtige Arbeit am Computer termingerecht zu erledigen. Als sie nahezu fertig ist, „stürzt" der Computer ab.

Sekretärin A hat Angst vor ihrem Chef und ist sehr gestresst. Ihr Blutdruck steigt an. Sie arbeitet die ganze Nacht weiter, um keine Kritik zu ernten.

Sekretärin B möchte seit einiger Zeit schon kündigen. Ihr kommt das Missgeschick gerade recht – es erfüllt sie geradezu mit Genugtuung! Ihr Herz schlägt freudig erregt. Endlich hat sie einen guten Beweis für die schlechten Arbeitsbedingungen einzubringen und kann ihre Kündigung aussprechen.

Sekretärin C bleibt relativ gelassen. Sie ist nur kurz alarmiert. Sie hat zwischendurch die Daten vorsorglich auf eine Diskette gespeichert und arbeitet nun – so gut es geht – weiter. Am nächsten Tag entschuldigt sie sich für die Verspätung.

Im oben skizzierten Beispiel ist der Absturz des Computers der stressauslösende Faktor – also der Stressor. Er ist insofern unspezifisch, als auch zahllose andere Stressoren einen derartigen Stress auslösen können.

Die Reaktion von jeder der drei Sekretärinnen ist dagegen hochspezifisch: Jeder Mensch reagiert anders, nämlich dank seiner Individualität und seiner persönlichen Stress-Reaktion einzigartig.

■ Eustress oder Disstress?

Ob ein Mensch nun auf einen Stressor mit angenehmem „Eustress" oder mit belastendem „Disstress" reagiert, hängt von den persönlichen Umständen bzw. von seiner inneren Einstellung ab.

Im Allgemeinen empfindet man eine Belastung als unangenehmen und potentiell krankmachenden Stress, wenn die eigene

Zielsetzung die Belastung nicht rechtfertigt. In diesem Fall spricht man von Disstress – einhergehend mit Übellaunigkeit und Gereiztheit (Dysphorie). Bestes Beispiel hierfür ist eine lästige Arbeit, die man in Wirklichkeit nicht erfüllen will.

Wenn hingegen die Belastung im Vergleich zum angestrebten Ziel gering ist, kann ein Stressor als durchaus angenehm empfunden werden. Man spricht von Eustress – oft verbunden mit Euphorie. Ein Beispiel: Wenn man am Abend ein Rendezvous hat, das man keinesfalls versäumen möchte, wird man sich tagsüber selbst unter „Stress" setzen, um das Arbeitspensum so rasch wie möglich zu erledigen.

Es gilt: „Wenn ich ein Ziel habe, das mir sehr wichtig ist, bin ich sehr belastbar und halte vielem stand – wenn mir das Ziel nicht wichtig genug ist, dann ist mir manches lästig und ich bin weniger belastbar!"

■ „Managerkrankheit"

Jeder von uns kennt die Situation, dass nach einer hochaktiven Zeit der Stress nachlässt. In dieser Periode ist man nachweislich krankheitsanfälliger und bekommt – typischerweise am Wochenende – leicht eine Erkältungskrankheit. Dies ist ein Signal für einen Erschöpfungszustand des Körpers.

Die zeitliche Entwicklung der Antwort auf einen längere Zeit einwirkenden Stressor bezeichnet man als Anpassungs-Syndrom. Es umfasst drei Stadien:

1. Alarm-Reaktion
2. Stadium des Widerstands
3. Stadium der Erschöpfung

- Ein allgemeines Anpassungs-Syndrom wird von Stressoren hervorgerufen, die sich direkt oder indirekt auf den ganzen Körper auswirken.
- Ein lokales Anpassungs-Syndrom ist die Antwort auf einen Stressor, der sich nur auf einen Teil des Körpers auswirkt, zum

Beispiel auf zu starke Sonnenbestrahlung in Form eines Sonnenbrands. Allerdings kann ein ausgeprägtes lokales Anpassungs-Syndrom solche Ausmaße erreichen, dass es sich auf den ganzen Körper auswirkt und ein allgemeines Anpassungs-Syndrom hervorruft. Dies erfolgt aufgrund von sekundären systemischen Stressor-Effekten (z. B. Fieber im Gefolge des Sonnenbrands).

■ Psychosomatische Störungen

Psychosomatische Erkrankungen, Allergien und entzündliche Reaktionen auf an und für sich harmlose Wirkstoffe sind krankhafte Anpassungs-Syndrome aufgrund einer exzessiven oder unangemessenen Antwort auf indirekte Stressor-Effekte. Nicht das auslösende Agens in sich selbst, sondern die unmittelbare aber unangemessene Körperantwort darauf (zum Beispiel die Angstkaskade) ist in diesen Fällen der Grund für das Problem – indem nämlich diese erste Körperantwort weitere eskalierende Reaktionen nach sich zieht. Es ist ein kurioses Phänomen, dass eine eigentlich nützliche Alarmreaktion, die sich im Lauf der menschlichen Evolution zum Schutz entwickelt hat (emotionale Erregung in Vorbereitung eines Kampfes), aufgrund der Unangemessenheit und Überreaktion ein wichtiger Grund für eine Erkrankung werden kann (zum Beispiel für einen Herzinfarkt oder ein Magengeschwür).

Deshalb zählt es zum Lernprozess des Menschen, in unseren Lebensumständen unangemessene automatische Anpassungsreaktionen mental zu korrigieren. Beispielsweise durch einen gesellschaftlichen Verhaltenscodex oder andere kulturelle Errungenschaften.

■ Faktor Angst

Ein wichtiger Faktor ist in diesem Zusammenhang die Angst. Um eine Eingrenzung von Angststress zu schaffen, gelten folgende kulturelle Errungenschaften als Grundlage des persönlichen Gefühls der Geborgenheit:

- Das Zusammenhalten in der Familie
- Verlässliche Freunde
- Vertrauen auf das Einhalten gesellschaftlicher Normen
- Die Rechtssicherheit eines Staates sowie die internationale Einhaltung der Menschenrechte

Ergänzend sei noch anzumerken, dass – jenseits aller religiösen Doktrinen betrachtet – die „Zehn Gebote" als Norm schlicht und einfach im Interesse eines jeden Einzelnen sind.

Ein auf den natürlichen Gesetzen des Zusammenlebens basierender Verhaltenscodex ist sehr effizient für das Erreichen von Stressreduktion und Ausgeglichenheit. Letztlich unterliegt das soziale Verhalten aber in einem hohen Ausmaß der Erziehung und Bildung sowie der Selbsterziehung und Selbstkontrolle.

Als Faustregel gilt: Für das persönliche Wohlbefinden wäre es am besten, Disstress in Eustress zu verwandeln. So könnte man zum Beispiel bei einer Arbeit – anstelle von Frust – das befriedigende Gefühl erleben, das von der Erfüllung einer Aufgabe kommt, die wir der Anstrengung wert und lohnend erachten.

Allerdings darf nicht übersehen werden, dass Stress nicht in allen Formen unterdrückbar ist. Daher sind eine Konditionierung gegen Stress bzw. Stress-Bewältigungs-Strategien nützlich.

Die Konditionierung gegen Stress erhöht die Stress-Toleranz. Die Stress-Bewältigungs-Strategie soll helfen, mit der akuten Situation fertig zu werden.

Wenn man „gestresst" ist, kann eine ablenkende Tätigkeit hilfreich sein. Manchmal ist es notwendig, eine Pause einzulegen und alle Formen von biologischem Stress vorübergehend auf ein Minimum zu reduzieren. Techniken dafür sind Meditation, Atemübungen und Autosuggestion.

Für die Mobilisierung von gesunden adaptiven Reaktionen und für eine Steigerung der allgemeinen Widerstandskraft sind meist starke Stressoren besser – z.B. physische Arbeit, Wandern und Bergsteigen, Hydrotherapie, Sauna, „meditatives Gehen", ganzheitliche Übungen von Körper, Geist und Seele. Denn: ein

Aktivitätswechsel ist oft hilfreicher und erholsamer als totale Ruhe. Und zwar aus einem einfachen Grund: Wenn ein Mensch unter einem extremen Disstress leidet, weil sein Denken immer um das gleiche Problem kreist, wird er eher von einer Wanderung oder von einer konzentrierten Arbeit profitieren als vom Nichtstun. Durch Aktivität kann verhindert werden, dass man unbewusst mit dem Problem befasst bleibt.

Ein weiterer Leitsatz lautet: Lassen Sie nicht das Wichtige durch scheinbar Dringendes aber letztlich Unwichtiges verdrängt werden! Verwandeln Sie den Disstress von Erschöpfung und Versagen in den Eustress von Erfolg und Erfüllung. Dies gelingt durch ausgleichende Tätigkeiten, die Ihnen Freude bereiten!

Hinweis: „Stress“ kann darüber hinaus in einem weit umfassenderen physiologischen Kontext und somit auch noch in einem ganz anderen Licht betrachtet werden.

Im Folgenden fasse ich einen medizinischen Bericht von Hans Georg Zapotoczky* zusammen, der sich auf neue wissenschaftliche Erkenntnisse auf dem Gebiet der Stressforschung bezieht und seine persönlichen Schlussfolgerungen inkludiert.

„Stress kann als eine Reaktion betrachtet werden, die auf physische und psychische Ereignisse erfolgt. Im Falle eines Disstress geht die normale Anpassungsfähigkeit im Rahmen des von Hans Selye beschriebenen allgemeinen Adaptationssyndroms verloren.

Dabei spielen Prozesse eine Rolle, die sich im Zentralnervensystem abspielen und sich auf das periphere endokrine (also Hormone produzierende) System auswirken, das bei Stress eine Hauptbelastung erfährt. Diese Verbindungen verlaufen vom Zwischenhirn (Hypothalamus) über die Hirnanhangsdrüse (Hypophyse) zur Nebennierenrinde (* 1).

---

* Univ.-Professor Dr. Zapotoczky ist Psychiater und emeritierter Vorstand der Universitätsklinik für Psychiatrie in Graz.

Heute weiß man, dass über diese Verbindungen unter anderem die Produktion von Vasopressin, das den Blutdruck steigert, und von Cortisol, das eine ganze Reihe von Wirkungen entfaltet, beeinflusst wird.

Nicht nur Stress (Disstress), sondern auch Depression können auf diesem Weg eine Cortisolüberproduktion mit einem erhöhten Cortisolspiegel im Blut bewirken. In diesem Zusammenhang ist auch der Bezug zwischen Cortisolüberproduktion und schlecht eingestelltem nicht insulinpflichtigen Diabetes mellitus von Interesse. Eine Überproduktion von Cortisol kann zu einer Resistenz gegenüber Insulin führen.

Damit aber nicht genug: Zusätzlich zu den Zusammenhängen zwischen Stress, depressiven Störungen und Zuckerkrankheit gibt es auch einen Bezug zur Unterdrückung des Kohlenhydratstoffwechsels in der Muskulatur, weiters zur Hemmung des Abbaus von Fettdepots.

Dadurch erklärt sich, dass Stress (Disstress) und Depression zu einer Fettanhäufung im Bereich des Bauches, zu einer Verringerung der Wachstums- und Sexualhormone und schließlich auch zu Insulinresistenz, zu einer Hochdruckkrankheit, zu Gerinnungsstörungen mit Thromboseneigung und im Endeffekt zu krankhaften Veränderungen der hirnversorgenden Blutgefäße und zu koronaren Erkrankungen (Herzinfarkt) führen können.

■ „Stress-Impfung“

Eine „Impfung“ gegen Stress durch verhaltensmedizinische Methoden („Stress-Inokulation“) sowie Früherkennung und Frühbehandlung der Depression sind daher wichtige vorbeugende Maßnahmen gegen Schlaganfall und Herzinfarkt.

Die „Stressimpfung“ kann in drei Phasen erzielt werden (* 2):

- Zunächst geht es um die Diskussion mit dem Betroffenen, was Stressreaktionen für ihn bedeuten und wie sie zustande kommen. In dieser Unterrichtsphase wird eine funktionelle Analyse der Situation vorgenommen, die zur Stress-Reaktion führt.

- Die anschließende Übungsphase besteht zunächst im Erlernen von Entspannungstechniken; diese können verschiedene Möglichkeiten umfassen: Jacobson, autogenes Training, Meditation, etc. Dem folgen Instruktionen, welche Selbstaussagen (innere Dialoge) eine Situation besser bewältigen helfen. Schließlich werden die gelernten Fähigkeiten in einer echten Stresssituation durch den Therapeuten im Sinne einer überwachten Übung registriert.
- Die abschließende Anwendungsphase schließt die „Stressimpfung" damit ab, dass die gelernten Bewältigungsstrategien im täglichen Leben eingesetzt werden.

Prophylaktisch weit über die Stressimpfung hinausgehend können Gespräche mit dem Betroffenen sein, die auf eine Änderung des Lebensstils abzielen. Mehr Flexibilität bei den Reaktionen, Gewichtung von Aufgaben je nach ihrer unmittelbaren oder langfristigen Bedeutung, Abgeben und Auflassen von unproduktiven Verpflichtungen, Setzen von wenigen wichtigen Schwerpunkten, etc. können dabei als Orientierungslinien dienen."

---

*1) Holsboer F.: Stress, hypercortisolism and stereoid receptors in depression: implications for therapy. J. of Affective Disorders 62 (2001), 77-91).

*2) Meichenbaum D.H.Q., Cameron R.: The clinical potential of modifying what clients say to themselves. Psychotherapy: Theory, Research and Practice 11 (1974), 103-107).

Hostilität

Hostilität heißt wörtlich übersetzt Feindseligkeit. In diesem Zusammenhang beziehe ich mich deshalb auf den Begriff, weil er seit Jahrzehnten in psychologischen Tests verwendet wird und als prognostischer Index für das allgemeine Sterberisiko und auch für Hypertonie und koronare Herzkrankheit herausgearbeitet worden ist. Hostilität ist somit neben allen bisher erwähnten ein weiterer Risikofaktor für Herzinfarkt und Herztod! Im Übrigen ist auch ein Zusammenhang zwischen Hostilität und depressiven Störungen beschrieben worden.

■ Wie misst man Hostilität?

Der ursprüngliche Test, auf den ich mich im Folgenden bei der Kurzform der Hostilitäts-Skala beziehe, ist ein Teil des „MMPI" (Multiphasisches Minnesota Persönlichkeits Inventar) und wurde bereits in den 1950er Jahren von den beiden Psychologen Cook und Medley in den USA entwickelt.

1956/57 wurde eine Untersuchung an damals 25-jährigen Medizinstudenten begonnen, die den MMPI absolviert hatten. Die erstaunlichen Ergebnisse wurden 1983 publiziert*:

Nach 25-jährigem Studienverlauf, also zu einem Zeitpunkt, zu dem die getesteten Personen nunmehr 50 Jahre alt waren, war eine Anzahl von ihnen bereits verstorben. Von jener Hälfte der Probanden (nunmehr Ärzte), die als Studenten in der Hostilitätsskala mit einem Score über dem Median abgeschnitten hatte, waren 16 von 119 verstorbenen. Die Sterberate betrug 13%! Das ist ein schockierendes Ergebnis.

Von der zweiten Hälfte, mit einem unter dem Median gelegenen Hostilitäts-Score, waren nur 3 von 136 verstorben. (Sterberate: 2%!).

---

* Barefoot JC, Dahlstrom WG, Williams RB: Hostility, CHD incidence and total mortality: a 25-year follow-up study of 255 physicians. Psychosom. Med. 1983; 45:59-63.

Dieser Unterschied in der Sterblichkeit erscheint außergewöhnlich hoch und wurde auch später nicht mehr in dieser Ausprägung reproduziert. Dennoch hat sich „Hostilität" im Rahmen von weiteren darauf aufbauenden wissenschaftlichen Arbeiten als Risikofaktor etabliert.

Hinweis: Die oben genannten Zahlen beziehen sich auf alle Todesursachen (Unfälle etc.), also nicht nur speziell auf Herztodesfälle.

Heute ist die damals verwendete Testskala in dieser Form nicht mehr in Verwendung. Ich gebe im Folgenden dennoch eine Übersetzung der Kurzform des Tests wider, weil sie zumindest einen gewissen Eindruck in Bezug auf die abgefragten Statements und Persönlichkeitsmerkmale, welche untersucht wurden, vermitteln kann.

■ **Kurzform des Hostilitäts-Tests**
(„MMPI-based Cook and Medley HO scale"):

Die Testperson erhält 1 Punkt, wenn sie folgende Fragen mit „ja, trifft zu" beantwortet:

- Ich habe oft Befehle von jemandem entgegennehmen müssen, der weniger wusste als ich
- Bei den meisten Leuten macht es viel Mühe, sie von der Wahrheit zu überzeugen
- Jemand ist mir feindlich gesinnt
- Die meisten Leute würden eher zu etwas unfairen Mitteln greifen, als sich einen Gewinn oder Vorteil entgehen zu lassen
- Es macht mich ungeduldig, wenn andere Leute um Rat fragen oder mich bei der Arbeit an einer wichtigen Sache unterbrechen
- Ich glaube, dass ich oft ohne Grund bestraft worden bin
- Einige meiner Familienangehörigen haben Angewohnheiten, die mich sehr stören und ärgern
- Meine Art, etwas zu tun, wird von anderen leicht missverstanden
- Niemand kümmert sich viel darum, was einem geschieht

- Ich neige dazu, nicht mit Leuten zu sprechen, bis sie mich ansprechen
- Ich habe oft Leute getroffen, die als sehr tüchtig galten, aber nicht mehr konnten als ich
- Ich fühle mich als Versager, wenn ich vom Erfolg eines guten Bekannten höre.

Zusätzlich erhält die Testperson 1 Punkt, wenn sie folgende Frage mit „Nein, trifft nicht zu" beantwortet:

- Fast alle meine Verwandten sind mir wohlgesinnt.

Je mehr Punkte, umso mehr weist das Testergebnis in Richtung Hostilität.

In späteren Jahren wurde die Hostilitätsskala des MMPI weiterentwickelt und Folgeuntersuchungen wurden durchgeführt. Als Persönlichkeitseigenschaften, die damit verbunden waren, dass bei der oben erwähnten Studie in einer übermäßig großen Häufigkeit das 50. Lebensjahr nicht erreicht wurde, wurden in erster Linie

1. Zynismus
2. eine schwelend feindselige Gemütslage
3. Misstrauen und dauernder Ärger vermutet.

Außerdem gibt es Hinweise dafür, dass Personen mit einem hohen „Hostilitäts-Score" im täglichen Leben öfter riskante Verhaltensweisen zeigen und dadurch insgesamt stärker gefährdet sind (Beispiel: Autofahren). Das betrifft auch riskanteres gesundheitsbezogenes Verhalten (Beispiel: Drogen).

Noch ein Wort zur Hostilitäts-Skala: Ein hoher Hostilitätswert drückt geringes Vertrauen zu anderen Menschen und eine Tendenz dazu aus, sie als wenig ehrlich bzw. als sozial und moralisch bedenklich wahrzunehmen. Aufgrund ihrer ablehnenden und zynischen Haltung ihren Mitmenschen gegenüber erfahren Personen, die einen hohen Hostilitätswert aufweisen, offenbar viel Zurückweisung und wenig soziale Unterstützung. Daraus resultiert, dass sie tatsächlich mehr Ärger und ein schwereres Leben haben als Personen mit einem geringen Hostilitätsfaktor.

■ **Zynismus**

Als besonders relevanter Faktor wurde in diesem Zusammenhang Zynismus herausgearbeitet. Die folgenden auf die Evaluierung von Zynismus abzielenden und vom Englischen ins Deutsche übertragenen Statements stammen aus einer späteren Arbeit (The Cynical Distrust Scale, Everson 1997):

- Ich glaube, dass die meisten Menschen lügen würden, um weiter zu kommen
- Im Grunde mögen es die meisten Menschen nicht, sich selbst einzusetzen, um anderen Leuten zu helfen
- Die meisten Menschen bahnen deshalb Freundschaften an, weil diese Freunde wahrscheinlich für sie nützlich sein werden
- Es ist sicherer, niemandem zu trauen
- Keiner kümmert sich darum, was mit mir passiert
- Die meisten Leute sind deshalb ehrlich, weil sie Angst haben, andernfalls erwischt zu werden.
- Üblicherweise mache ich mir Gedanken darüber, welche verborgenen Gründe eine andere Person wohl hat, wenn sie mir eine (unerwartete) Freundlichkeit („Nettigkeit") erweist.
- Die meisten Leute werden zu unfairen Mitteln greifen, um zu vermeiden, dass ihnen womöglich ein Profit entgeht.

Bemerkenswert ist, dass es im deutschen Sprachraum kaum Studien zur „Hostilität" gibt. Die diesbezüglichen Erkenntnisse stützen sich auf etwa 10 – vorwiegend angloamerikanische – wissenschaftliche Arbeiten. Die Gesamtzahl der untersuchten Probanden beträgt rund 15.000.

Ergänzend sei noch festgehalten, dass Hostilität mit

1. Rauchen
2. körperlicher Inaktivität
3. Übergewicht
4. Risiko, eine Hypertonie zu entwickeln, und
5. sozialem bzw. sozioökonomischem Status korreliert.

Psycho-Soziale Kultur

Hat man einen guten Charakter entwickelt,
ist man gegen Krankheit und Unheil gefeit.
Das ist ein wesentlicher Bestandteil
der Gesundheitspflege.

Sun Simiao
(„wertvolle Rezepte“)

XIV. EINIGE MINUTEN TÄGLICH!

Was ich in der Folge als „tägliche Übung" bezeichne, ist nichts anderes als ein – auf die persönlichen Bedürfnisse abgestimmtes – Ritual. Jeder Mensch sollte selbst entscheiden, welche Form der Aktivität seine persönliche Übung ausmacht. Ziel der täglichen Übung ist es, Gewohnheiten zu pflegen, neue Lebenskraft zu schöpfen, um für jene Bereiche Kraft zu tanken, die einem wirklich wichtig sind.

Denn: So wie beim Raucher – rein statistisch betrachtet – mit jeder Zigarettenlänge das gesunde Leben um etwa die gleiche Zeit verkürzt wird, so wird es durch die tägliche Übung verlängert!

Die tägliche Übung ist daher auf keinen Fall eine fehlinvestierte Zeit! Auch in diesem Zusammenhang gilt: Was man täglich übt, kann man sich bis ins hohe Alter erhalten!

Every day (a) few minutes -
(you get) power to do anything you like

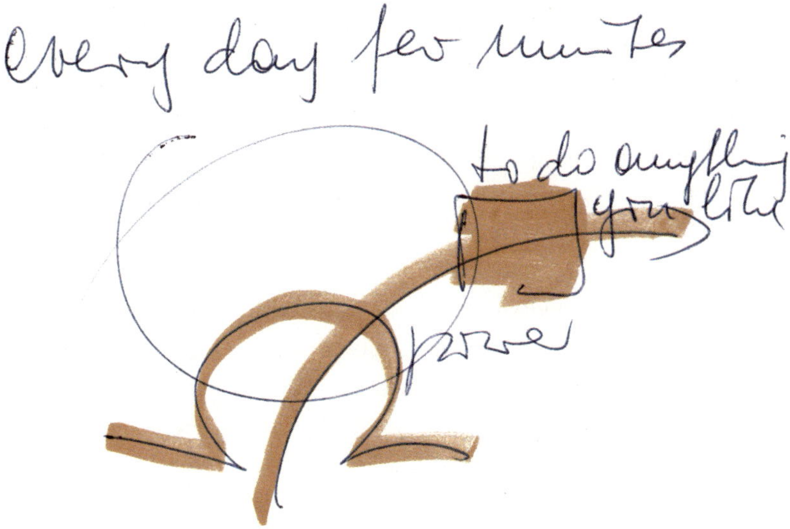

Der tägliche Raum der Freiheit
ist die Bucht der Kraft
inmitten der Zeit

Brief an einen Freund

„Du hast mich gebeten, Dir einen Brief darüber zu schreiben, welche Tricks ich vielleicht für Deine Familie hinsichtlich körperlicher Fitness im Talon habe. Der Trick wäre, für die Entstehung der richtigen „liebgewordenen Gewohnheiten“ zu sorgen bzw. sie zu pflegen.

Zuerst zu Deinen Enkelkindern. Wenn ich mich recht entsinne, ist der Jüngste gerade drei Jahre, die Älteste kommt nächstes Jahr in die Mittelschule. Also – hilf mit, dass sie genug Freiraum für ihren Bewegungsdrang haben! Am schönsten wäre es, wenn sie die Lust an Bewegung, Spiel und Sport über die ganze Schul- und Ausbildungszeit ins Erwachsenenalter hinüberretten könnten! Vielleicht erzählst Du ihnen von unserer Schulzeit?

Soweit ich mich erinnern kann, hatten wir vier Stunden pro Woche Turnen – zwei Einzelstunden und eine Doppelstunde. Wir wären doch nie auf die Idee gekommen, auch nur eine Stunde freiwillig auszulassen. Für uns hatte die Turnstunde ein ähnlich verbindendes Element wie das Austauschen der Hausaufgaben um zehn vor acht!

Obwohl ich davon überzeugt bin, dass heutzutage die Lehrer genauso motiviert sind wie zu unseren Zeiten, ist die Situation dennoch eine andere. Ich habe den Eindruck, dass die Begeisterung abgeflaut ist. Ich denke, das hat etwas mit der generellen gesellschaftlichen Entwicklung zu tun. Wie Du weißt, gibt es heutzutage Schultypen, die Leibesübungen – zumindest in der Oberstufe – überhaupt nur noch als Freifach anbieten. Dabei ist doch gerade die Regelmäßigkeit der ‘Leibesübungen’ für die körperliche Fitness das Entscheidende! Vom positiven Effekt des Gruppenerlebnisses ganz zu schweigen. Dieses Faktum sollte auch im Elternverein diskutiert werden. Schließlich ist es kein Geheimnis, dass der Gesundheitszustand unserer Jugend alles andere als optimal ist! Viele Kinder und Jugendliche sind nicht nur zu dick, sondern haben auch verkürzte oder schwache

Muskeln. Auch die Ausdauerleistungsfähigkeit lässt zu wünschen übrig!

Wir können unseren Eltern und Lehrern nur dankbar sein, dass sie einen Weg gefunden haben, uns die Freude am Sport zu vermitteln. Ich jedenfalls hätte sonst gar nicht die Konditionsreserven gehabt, die im Laufe meines Berufslebens vonnöten waren!

Wenn Du mich fragst, ist es unsere Schuldigkeit, der Jugend diese Freude an der Bewegung schmackhaft zu machen. Es wäre so wichtig, dass die junge Generation nicht nur kopfüber in die virtuelle Computertechnologie eintaucht, sondern in erster Linie in die reale Welt! Kein Computerspiel kann jenes Gefühl ersetzen, das sich einstellt, wenn man mit Leib und Seele bei Spiel und Sport dabei ist!

Soweit zu Deinen Enkelkindern – vielleicht kannst Du auch Deinen Kindern einen Gruß von mir ausrichten. Was die Wahl der Sportart betrifft, ist aus gesundheitlicher Sicht alles gut, was mit Gehen, Laufen, also mit so genannter 'dynamischer Bewegung' zu tun hat. Reine Kraftsportarten wie Gewichtheben oder Body-Building sind aus gesundheitlicher Sicht nicht so günstig.

Deine Tochter und Dein Schwiegersohn sind beide berufstätig. Da kann ich nur hoffen, dass sie sich zumindest dreimal in der Woche zwei Stunden für Gymnastik und körperliche Fitness Zeit nehmen. Wie Du weißt, habe ich viele Jahre lang drei bis vier Mal in der Woche Squash gespielt. Dies ließ sich deshalb relativ gut in meinen Terminplan integrieren, weil ich stets darauf geachtet habe, dass es sich um Fixstunden handelt. Wenn man weiß, dass sich der Partner ebenso auf diese Stunden freut und pünktlich zur Stelle ist, überwindet man seine Trägheit viel leichter!

Falls jemand von euch aus irgendwelchen Gründen über einen längeren Zeitraum hinweg keinen Sport betrieben hat, sollte er oder sie vor dem Wiedereinstieg unbedingt einen Arzt konsultieren. Nicht nur um ein etwaiges Gesundheitsrisiko auszuschließen, sondern um darüber hinaus die optimale Dosierung der Belastung zu bestimmen! Ob man sich einen Pulszähler anschafft bleibt jedem selbst überlassen. Wenn man nicht gerade ein Marathontraining oder einen Spitzensportbereich anpeilt, genügt es auch, sich nach dem persönlichen Empfinden der Anstrengung zu orientieren. Wichtig ist aber, dass man immer leicht und langsam beginnt! Sowohl was den Wiederbeginn des Sports betrifft, als auch jede einzelne Aktivität. Seitens der Häufigkeit sollte drei-, besser fünfmal pro Woche ohne übertriebenen Ehrgeiz trainiert werden. Andernfalls kann es zu Problemen mit den Sehnen und Gelenken kommen, man muss pausieren und der ganze Elan ist wieder vorbei!

Falls beruflich bedingt die Zeit knapp bemessen ist, sind 10 Minuten immer noch besser als gar nichts. In jedem Fall sollte sich aber ein Gewöhnungseffekt einstellen – dass einem etwas abgeht, wenn man sich nicht bewegt. Dann findet man auch die Zeit!

Ich denke, dass es auch für Dich das Beste wäre, wenn Du Dich von einem Arzt durchchecken ließest und dann wieder mit dem Training beginnst. Nimm einfach den heutigen Tag, wenn Du den Brief in Händen hältst, zum Anlass. Aber – beginne locker und steigere die Dosierung der Anstrengung von Mal zu Mal. Vergiss nicht auf die Aufwärmphase! Du sollst ja durchaus ins Schwitzen kommen, aber halte Deinen Ehrgeiz in Grenzen! Die anderen freut es ohnehin mehr, wenn sie auch einmal gewinnen! Steigere die Intensität so, wie es Dir angenehm ist!

Apropos Intensität: erinnere Dich an die wichtigsten Trainingskriterien:

- Trainingsfrequenz: drei-, besser fünfmal pro Woche,
- Trainingsintensität: streng genommen gemessen an der Trainings-Herzfrequenz, zumindest zum Einstieg und zur Kontrolle. Wenn du es locker nimmst, genügt ansonsten auch dein Empfinden der Anstrengung
- Trainingsdauer – mindestens dreißig Minuten pro Einheit plus ausreichend Zeit zum Aufwärmen und Abkühlen.

  Vergiss nicht – Freude daran und Gewohnheit sind das Allerwichtigste!“

„PS: Absolviere Deine tägliche Gymnastik und die Dehnungsübungen zu einer Dir angenehmen Zeit – vielleicht lieber am Nachmittag oder Abend, da sind die Muskeln und Sehnen schon aufgewärmt.“

Die Gewohnheiten

Vor Jahren saß ich bei einer Busfahrt anlässlich eines medizinischen Kongresses für Rehabilitation nach Herzinfarkt neben einem prominenten Psychologen. Da es sich um die Heimfahrt nach einem geselligen Abend handelte, erlaubte ich mir die nicht sehr wissenschaftliche Frage, was die wichtigste Erkenntnis des Psychologen sei. Er zögerte keinen Augenblick und sagte: „Der Mensch wird immer wieder das machen, womit er einmal eine lustvolle Erfahrung hatte.“

Der Trick wäre also, mit einer lustvollen Erfahrung zu beginnen, wenn man sich „gute“ Gewohnheiten aneignen will. Natürlich habe ich keinen allgemeingültigen Rat, wie dies zu realisieren sei, aber allein der Denkanstoß scheint mir die Erzählung der Episode wert. Denn: Gewohnheiten sind notwendig, um Energie und Zeit zu sparen.

Gesundheitliche Gewohnheiten werden schon in der frühen Kindheit geprägt – sei es im Hinblick auf die Ernährung, den Sport, das Vertrauen oder das regelmäßige Befreien von unnötigem Ballast. Folgende positive Gewohnheiten gilt es, sich von Kindesbeinen an anzueignen und dauerhaft auszubilden:

1. Mäßige, eher karge Ernährung mit viel Obst, gekochten und vor allem auch rohen Gemüsesorten und Salaten. Keine größeren Mahlzeiten spät am Abend, am besten gelegentliches Auslassen der Abendmahlzeit oder am Abend nur eine Kleinigkeit, beispielsweise ein Apfel.
2. Regelmäßige körperliche Aktivität – Gehen, Wandern, Ballspiele, Rad fahren, bzw. jede Sportausübung, die mit „dynamischer Arbeit“ verbunden ist.

3. Einbindung in das soziale Netz, „Achtsamkeit“, Umgänglichkeit
4. Konzentration auf das Wichtige, im Bewusstsein, dass scheinbar Dringendes oft hintangestellt werden kann, weil es in Wahrheit weder notwendig noch wichtig ist.

Jeder wird, wenn er sich der Frage danach stellt, Gewohnheiten identifizieren, die für sein Wohlbefinden und seine Gesundheit dienlich wären. In diesem Kontext sei nochmals angemerkt, dass die damit verbundene Mühe vielfach durch den Gewinn an Lebensfreude und Aktionsradius belohnt wird. Ähnliches gilt natürlich für den Abbau von gesundheitlich „schlechten“ Gewohnheiten.

Die „sich selbst verwirklichende Idee“

Manche Leute verwenden spezielle Techniken, die zum Teil aus der Beschäftigung mit dem Autogenen Training stammen, um sich erwünschte Gewohnheiten oder Einstellungen anzueignen.

Hier spreche ich eine bildhafte Zielvorstellung an, oder anders ausgedrückt ein konkretes Bild, wie man sich selbst sehen möchte und tatsächlich vor hat zu sein. Dieses Bild lässt sich über die ganze Lebensspanne projizieren.

Allerdings: Das Bild muss realistisch sein, sprich mit jenen Eigenschaften besetzt sein, die man sich ehrlich wünscht und auch für erreichbar hält.

Wie lässt sich nun diese so genannte „sich selbst verwirklichende Idee“ realisieren? Wichtig ist, dass dieses Bild, das man gerne von sich haben möchte, möglichst simpel und klar ist. Es darf keine Unsicherheiten – kein Wenn und Aber – aufweisen. Am Anfang ist es nicht leicht, dieses Bild vor Augen zu sehen – dazu benötigt man ein gewisses Training, das nicht ganz einfach ist. Das Bild darf nicht erzwungen werden, sondern der Versuch sollte einfach wiederholt werden, bis das Bild „von allein“ kommt. Man sollte sich so sehen, wie man gerne sein möchte, eventuell nur als Gesicht (heiter) oder als Rumpf (rank und schlank), eventuell auch im Prozess der Bewegung begriffen.

■ „Falsche“ Bilder

Sichere Zeichen, dass das Bild falsch ist, sind: wenn einem das Bild nie einfällt oder man ein Problem hat, es zu finden. Dabei können innere Widerstände eine Rolle spielen.

Weiters gilt es zu beachten:

- dass man nicht zu viele Eigenschaften einbaut (dann wird das Bild unklar oder Eigenschaften werden vergessen)
- dass das gesamte Bild visualisiert wird
- dass die Ausweitung des Bildes nur etappenweise funktioniert
- dass lediglich ein bis zwei Eigenschaften ins Bild integriert werden

Das Bild kann durch Formeln – „formelhafte Vorsätze“ – begleitet werden.

Grundsätzlich dürfen Bild und formelhafte Vorsätze keine negativen Eigenschaften beinhalten, weil der Prozess der Einprägung ins Unterbewusstsein so stark sein kann, dass ein Auslöschen nicht mehr oder nur sehr schwer möglich ist! Außerdem lässt sich alles Positive leichter annehmen!

■ Formelhafte Vorsätze

Konkret versteht man unter diesen formelhaften Vorsätzen ganz bestimmte Sätze, die immer gleich bleiben. Wichtig ist, dass diese Sätze aus der tiefsten inneren Überzeugung entstammen und die eigenen Vorsätze enthalten. Weiters gilt es zu beachten, dass konkrete Wünsche („rank und schlank“) und nicht allumfassende („gesund“) definiert werden..

Die formelhaften Vorsätze werden in der Gegenwartsform ausgedrückt – so als wäre es der Jetzt-Zustand. Das Ergebnis wird vorweggenommen (z.B. „Ich mache täglich meine Gymnastik und esse vor 18 Uhr“).

Wenn man etwas vermeiden möchte, drückt man das positive Gegenteil aus („Ich bin gelassen und heiter“ anstelle von „Ich bin nicht nervös und nicht grantig“). Auch zusammengesetzte Wörter dürfen nur positive Komponenten enthalten (etwa „vertrauensvoll“ statt „angstfrei“).

Die formelhaften Vorsätze sind bewusst: Sie können ins Unterbewusstsein absinken, wenn sie angenommen werden und wenn man davon überzeugt ist. Man korrigiert sich dann selbst.

Bildhafte Zielvorstellung und formelhafte Vorsätze überdenkt man jeden Morgen und jeden Abend zur gleichen Zeit. Ein fix eingebautes Ritual beispielsweise knapp vor dem Einschlafen bzw. kurz nach dem Erwachen. Das Bild und den Satz stellt bzw. sagt man sich vor und lässt beides auf sich einwirken. Auch im Laufe des Tages lassen sich das Bild und der Satz jederzeit abrufen. Es gilt: Besser öfter als lang anhaltend!

Bei der Suche nach dem Bild und der Formel versucht man zuerst herauszufinden, was einem die wichtigste Sache ist, die man in seinem Leben ändern will. Was ist es, das mich bedrückt, mich unglücklich macht? Wie ist eine Änderung möglich?

Man muss dabei bedenken, dass man nur an sich selbst den Hebel ansetzen kann, dass man nur etwas bewirkt, indem man sich selbst ändert. Was andere tun, kann man meist zwar nicht direkt, aber vielleicht indirekt beeinflussen („Wie man in den Wald hineinruft, so schallt es zurück“).

Die Formel muss kurz, klar, bestimmt und positiv sein. Der Satz soll fließend sein und kann sich reimen. „Gelassen und heiter komme ich weiter.“ Negationen dürfen nur gegen eine Sucht verwendet werden („Ich rauche nicht mehr, ich saufe nicht mehr“). Die Formel kann auch humorvoll sein, so dass man innerlich lacht.

Man soll immer nur einen formelhaften Vorsatz haben, bis man das Gefühl hat, dass er eine Gewohnheit geworden ist – dafür braucht man bis zu drei Monate.

Nochmals: Wichtig ist, dass nie eine negative Eigenschaft fixiert wird.

Gewohnheiten

Gewohnheiten sind zuerst Spinnweben,
dann Drähte.

Spanien

Gewohnheit heißt die große Lenkerin des Lebens.
Daher sollen wir uns auf alle Weise erstreben,
gute Gewohnheiten einzuimpfen.

Francis Bacon

XV. ICH BERUHIGE MEINEN ATEM

Ein ruhiger Atem beruhigt das Gemüt und das Herz, erleichtert Besinnung und Besonnenheit!

Breath controls the thoughts

Dieser Effekt kann durch Sätze wie:

- „Es atmet mich, ich bin aufmerksam, ich bin still!"
- „Ich atme Lebensfreude ein und atme aus, was mich belastet!"

unterstützt werden.

Weiters gilt: Wer sich auf eine Sache konzentrieren kann, ist glücklicher als ein Zerrissener!

Darüber hinaus sollte man sich im Klaren über die Wirksamkeit von Gedanken bzw. von ausgesprochenen Worten sein. Schließlich können sie nicht mehr aus der Welt geschafft werden!

Deshalb kann der Satz „Ich gelobe mir, nichts zu denken, nichts auszusprechen oder zu tun, was mich – oder dich – beschädigt!" auf lange Sicht betrachtet, eine positive Resonanz nach sich ziehen.

Abschließend sei noch erwähnt, dass nicht Tod und Verfall, sondern das immer neue Werden das Gesetz des Lebens ist!

Frei nach dem Motto: „Ich vibriere vor Energie, ich packe das Leben an!"

Atem
schenkt Gedanken
Ruhe

Entspannungstechniken

Nicht zuletzt aufgrund der Haltung meines Vaters, er war ein erfahrener Landarzt, wurde ich von Jugend an auf eine gesundheitsbewusste Lebensweise aufmerksam gemacht. Rückblickend bin ich meinen Eltern auch aus gesundheitlichen Gründen dankbar, dass sie mir die Möglichkeit eröffnet haben, ausreichend Sport zu betreiben, für ihre kluge Art, mich dem Zigaretten rauchen fernzuhalten, und dass es gelungen ist. mir eine einigermaßen vernünftige Ernährung anzugewöhnen.

Als junger Arzt war ich einige Zeit lang Vorlesungsassistent von Prof. Fellinger – Vorstand der II. Medizinischen Universitätsklinik in Wien – und sehr bemüht, meine Sache gut zu erledigen. Im Rahmen der mir zugewiesenen Aufgaben beobachtete ich, dass ich oft aufs äußerte angespannt war und mein Puls nicht selten auf hohe Frequenzen von ca. 120 pro Minute anstieg.

Um mein Nervenkostüm zu beruhigen, begann ich mit dem Autogenen Training nach Schultz – einer gut fundierten Methode der Selbstentspannung. Ich kam dabei so weit, dass mir einige Minuten in völliger Ruhe reichten, um den Effekt eines kurzen Erholungsschlafes zu erzielen.

Später habe ich manchen Patienten diese Technik empfohlen, musste aber erkennen, dass meistens die erwünschte Wirkung auf Grund mangelnder Konsequenz ausblieb. Dabei mag eine Rolle spielen, dass – wenn man sich bereits in einer Stress-Situation befindet – es schwer gelingt, die entsprechende Methodik zu erlernen.

Umso wichtiger wäre daher die „vorbeugende“ Schulung zu einem Zeitpunkt, zu dem man die innere Ruhe und Entschlossenheit besitzt.

Darüber hinaus gibt es eine Reihe von anderen Entspannungstechniken, die alle durchaus in Frage kommen, wie unter anderem

- die Tiefmuskelentspannung nach Jacobson
- autosuggestive Techniken und insbesondere die
- Meditation.

Hinweis: Basis für ein erfolgreiches Erlernen von Entspannungstechniken sind einerseits die eigene Entscheidung für diesen Schritt, andererseits die Rahmenbedingungen – sprich gut geleitete Gruppen oder entsprechende Lehrer.

Ich selbst stand der Meditation lange Zeit skeptisch gegenüber. Dann passierten einige Schlüsselereignisse, die mein Denken beeinflussten:

Eines Tages erzählte ich einer Bekannten, die eine hervorragende Reiterin ist, von meinem Interesse an der Meditation bzw. von meinen damit verbundenen Bedenken. Sie meinte, dass sie selbst meditiere und viel davon halte, ja nahezu gezwungen sei, regelmäßig die Meditation zu üben, und zwar aus dem folgenden Grund: Sie besitzt ein sehr gutes Pferd, das aber übernervös ist und entsprechend schwierig zu reiten. Auch ein Bekannter von ihr, ein berufsmäßiger Reiter, hatte mit diesem Pferd seine Probleme. Dann machte meine Bekannte plötzlich die folgende Entdeckung: unmittelbar nachdem sie meditiert hatte, war das Pferd lammfromm und problemlos zu reiten. Dieses „Phänomen" wiederholte sich, sodass sie nunmehr vor jedem Bereiten dieses Pferdes eine Meditationssitzung einlegt.

■ Studienreise nach Indien

1998 unternahm ich eine Studienreise nach Indien, um mich mit den Methoden des Ayurveda, der traditionellen indischen Heilkunst, an Ort und Stelle vertraut zu machen und mit dort tätigen Ärzten in Kontakt zu treten.

Bei dieser Gelegenheit lernte ich einen Meditationslehrer, einen echten „Guru" kennen und schätzen, den ich in weiterer Folge nach Wien einlud. Einige Bekannte und Patienten, in erster Linie solche mit labiler arterieller Hypertonie, bei denen ich mir von der Meditation und der zugrunde liegenden östlichen Lebensphilosophie einen günstigen gesundheitlichen Effekt erwartete, folgten meiner Einladung, so dass eine Gruppe gebildet werden konnte.

Der Inder war drei Wochen in Wien und hielt für uns einen „Intensivkurs“. Das Seminar umfasste tägliche Vorträge und Übungen.

Nach unseren gemeinsamen drei Wochen mit dem Guru waren die Teilnehmer der Gruppe einhellig der Meinung, dass diese Zeit zu den wertvollsten Bereicherungen ihres Lebens gezählt habe. Nicht zuletzt deshalb, weil alle von uns in der Folge interessante Beobachtungen machten. Speziell der Umstand war signifikant, dass wir offenbar auf unsere Umgebung entgegenkommender wirkten, was wiederum mit mehr Wärme und Sympathie erwidert wurde.

Auch mein „Arzt-Patienten-Verhältnis“ wurde beeinflusst. Ich musste erkennen, dass ich eine wichtige ärztliche Dimension bisher nicht im vollen mir möglichen Maß wahrgenommen hatte.

Dass sich in der Gruppe mit Friedrich Lachmayer ein Semiotiker befand, erfuhr ich erst, als er „simultan“ die Vorträge des Gurus in seine Zeichensprache „übersetzte“ und auf diese Weise unsere Sitzungen „mitschrieb“. So schaffte er es, den ganzen Kurs, der in einem brüchigen Englisch vorgetragen wurde, in einer wohl genialen und jedenfalls unnachahmlichen Weise zu dokumentieren.

Mir war es ein Rätsel, als ich die in sieben Büchern und 800 „Skizzen“ enthaltene „Mitschrift“ von Friedrich Lachmayer als Geschenk erhielt, wie ihm diese Niederschrift möglich gewesen war. Zumal man dem „indischen“ Englisch des Vortragenden nur mit Mühe folgen konnte. Es war, als wäre die Information über einen anderen Weg als nur über den Kanal der Sprache transportiert worden. Ich, der ich lebenslang auf eine naturwissenschaftliche Haltung trainiert wurde und sicher über keine esoterische Ader verfüge, empfinde es als einen geheimnisvollen Vorgang.

Manches, was ich in den drei Wochen unserer intensiven Auseinandersetzung mit dem Guru erlebte, konnte nicht allein aus dem Intellekt entsprungen sein. Vielmehr muss es sich um Fähigkeiten des Menschen gehandelt haben, die – zumindest in unserer Zivilisation – verschüttet wurden und nur durch jahrelange Übung wieder aktiviert werden können. Deshalb wäre eine verstandesmäßige Analyse der Meditationssitzungen nach meiner Überzeugung fehl am Platz, weil Intellekt allein zu kurz greifen würde.

Ein weiterer glücklicher Umstand war das Zusammentreffen mit Helga Kerschbaum. Sie ist seit vielen Jahren als Zen-Meditationslehrerin tätig. Ihr verdanke ich eine weitere Einführung in die Meditation und in das bewusste Wahr-nehmen der „spirituellen Dimension".

Ich als Schulmediziner, der ein fehlendes Bindeglied zwischen ärztlicher Wissenschaft und ärztlicher Kunst suchte, empfinde daher das Zusammentreffen von Guru, Semiotiker und Meditationslehrerin als eine Fügung, die mich gelehrt hat, das intellektuell Unfassbare anzunehmen. Ich sehe darin eine beglückende und das Leben bereichernde Erfahrung und ein Faktum mit – nicht zuletzt auch in meinen Beruf hineinspielender – Bedeutung.

Was mein Selbst-Entspannungs-Training betrifft, machte ich eine interessante Erfahrung anlässlich der an mir durchgeführten eingangs erwähnten Koronarangiographie. Während der ganzen Untersuchung blieben mein Blutdruck und meine Pulsfrequenz nahezu unverändert, wogegen die meisten Patienten in dieser Situation deutliche Reaktionen verzeichnen. Man mag einwenden, dass ich offenbar unterbewusst überzeugt gewesen war, gesund zu sein, und deshalb nicht reagierte, aber ich führte die ungewöhnliche Kreislaufstabilität eher auf mein langjähriges Training mit Entspannungstechniken und zuletzt auf meine allerdings nur kurze Erfahrung mit der Meditation zurück.

Obgleich eine Zahl von wissenschaftlichen Berichten die positiven Ergebnisse hinsichtlich des Einsatzes von Meditationstechniken bei Herzkrankheiten dokumentiert, bin ich überzeugt, dass diese Techniken bisher unterschätzt wurden und ein verstärkter Einsatz berechtigt wäre.

Ich kann nur aus meiner persönlichen Erfahrung sprechen und dieses neue, mit regelmäßiger Meditation einhergehende Lebensgefühl jedem ans Herz legen. Nach Meditationssitzungen bin ich innerlich geordneter, meinen Gesprächspartnern gegenüber mehr zugewandt und offener, sodass ich meinerseits mehr Sympathie erfahre als früher!

Die „Atemübung" ist eine Quelle für Wohlbefinden und neue Energie. In der von mir 1999 gegründeten Gruppe hat sie sich neben einer Reihe weiterer Übungen, die jedoch nur unter Anleitung durchgeführt werden können und daher hier nicht erwähnt werden, bewährt. Die Atemübung kann auch als „Einstimmung" für die Meditation dienen, wobei die Meditationssitzung unmittelbar anschließen kann.

Die Übung stammt aus einer alten bewährten Tradition. Am günstigsten wäre es, sie vier Mal am Tag durchzuführen, zumindest aber einmal – am besten am Morgen. Mit einer anschließenden Meditationssitzung von 20 Minuten Dauer kann dieses Ritual einen idealen Einstieg in den Tag darstellen. Als optimale Ergänzung wäre im Laufe des Tages noch ein Fitness-Programm ratsam (Ausdauertraining drei- bis fünfmal pro Woche, tägliche Dehnungsübungen, Gymnastik – empfehlenswert wären in diesem Kontext beispielsweise die „Fünf Tibeter" in Kombination mit einem individuell angepassten „Stretching"-Programm).

■ Die Atemübung im Detail

Die Atemübung erfolgt im Sitzen, wobei die Sitzhaltung die gleiche wie bei der Meditation ist.

Für die meisten von uns kommt das Sitzen auf einem festen Stuhl in Betracht, sodass das Gewicht auf der Sitzkante ruht. Die Knie sind rechtwinkelig abgebogen, die Füße stabil am Boden. Eine andere geeignete Sitzhaltung: Man sitzt auf der Kante eines niedrigen Hockers und ruht gleichzeitig mit den Knien und Unterschenkeln auf einem geneigten Schemel.

In jedem Fall ist eine angenehme Sitzhaltung auszuwählen: Wichtig ist die aufrechte aber entspannte „in sich ruhende" Haltung, mit einem eher etwas nach vorne gekippten Becken und möglichst gerader Wirbelsäule. Das Motto lautet: „Der Scheitel trägt die Zimmerdecke." Der Blick ist nach unten vorne gerichtet, die Augen sind nicht geschlossen, aber die Oberlider sinken automatisch nach unten, sodass nur ein Lidspalt offen bleibt. Anfangs sind die Lider oft unruhig, aber mit zunehmender Übung tritt auch hier eine entspannte Ruhe ein.

Ich bin kein Meditationslehrer und kann daher nur meine persönliche Erfahrung wiedergeben. Da ich aber als Arzt die Gruppe zur Teilnahme an der Meditation eingeladen hatte, war es mein Anliegen, auch selbst die Atemtechnik zu erlernen und ihre Effekte zu beobachten.

■ Atemtechnik

Das Atmen erfolgt fließend. Beim Einatmen wird der Brustkorb nie maximal „aufgeblasen". Günstig ist eine sanfte Bauchatmung mit entspannter Bauchdecke. „Der ganze Körper ist entspannt"!

Hilfreich kann bei der Übung der begleitende Gedanke sein: „Mit jedem Atemzug nehme ich lebendige Energie in mich auf, was mich belastet, atme ich aus."

1) Der rechte Zeigefinger ruht auf der Nasenwurzel, der rechte Daumen verschließt das rechte Nasenloch. Man atmet stetig – nicht zu langsam – durch das linke Nasenloch ein und zählt dabei in Gedanken bis vier (das Verhältnis Einatmen/Anhalten der Luft/Ausatmen ist 4/16/8). Je nach persönlicher Verfassung und Atemtechnik zählt man langsam oder schneller.

2) Nun hält man die Luft an, ohne irgendeine Anspannung oder Verkrampfung, wobei der rechte Mittelfinger auch das linke Nasenloch verschließt. Dabei zählt man zweimal von 1-8.

3) Der rechte Daumen gibt das rechte Nasenloch frei und man atmet durch das rechte Nasenloch aus, zählt dabei bis 8.

4) Unmittelbar anschließend atmet man wieder durch das offene rechte Nasenloch ein, hält unter Verschließen auch des rechten Nasenloches die Luft an und atmet durch das

linke Nasenloch aus – zählt dabei in der gleichen Weise wie vorher beschrieben.

5) Nun folgt die gleiche Atemfolge beginnend mit der Einatmung durch das rechte Nasenloch (rechts ein/Anhalten/links aus – links ein/Anhalten/rechts aus).

6) Der ganze Zyklus (1-5) wird noch einmal wiederholt.

Es gibt keinerlei Anspannung. Die Gesichtsmuskeln – Wangen, Lippen – der ganze Körper ist entspannt!

Mit zunehmender Übung wird das Zählen langsamer, man kann langsamer und entspannter atmen, ganz wie es dem eigenen angenehmen Empfinden entspricht.

Ein wichtiger Hinweis ist, dass der Atemfluss vorwiegend durch die Kehle gesteuert wird, sodass an der Nase die Passage frei ist und der Luftstrom in dieser Region keinen Widerstand erfährt. Das ist auch die Erklärung dafür, dass man das stetige Atemgeräusch am Hals und nicht an der Nase hört.

Dann folgt eine Weile der Stille, die – falls man anschließend meditieren möchte – direkt in die Meditationssitzung übergehen kann. Der gedankliche Inhalt ist „subjective surrender“:

„Dein Wille geschehe“, „Ich bin aufmerksam, ich bin still …“.

■ Affirmationen

Wer will, kann auch Affirmationen anschließen bzw. sich auf diese Weise auf die Meditation einstimmen.

Einige Affirmationen mögen Ihnen eigenartig vorkommen oder in Ihrem Falle nicht anwendbar erscheinen. Dennoch: Horchen Sie zurück in Ihr Leben – es hat starke und schwächere Phasen gegeben –, erinnern Sie sich an das Wichtige, an das Sie gerne zurückdenken!

Die Affirmationen beziehen sich nicht unbedingt auf Ihre derzeitige körperliche Verfassung, sondern auf Ihre ganze Person,

Ihren Wesenskern, wenn Sie wollen, Ihre Seele! Jugend beispielsweise ist nicht in Jahren definiert, sondern in den Ihnen offen stehenden Möglichkeiten, die Sie ergreifen können!

- Ich bin ganz – nichts kann hinzugegeben, nichts weggenommen werden
- Ich bin vollkommen
- Ich bin stark
- Ich bin machtvoll
- Ich bin ein Liebender/eine Liebende
- Ich bin harmonisch, ich bin im Einklang mit den Gesetzen des Universums
- Ich bin reich. Ich kann geben
- Ich bin jung, der Saft des Lebens durchströmt mich vom Scheitel bis zur Sohle
- Ich bin glücklich, ja ich bin glücklich!
- Ich verbinde mich mit meinen Angehörigen, mit meinen Freunden, Mitbürgern, allen Menschen meiner Heimatstadt, Europas, der Welt, mit allen Menschen, allem Lebendigen, dem gesamten Universum, ohne Raum und ohne Zeit!

Es gibt die Empfehlung, diese Affirmationen mit der entsprechenden Haltung, Mimik und Gestik sehr intensiv zum Ausdruck zu bringen, so als würde man sie ohne Worte mitteilen wollen!

Tägliches Üben ist zumindest in einer anfänglichen Periode wesentlich! Ohnehin wird die Übung auf Dauer nur jemand machen, dem sie sozusagen „auf den Leib geschrieben" ist. Ähnlich wie bei der Meditation handelt es sich um eine ganz persönliche Entscheidung und Erfahrung.

XVI. EIN WEG ZUR HARMONIE

Gerade als Kardiologe muss man seinen Patienten oft den Rat geben, mehr auf die Signale des Körpers zu achten und – im Interesse des eigenen Seelenfriedens und der Gesundheit – mehr Einklang mit der Umgebung zu suchen.

- Achtsam essen
- Aufmerksam zuhören
- Anwesend sein
- Bewusst leben!

sind „Lebensformeln“, die das tägliche Leben bereichern!

Und was die innere Ruhe, die Meeresstille des Gemüts betrifft, kann ein Meister oder Lehrer der Meditation wichtige Impulse vermitteln.

Meditation is a way to go to harmony

Nach einigen Meditationssitzungen werden die Sinne schärfer. Auch das Empfinden des Einklangs, der Harmonie in sich selbst und mit anderen erlangt eine neue Dimension!

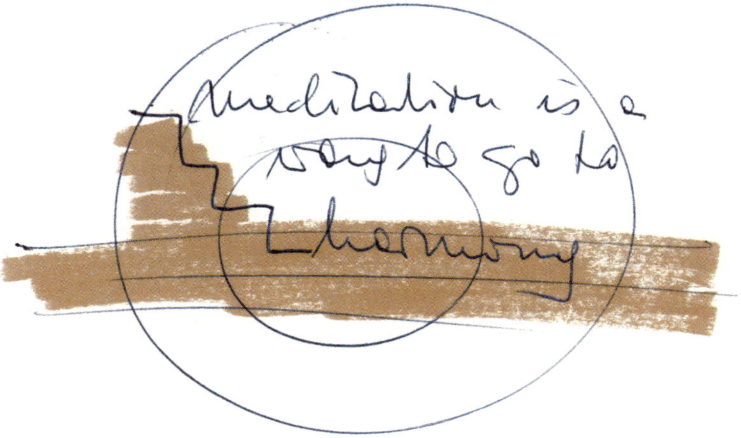

Meditation ist
ein Weg zur Harmonie

ANHANG

Die europäischen Richtlinien

Im September 2003 wurde eine aktuelle neu bearbeitete Fassung der „Europäischen Richtlinien für die Prävention von kardiovaskulären Krankheiten"* veröffentlicht. Es handelt sich um eine wissenschaftliche primär an die Ärzteschaft gerichtete Publikation.

Dennoch möchte ich diese Richtlinien auch für medizinische Laien insoweit wiedergeben, als ihr Verständnis kein spezifisches Fachwissen voraussetzt. Es handelt sich um meine auszugsweise weitestgehend wörtliche Übersetzung aus dem Englischen. Meine Kommentare sind kursiv gedruckt:

---

* Executive Summary. European guidelines for cardiovascular disease prevention in clinical practice. Third Joint Task Force of European and other Societies on Cardiovascular Disease Prevention in Clinical Practice (constituted by representatives of eight societies and by invited experts). Guy De Backer (Chairperson), Ettore Ambrosioni, Knut Borch-Johnsen, Carlos Brotons, Renata Cifkova, Jean Dallongeville, Shah Ebrahim, Ole Faergeman, Ian Graham, Giuseppe Mancia, Volkert Manger Cats, Kristina Orth-Gomér, Joep Perk, Kalevi Pyörälä, José L. Rodicio, Susana Sans, Vedat Sansoy, Udo Sechtem, Sigmund Silber, Troels Thomsen, David Wood. European Heart Journal (2003) 24:1601 – 1610.

Einleitung

Die wissenschaftliche Begründung für das Herantreten an eine aktive Prävention kardiovaskulärer Krankheiten (CVD) (*CVD steht für cardiovascular diseases*) gründet sich fest auf fünf Beobachtungen:

- CVD ist der Hauptgrund für einen vorzeitigen Tod in den meisten europäischen Bevölkerungen; CVD ist eine wichtige Quelle von Invalidisierung und trägt zu einem großen Teil zu den eskalierenden Kosten des Gesundheitswesens bei.
- Die zugrunde liegende Pathologie ist üblicherweise die Atherosklerose, die sich heimtückisch über viele Jahre entwickelt und sich zum Zeitpunkt, zu dem Symptome auftreten, üblicherweise in einem fortgeschrittenen Stadium befindet.
- Tod, Herzinfarkt und Schlaganfall ereignen sich dennoch häufig plötzlich und vor der Verfügbarkeit ärztlicher Hilfe. Viele Behandlungsmaßnahmen sind daher nicht anwendbar oder palliativ (*lindernd).*
- Die Großzahl von CVD steht in einer engen Beziehung zu Faktoren des Lebensstils und zu modifizierbaren physiologischen Faktoren.
- Risikofaktor-Modifizierungen haben unzweifelhaft gezeigt, dass sie die Mortalität (*Sterberate*) und die Morbidität (*Erkrankungsrate*) reduzieren, und zwar sowohl in Personen mit festgestellter als auch in Personen mit unerkannter CVD.

Kardiovaskuläre Krankheit ist im Allgemeinen auf eine Kombination von mehreren Risikofaktoren zurückzuführen …

Die vorliegenden neuen Richtlinien unterscheiden sich von den früheren Richtlinien in einigen wichtigen Gesichtspunkten:

1) Von der Verhütung der koronaren Herzkrankheit (CHD) (*CHD steht für coronary heart disease*) zur Verhütung von CVD. Die Ätiologie von Herzinfarkt, ischämischem Schlaganfall und peripherer arterieller Gefäßkrankheit ist ähnlich und tatsächlich haben rezente Interventionsstudien gezeigt, dass verschiedene Therapieformen nicht nur koronare Ereignisse (*Herzinfarkt usw.*) und revaskularisierende Eingriffe (*Koronardilatation = PTCA, aortokoronare Bypass-Operation*) an den Herzkranzgefäßen verhüten, sondern auch ischämischen Schlaganfall und periphere arterielle Gefäßkrankheit. Daher können Entscheidungen, ob eine spezifische präventive Maßnahme eingeleitet werden soll, von der Abschätzung des Risikos für irgendein derartiges gefäßbedingtes Ereignis abgeleitet werden, also nicht nur vom Risiko für ein koronares Ereignis; und man kann von vorbeugenden Maßnahmen eine Risikoreduktion erwarten, nicht nur in Bezug auf koronare Herzkrankheit, sondern auch in Bezug auf Schlaganfall und periphere arterielle Gefäßkrankheit.

2) Für die Beurteilung des Risikos der Entstehung von CVD sind verschiedene multifaktorielle Risikomodelle entwickelt worden … (*siehe das Kapitel „Das europäische SCORE-System“, Seite 30 ff*)

Medizinische Prioritäten

Vorbeugende Anstrengungen sind am effizientesten, wenn sie auf die Personen mit dem höchsten Risiko gerichtet werden. Die vorliegenden Empfehlungen definieren die folgenden Prioritäten für CVD-Prävention in der klinischen Praxis:

1) Patienten mit gesicherter koronarer Herzkrankheit, peripherer arterieller Gefäßkrankheit und cerebrovaskulärer atherosklerotischer Krankheit

2) asymptomatische Personen, bei denen ein hohes Risiko besteht, atherosklerotische kardiovaskuläre Krankheiten zu entwickeln, weil

   a) multiple Risikofaktoren bestehen, die in einem Risiko von 5% oder mehr resultieren, innerhalb von 10 Jahren (oder extrapoliert auf das Alter von 60 Jahren) ein tödliches kardiovaskuläres Ereignis zu erleiden

   b) deutlich erhöhte Werte einzelner Risikofaktoren vorliegen: Serumcholesterin über 320mg/dl (8 mmol/l oder mehr), LDL-Cholesterin über 240 mg/dl (6 mmol/l oder mehr), Blutdruck 180/110 mmHg oder mehr

   c) Diabetes mellitus Typ 2 („*Alters-Zucker*") oder Diabetes mellitus Typ 1 („*jugendliche*" *Zuckerkrankheit*) mit Mikroalbuminurie (*Eiweiß im Harn*) besteht

3) enge Verwandte von

   a) Patienten mit frühzeitigem Beginn einer atherosklerotischen CVD

   b) asymptomatische Personen mit besonders hohem Risiko

4.) andere Personen, die in der ärztlichen Routinepraxis angetroffen werden.

■ Beende das Tabakrauchen

Alle Raucher sollten von Seiten der Ärzteschaft ermutigt werden, dauerhaft das Rauchen aller Arten von Tabak zu beenden.

■ Wähle gesunde Ernährung

Die Wahl einer gesunden Ernährung ist ein integraler Bestandteil des gesamten Risikomanagements. Alle Personen sollten eine professionelle Beratung über Nahrungsmittel und ihre Auswahl erhalten, um eine Kost zusammenzustellen, die mit dem niedrigsten Risiko für CVD assoziiert ist.

Eine vernünftige Kost wirkt risikoreduzierend über mehrere Mechanismen, zu denen Gewichtsreduktion, Absenken des Blutdrucks, Effekte auf die Serumlipide (Blutfette), Einfluss auf den Blutzucker und Verminderung der Thromboseneigung gehören.

Allgemeine Empfehlungen (die entsprechend der lokalen Kultur zu spezifizieren sind):

- die Nahrungsmittel sollten vielfältig sein und die Energiezufuhr muss so angepasst werden, dass das Idealgewicht beibehalten wird
- das Essen der folgenden Nahrungsmittel sollte ermutigt werden: Früchte und Gemüse, ungeschälte Getreideprodukte (whole grain) und Vollkornbrot, fettreduzierte Milchprodukte, Fisch, mageres Fleisch
- öliger Fisch und Omega-3-Fettsäuren haben besondere protektive Eigenschaften
- die gesamte Fettzufuhr sollte nicht mehr als 30% der gesamten Energieaufnahme ausmachen; die Zufuhr von gesättigten Fetten sollte nicht mehr als ein Drittel der gesamten Fettzufuhr ausmachen. Die Aufnahme von Cholesterin sollte unter 300 mg pro Tag liegen
- in einer isokalorischen Kost kann gesättigtes Fett zum Teil durch komplexe Kohlenhydrate ersetzt werden, zum Teil durch einfach und mehrfach ungesättigte Fette von Gemüsen und Meerestieren

Patienten mit arteriellem Hochdruck, Zuckerkrankheit und Hypercholesterinämie oder mit anderen Fettstoffwechselstörungen sollten eine diätetische Beratung vom Spezialisten erhalten.

■ Steigere körperliche Aktivität

Körperliche Aktivität sollte in allen Altersgruppen befürwortet werden – von Kindern bis zu Senioren – und alle Patienten und Hoch-Risiko-Personen sollten ärztlicherseits ermutigt und darin unterstützt werden, ihre körperliche Aktivität in einer sicheren Weise zu dem Niveau zu steigern, das mit dem geringsten Risiko für CVD verbunden ist. Obwohl mindestens eine halbe Stunde täglicher Aktivität an den meisten Tagen der Woche das Ziel ist, geht auch eine moderatere Aktivität mit gesundheitlichen Vorteilen einher.

Gesunden Personen sollte geraten werden, Aktivitäten zu wählen, die ihnen Vergnügen bereiten und in ihren Tagesablauf passen, vorzugsweise 30 bis 45 Minuten, 4 bis 5 Mal pro Woche auf 60-75% der durchschnittlichen maximalen Herzfrequenz *(bezüglich meiner Überlegungen zu der Verwendung eines durchschnittlichen Richtwertes der Herzfrequenz verweise ich auf den Abschnitt über Herzfrequenz im Kapitel Kreislaufregulation!).*

Der Rat für Patienten mit festgestellter CVD muss auf eine umfassende klinische Beurteilung begründet werden, die auch die Ergebnisse eines Belastungstests berücksichtigt. Detaillierte Empfehlungen für CVD-Patienten sind von anderen Expertenkommissionen gegeben worden.

Management anderer Risikofaktoren

■ Übergewicht und Fettsucht

Übergewicht zu vermeiden oder eine bestehende Fettsucht zu reduzieren ist sowohl bei Patienten mit bestehender CVD als auch bei Hoch-Risiko-Personen wichtig. Gewichtsreduktion wird fettleibigen (Body Mass Index* 30 oder mehr) oder übergewichtigen Personen (Body Mass Index 25 bis 30) und auch jenen dringend empfohlen, deren abdominelles Fett vermehrt ist, angezeigt durch einen Taillenumfang von über 102 cm bei Männern und über 88 cm bei Frauen. Erfolg in Sachen Gewichtsreduktion ist wahrscheinlicher, wenn ärztlicherseits eine Unterstützung stattfindet, aber auch seitens des Betroffenen eine starke Motivation vorhanden ist.

**Der „Body Mass Index" ergibt das Körpergewicht, wenn er mit dem Quadrat der Körpergröße in Metern multipliziert wird. Bei einem 1,7 m großen Menschen ist das Quadrat der Körpergröße 2,89. Ein Body Mass Index von 30 entspricht in diesem Fall einem Gewicht von 86,7 kg. Umgekehrt betrachtet, kann man den* *eigenen Body Mass Index errechnen, indem man sein Körpergewicht durch das Quadrat der eigenen Körpergröße in Metern dividiert. Beispiel: Sie wiegen 78 kg und sind 1,80 Meter groß. 1,80 zum Quadrat ergibt 3,24 (1,8x1,8). 78:3,24=24,07. Sie haben also einen Body Mass Index von 24 und sind somit schon knapp an der Grenze zum behandlungsbedürftigen Übergewicht.*

■ Blutdruck

Das Risiko kardiovaskulärer Krankheiten nimmt kontinuierlich mit dem Ansteigen des Blutdrucks über jene Werte zu, die den als normal betrachteten Bereich darstellen.

Die Entscheidung zu einer Therapie hängt allerdings nicht nur vom Blutdruckniveau, sondern auch von der Einschätzung des gesamten kardiovaskulären Risikos und dem Vorhandensein oder Fehlen einer Schädigung von Zielorganen ab (*Herz, Hirn, Nieren, Augen usw.*). Bei Patienten mit bestehender CVD hängt die Wahl blutdrucksenkender Medikamente von der zugrunde liegenden kardiovaskulären Krankheit ab.

Zielwerte (*mit der obigen Voraussetzung und Einschränkung, dass vor einer Beratung und Behandlung eine ärztliche Gesamtbeurteilung des Gesundheitszustandes und bei erhöhten Werten eine ärztliche Indikationsstellung für die Blutdrucksenkung notwendig ist. Eine Lebensstilberatung sollte erfolgen*):

unter 140/90 mmHg bei allen Hoch-Risiko-Personen
unter 130/80 mmHg bei Patienten mit Zuckerkrankheit

■ Plasmalipide

Im Allgemeinen sollte das Gesamt-Plasmacholesterin unter 190 mg/dl liegen (5 mmol/l) und das LDL-Cholesterin unter 115 mg/dl (3 mmol/l). Für Patienten mit klinisch gesicherter CVD und für Patienten mit Zuckerkrankheit sollten die Behandlungsziele niedriger sein: Gesamtcholesterin unter 175 mg/dl (4.5 mmol/l) und LDL-Cholesterin unter 100 mg/dl (2.5 mmol/l).

Für HDL-Cholesterin und Triglyceride werden keine spezifischen Behandlungsziele definiert, aber die Konzentrationen von HDL-Cholesterin und Triglyceriden werden als Marker eines erhöhten Risikos verwendet. HDL-Cholesterin unter 40 mg/dl (1.0 mmol/l) in Männern und unter 46 mg/dl (1.2 mmol/l) in Frauen, und in ähnlicher Weise Nüchtern-Triglyceride über 150 mg/dl (1.7 mmol/l) dienen als Marker eines erhöhten kardiovaskulären Risikos.

■ Diabetes (Zuckerkrankheit)

Es hat sich gezeigt, dass ein Fortschreiten zu Diabetes durch Lebensstil-Interventionen bei Personen mit gestörter Glucosetoleranz verhindert oder verzögert werden kann.

Bei Patienten mit Typ 1 oder Typ 2 Diabetes liegen überzeugende Beweise von randomisierten kontrollierten Studien vor, dass eine gute Stoffwechselkontrolle mikrovaskuläre Ereignisse verhindert *(Gefäßschäden, die beispielsweise die Nieren oder das Auge betreffen können)*. Bezüglich der Prävention von kardiovaskulären Ereignissen gibt es auch gute Gründe, eine optimale Zuckereinstellung in beiden Diabetes-Typen anzustreben. Beim Typ 1 Diabetes erfordert die Zuckereinstellung eine geeignete Insulintherapie und begleitende professionelle Diätbehandlung. Beim Typ 2 Diabetes sollten die ersten Behandlungen, die auf eine gute Zuckereinstellung abzielen, in professioneller Diätberatung, Reduktion von Übergewicht und gesteigerter körperlicher Aktivität bestehen.

■ Das metabolische Syndrom

Für die klinische Praxis kann vorläufig die Definition des US-Nationalen Cholesterin-Erziehungs-Programmes für die Identifizierung von Personen mit metabolischem Syndrom verwendet werden. Die Diagnose eines metabolischen Syndroms wird gestellt, wenn drei oder mehr der folgenden Eigenschaften vorhanden sind:

1 Taillenumfang über 102 cm bei Männern, über 88 cm bei Frauen

2 Serum-Triglyceride 150 mg/dl (1.7 mmol/l) oder mehr
3 HDL-Cholesterin unter 40 mg/dl (1.0 mmol/l)
4 Blutdruck 130/85 mmHg oder mehr
5 Nüchtern-Blutzucker 110 mg/dl (6.1 mmol/l) oder mehr

Personen mit metabolischem Syndrom haben üblicherweise ein hohes Risiko für kardiovaskuläre Krankheit. Der Lebensstil hat einen großen Einfluss auf alle Komponenten des metabolischen Syndroms. Daher sollte das Hauptgewicht in der Behandlung des metabolischen Syndroms auf ärztlich überwachte Lebensstiländerungen gelegt werden, insbesondere auf Bemühungen, das Körpergewicht zu reduzieren und die körperliche Aktivität zu steigern. Erhöhter Blutdruck, Dyslipidämie und Hyperglykämie (im diabetischen Bereich) können allerdings eine zusätzliche medikamentöse Behandlung erfordern.

■ **Andere prophylaktische Medikamentenbehandlungen …**
sind ein Thema, das sich nur an die Ärzteschaft adressieren lässt, weshalb an dieser Stelle keine näheren Ausführungen folgen.

Screening naher Verwandter

Nahe Verwandte von Patienten mit prämaturer koronarer Herzkrankheit (von „prämatur“ wird gesprochen, wenn Männer unter 55 Jahren und Frauen unter 65 Jahren einen Herzinfarkt oder plötzlichen Herztod erlitten haben) und Personen, die Familien mit familiärer Hypercholesterinämie oder mit anderen erblichen Dyslipidämien angehören, sollten in Hinblick auf kardiovaskuläre Risikofaktoren untersucht werden, weil alle diese Personen ein erhöhtes Risiko für die Entwicklung von kardiovaskulärer Krankheit aufweisen.

Highlights …

(wie bereits erwähnt: adressiert primär an die behandelnde Ärzteschaft, so wie insgesamt die vorliegenden Richtlinien):

Bei Patienten mit nachgewiesener Herz-Gefäßkrankheit (CVD):

- fördere relevante Lebensstiländerungen: beende Rauchen, wähle eine gesunde Ernährung und erhöhe die körperliche Aktivität
- verordne Aspirin und ein Statin (Verschreibung und Kontrolle durch den Arzt)
- erwäge den Bedarf für blutdrucksenkende Medikamente, Betablocker und ACE-Inhibitoren

Bei Personen mit potentiell hohem CVD-Risiko:

- verwende das SCORE-System (Seite 39/40) um das Niveau des CVD-Gesamtrisikos zu bestimmen
- fördere relevante Lebensstiländerungen: beende Rauchen, wähle eine gesunde Ernährung und erhöhe die körperliche Aktivität
- ziehe den Bedarf an blutdrucksenkenden, cholesterinsenkenden und den Blutzucker betreffenden Maßnahmen in Betracht.

Alte Weisheit

Wenn du nicht bereit bist,
dein Leben zu ändern,
kann dir nicht geholfen werden.

Hippokrates

Dank

Meinen Werdegang als Arzt danke ich meiner Familie und meinen Lehrern Karl Fellinger, Fritz Kaindl, Bob Bruce und Larry Rowell – sowie allen meinen Kollegen!

Ein spezieller Dank gilt jenen Kollegen, die mir vor fünfzehn Jahren in der Aufbauphase meines Instituts für interventionelle Kardiologie ihre Patienten anvertraut haben.

Dieses Vertrauen, das mir jene zuweisenden Kollegen entgegenbrachten, ist für mich eine der wichtigsten und schönsten Erfahrungen. Ein Vertrauen, das von jener Zeit herrührt, als ich an der Station K2 an der Kardiologischen Universitätsklinik in Wien als Oberarzt tätig war. An dieser Stelle ist es mir ein Bedürfnis festzuhalten, dass die Weitergabe von medizinischem Wissen nicht nur ein wissenschaftlicher, sondern in erster Linie ein zutiefst menschlicher Auftrag ist!

Univ. Professor Dr. Friedrich Lachmayer, seines Zeichens Jurist und Semiotiker, verdanke ich die im Buch abgedruckten Skizzen, die als simultane „Mitschrift“ zu einer dreiwöchigen Seminarreihe entstanden sind. Es war nicht einfach, aus den insgesamt 800 Abbildungen die nun vorliegende Auswahl zu treffen, zumal jede Skizze die Einzigartigkeit des Augenblicks widerspiegelt, die im Rahmen der philosophischen Einführung zur Meditation vermittelt wurde.

Die pointierte Transkription der Bilder in Worte verdanke ich der Autorin und Lyrikerin Mag. Christine Dobretsberger.

Univ. Professor Dr. Hans Georg Zapotoczky danke ich für den auf Seite 133 handschriftlich wiedergegeben „Entwurf einer Orientierung ärztlichen Handelns“ sowie für jenes Konzept, das Zusammenhänge zwischen Stress, Depression, Zuckerkrankheit und Herz-Gefäßkrankheiten in ein neues Licht rückt.

Last not least danke ich aufrichtig dem Verlag für konstruktive Kritik, Anregungen und Unterstützung im Lektorat.

Glossar

ABM: ambulantes 24- (bis 48-) Stunden Blutdruck Monitoring. Automatische Messungen mit Batteriegerät meist in Intervallen von 30 (untertags) oder 60 Minuten (nachts).

Aerobe Kapazität: maximale Sauerstoffaufnahme/Minute. Sauerstoffmenge, die pro Minute individuell bei maximal möglicher dynamischer Arbeit unter Einsatz von mehr als 1/6 der gesamten Muskelmasse des Körpers (Beispiele: rudern, bergauf gehen, laufen, Rad fahren) aufgenommen bzw. im Stoffwechsel umgesetzt werden kann.

Anaerobe Schwelle: Leistungsbereich, bei dessen Überschreiten das Energiegleichgewicht zwischen Verbrauch und Bereitstellung durch den aeroben Stoffwechsel (Sauerstoffverbrennung) nicht mehr aufrechterhalten werden kann. Bei Leistungen jenseits der anaeroben Schwelle kommt es aufgrund der gesteigerten Inanspruchnahme des anaeroben Stoffwechsels (Glykolyse) zum Ansteigen des Milchsäuregehalts im Blut und zur Übersäuerung des Körpers mit Verschiebung des Säure-Basen-Gleichgewichts trotz verstärkter Abatmung von Kohlendioxyd (CO2). Die Leistung muss schließlich abgebrochen werden, wenn sie nicht bereits vor dem Erreichen der Belastbarkeitsgrenze wieder unter die anaerobe Schwelle reduziert wurde.

Ätiologie: die einer Krankheit zugrunde liegende(n) Ursache(n).

Angina pectoris: Synonym Stenokardie, Brustenge, Herzenge. Meist anfallsartige, durch Anstrengung oder Aufregung ausgelöste, aber auch „atypisch" auftretende Schmerzen, Druck oder Engegefühl im Bereich der linken Brust und des Brustbeins. Häufig in die linke Schulter und in die Innenseite des linken Arms ausstrahlend, seltener in Hals und Kiefer, in die rechte Schulter, in den Rücken, in die Magengrube oder sich auch nur dort manifestierend. Ausdruck einer ungenügenden Sauerstoffversorgung des Herzens, meist wegen einer gestörten Durchblutung aufgrund atheromatös bzw. arteriosklerotisch bedingter Verengungen der Herzkranzgefäße.

Aortokoronare Bypass-Operation: Gefäßtransplantation zur Umgehung einer Verengung oder eines Verschlusses einer oder mehrerer Herzkranzarterien.

Arterie: Schlagader, Pulsader. Blutgefäße mit vom Herzen zu den Körperorganen und – geweben gerichteter Blutströmung. Sie verzweigen sich dort zu kleineren Ästen, den Arteriolen. Letztere verzweigen sich wiederum zu den hauchdünnen Kapillaren, welche den Stoffaustausch ermöglichen. Das Zielorgan der Koronararterien ist der Herzmuskel.

Arteriosklerose: Umgangssprachlich Arterienverkalkung. Verhärtung der Arterien durch Kalkeinlagerung in ihren Wänden. Überbegriff, der auch die Atherosklerose mit einschließt (s. Atheromatose).

Atheromatose: Veränderungen der Gefäßinnenwand mit Bildung atheromatöser Plaques (s. Plaque). Wenn diese verkalken, spricht man von Atherosklerose.

Autogenes Training: konzentrative Selbstentspannung nach J.H. Schultz.

Autosuggestion: Selbstbeeinflussung durch affektbetonte Erwartungen, Wunschdenken u.ä. Sie setzt (wenigstens in der bewussten Form) eine durch willkürliche Konzentration veränderte Bewusstseinslage voraus.

BMI: Body-mass-Index. Körpermassenzahl. BMI = Körpergewicht (kg)/Körperlänge^2 (m^2).

Bypass-Operation: Gefäßtransplantation zur Umgehung von Gefäßverengung oder -verschluss.

Carotis Duplex Scan: Ultraschalluntersuchung der Halsschlagadern.

Cervikalsyndrom, Cervikobrachialsyndrom: Halswirbelsäulensyndrom, Schulter-Arm-Syndrom. Sensible und motorische Störungen im Bereich des Halses und Nackens, der Schultern und der Arme durch Nervenirritationen bei Fehlhaltungen, Muskelverspannungen und degenerativen Veränderungen im Bereich der Halswirbelsäule.

CHD: Coronary heart disease, koronare Herzkrankheit.

Cholesterin: Eine Fettart, die nur im menschlichen und im tierischen Organismus vorkommt.

Claudicatio intermittens: intermittierendes Hinken. Heftige Wadenschmerzen nach dem Gehen einer bestimmten Wegstrecke, verstärkt bei schnellem Gehen und Aufwärtssteigen. Diese zwingen zum Stehenbleiben und verschwinden nach einigen Minuten, da in Ruhe die Durchblutung der Muskulatur noch ausreicht.

Computertomographie: computerunterstützte Röntgenuntersuchung, welche innerhalb der durchstrahlten Körperschicht eine hohe Kontrastauflösung ergibt. Sie dient zum Nachweis umschriebener und diffuser Form- und Strukturveränderungen im Körpergewebe.

CRP: C-reaktives Protein. Empfindlicher Indikator für entzündliche Prozesse (u.a. an Blutgefäßen) und Gewebsschädigung.

CVD: cardiovascular diseases. Herz-Gefäßkrankheiten.

Diabetes mellitus: Zuckerkrankheit. Sammelbegriff für verschiedene Formen der Zuckerstoffwechselstörung. Das gemeinsame Kennzeichen ist ein absoluter oder relativer Insulinmangel. Fehlernährung, Übergewicht und Fettsucht, häufig gekoppelt mit Fettstoffwechselstörung und Bluthochdruck, prädisponieren zu DM Typ II, welchem ein relativer Insulinmangel zugrunde liegt.

Diastole: Das Stadium während der Herztätigkeit, in dem der Herzmuskel erschlafft und sich die Herzkammern wieder mit Blut aus den Vorhöfen füllen.

Differentialdiagnostik: Zuordnung von Beschwerdebildern zu verschiedenen möglichen Krankheitsursachen und Einsatz der Strategien und Verfahren, die geeignet sind, die Ursachen schrittweise einzuengen, mit dem Ziel, die tatsächlich vorliegende Krankheit eindeutig zu identifizieren.

Dilatation: Erweiterung

Dyspnoe: Atemnot

Echokardiographie: Herzultraschalluntersuchung. Ermöglicht die anatomische und funktionelle Beurteilung des Herzens. Auch können indirekte Hinweise für eine Durchblutungsstörung des Herzmuskels (koronare Herzkrankheit) erhoben werden.

Embolie: akute Verlegung eines Gefäßes durch einen Embolus.

Embolus: in die Blutbahn verschlepptes, nicht im Blutplasma lösliches Gebilde (z. Bsp. ein losgelöster Thrombus), das eine Embolie verursacht.

Ergometrie: Belastungstest am Fahrrad- oder Laufbandergometer. „Kardiologische Untersuchung unter Arbeitsbedingungen".

Extrasystolie: gehäuftes Auftreten von Extrasystolen.

Extrasystolen: außerhalb des regulären Grundrhythmus vorzeitig, einzeln oder gehäuft, einfallende Herzaktionen.

Herzinfarkt: Herzmuskelinfarkt, Myokardinfarkt (s. Infarkt). Nekrose eines umschriebenen Herzmuskelbezirks, meist als akut auftretende Komplikation bei koronarer Herzkrankheit.

HOLTER EKG: ambulantes 24-Stunden Langzeit-EKG. Dient der Erfassung von Rhythmusstörungen und Durchblutungsstörungen des Herzens.

Homocystein: Stoffwechselprodukt, das bei erhöhter Konzentration im Blut das Arteriosklerose- und Thromboserisiko erhöht.

Hostilität: Zynismus, schwelendes Misstrauen, tendenziell feindselige Haltung. Gesundheitlicher Risikofaktor.

Hypercholesterinämie: Zu hohe Konzentration von Gesamtcholesterin oder LDL-Cholesterin im Blut.

Hyperlipidämie: Zu hohe Konzentration von Fetten im Blut (einschließlich Cholesterin und Triglyceride).

Hypertonie: zu hoher Blutdruck.

Hypotonie: zu niedriger Blutdruck.

Infarkt: Nekrose (Absterben) eines Organs oder Organteils oder Gewebes durch Ischämie infolge eines akuten Arterienverschlusses bei Fehlen eines den Verschluss kompensierenden Kollateralkreislaufs (verschlossenes Gefäß ist echte oder funktionelle Endarterie).

Ischämie: Verminderung oder Unterbrechung der Durchblutung infolge mangelnder arterieller Blutzufuhr, mit der Folge eines Sauerstoffmangels (Hypoxie) und bei längerem Bestehen eines Absterbens (Nekrose, Infarkt) des unterversorgten Gewebes.

Kalorie: cal, Wärmeeinheit, die nötig ist, um die Temperatur von 1 g Wasser um 1° zu erhöhen. 1 kcal (große Kalorie) = 1000 cal. Kalorie wurde ersetzt durch Joule (J). 1cal = 4,187 J. Im gängigen Sprachgebrauch wird in Sachen Ernährung unter „Kalorie" die große Kalorie (kcal) verstanden.

Kardiovaskulär: Herz und Blutgefäße betreffend.

KHK: koronare Herzkrankheit, ischämische Herzkrankheit. Der Begriff umfasst alle Folgezustände (u.a. Angina pectoris, Herzinfarkt) einer primären Insuffizienz der Herzkranzgefäße. Häufigste Ursache ist eine Koronarsklcrose (Arteriosklerose der Herzkranzgefäße).

Kollateralen: Blutgefäße, welche minderdurchblutete Organe bzw. Organteile und Gewebe (minderdurchblutet meist aufgrund von Arteriosklerose) mit einem Ersatzkreislauf (Kollateralkreislauf) versorgen.

Koronarangiographie: Röntgenkontrastdarstellung der Herzkranzarterien. Ermöglicht die Feststellung und Quantifizierung von verengenden und verschließenden Veränderungen und abnormen Verläufen.

Koronararterien: Synonym Herzkranzarterien, Herzkranzgefäße. Entspringen von der Aorta und versorgen den Herzmuskel mit arteriellem Blut. Sind als „Endarterien" angelegt, so dass ein akuter Gefäßverschluss in der Regel zum Herzinfarkt führt. S. Kollateralen.

Koronardilatation: PTCA, perkutane transluminale Koronar-Angioplastie. „Ballon-Aufdehnung" von verengten oder verschlossenen Herzkranzarterien mittels Herzkatheterismus, oft in Kombination mit Implantation eines Stent (s. dort).

Koronarsklerose: Arteriosklerose der Herzkranzarterien mit Verengung oder Verschluss der Gefäße. Häufigste Ursache der koronaren Herzkrankheit.

Koronarspasmus: seltene Ursache von Angina pectoris, die in diesem Falle überwiegend in körperlicher Ruhe und ohne Provokation anfallsartig auftritt. Es handelt sich um Kontraktionen der Muskulatur einer Koronararterie, mit umschriebener Verengung des Gefäßes, bevorzugt im Bereich einer bereits bestehenden Plaquebildung.

Lumen: Lichte Weite eines Blutgefäßes oder Katheters

Maximale Sauerstoffaufnahme ($\dot{V}O_2max$): s. aerobe Kapazität.

Median: Zentralwert. Halbiert bei aufsteigender Sortierung der Messwerte die Messreihe; jeweils 50% der Messwerte liegen ober- und unterhalb des Medians. Dieser ist somit das 50. Percentil. Bei gerader Anzahl von Messwerten wird der Median als arithmetischer Mittelwert zwischen den beiden mittleren Werten bestimmt.

MRT: Magnetresonanztomographie. Kernspintomographie. Computerunterstütztes bildgebendes Diagnoseverfahren. Im Gegensatz zur konventionelle Röntgendiagnostik und Computertomographie werden keine ionisierenden Strahlen verwendet, sondern die Energien gemessen, die unter Einfluss eines von außen angelegten starken Magnetfeldes bei Relaxation der durch einen kurzen Hochfrequenzimpuls angeregten Kernspins aus dem Körper in Form von elektromagnetischen Wellen austreten.

Pacemaker: PM, künstlicher Herzschrittmacher. Elektronischer Impulsgenerator zur Elektrostimulation des Herzmuskels.

Peripher: weg oder fern vom Zentrum (im Falle des Nervensystems ist das Zentrum das Gehirn, im Falle des Kreislaufsystems das Herz).

Plaque: umschriebene krankhafte Veränderung des Gefäßendothels (Innenauskleidung der Gefäße). Weiche Plaques nennt man Atherome (atheromatöse Plaques). Harte Plaques sind Atherome, die im Laufe der Zeit mit dem Fortschreiten der Erkrankung verkalkt sind (Kalkplaques).

Plasma: Blutplasma. Blut ohne Blutkörperchen.

Präklinisch: klinisch (also in der gesamten Erscheinung) noch nicht manifest geworden. Beispiel koronare Herzkrankheit: im präklinischen Stadium gibt der Betroffene keine Beschwerden an und auch der Arzt stellt keine Symptome fest, obwohl Plaques in den Koronararterien mit geeigneten Untersuchungsmethoden (Koronarangiographie) bereits nachgewiesen werden können.

Prävention: vorbeugende Maßnahme. Primäre Prävention: im gesunden (oder auch noch im präklinischen) Stadium. Sekundäre Prävention: nach bereits eingetretener Krankheitsmanifestation, um neuerlichen Manifestationen vorzubeugen.

Prognose: Vorhersage. Voraussicht auf den Krankheitsverlauf in Bezug auf Leben, Gesundung, Wiederherstellung.

Psychosomatik: Wechselwirkung von Körper und Seele. Im gängigen Sprachgebrauch Bezeichnung für eine Krankheitslehre, die psychische Einflüsse auf körperliche Vorgänge berücksichtigt und daraus den Krankheitsbegriff der **Psychosomatose** (psychosomatische Krankheit) ableitet.

Psychosomatose: Bezeichnung für eine organische Krankheit mit fassbaren morphologischen (Form und Struktur betreffenden) Veränderungen, auf deren Enstehung und Verlauf neurotische Faktoren (psychische oder psychosoziale Störung ohne nachweisbare organische Grundlage) Einfluss haben: z. Bsp. Asthma bronchiale, Magengeschwür, entzündliche Darmerkrankung.

PTA: perkutane transluminale Angioplastie. Gefäßdilatation.

PTCA: s. Koronardilatation

Reanimation: Wiederbelebung. Notfallmäßige Sofortmaßnahmen nach Eintritt eines plötzlichen Herz-Kreislauf-Stillstandes: Freimachen der Atemwege, Beatmung durch Atemspende, Herzdruckmassage.

Revaskularisation: Verbesserung der Durchblutung minderversorgter Gewebe mittels Kathetertechnik (PTCA, PTA) oder gefäßchirurgischer Verfahren.

Sauerstoffaufnahme/Minute: Sauerstoffmenge die pro Minute vom Organismus aufgenommen und im Stoffwechsel umgesetzt wird.

Semiotik: Kunde und Lehre von den Zeichen.

Serum: Blutplasma ohne Fibrinogen (F. ist ein Blutgerinnungsfaktor).

Spasmus: s. Koronarspasmus.

Stent: scherengitterartig entfaltbare Metallröhre, die auf einem Ballonkatheter montiert an den Ort der Bestimmung (Engstelle in der Arterie) gebracht wird. Dort wird der Ballon aufgedehnt und somit auch der darauf montierte Stent entfaltet. Konstruktionsbedingt behält der

Stent auch nach Entleerung und Entfernung des Ballons den erzielten Durchmesser. Als Prothese stützt er nunmehr die Gefäßwand und hält so das Gefäß an der behandelten Stelle offen.

Sympathikotonie: Überwiegen oder erhöhte Erregbarkeit des Sympathikus. Führt u. a. zu rascherem Herzschlag, verstärktem Schwitzen, erweiterten Pupillen und verminderter Darmperistaltik („Peitsche").

Symptom: Beschwerde, fassbares oder angegebenes Erkrankungszeichen.

Systole: Das Stadium während der Herztätigkeit, in dem sich der Herzmuskel zusammenzieht (kontrahiert) und Blut über die Aorta (Hauptschlagader) in den Kreislauf gepumpt wird.

Thrombus: durch Blutgerinnung in Gefäßen oder an der Herzinnenwand entstandenes Blutgerinnsel. Dieses kann losgelöst und als **Embolus** verschleppt werden.

Triglyceride: Neutralfette. Können pflanzlichen oder tierischen Ursprungs sein und werden auch vom menschlichen Organismus selbst gebildet. Im Blut werden sie in Chylomikronen (große Fett-Eiweiß-Partikel, welche das Blutplasma trüben) transportiert.

Vagotonie: Parasympathikotonie. Überwiegen oder erhöhte Erregbarkeit des Parasympathikus. Führt u. a. zu langsamerem Herzschlag und niedrigerem Blutdruck mit kleinerer Blutdruckamplitude (Differenz zwischen systolischem und diastolischem Blutdruck) („Schonung, Erholung")

Vegetatives (autonomes) Nervensystem: Gesamtheit der dem Einfluss des Willens und dem Bewusstsein primär nicht untergeordneten Nerven und Ganglienzellen, die der Regelung der Vitalfunktionen dienen (Atmung, Herz und Kreislauf, Verdauung, Wasserhaushalt u. a.) und das Zusammenwirken der einzelnen Teile des Körpers gewährleisten. Bildet mit dem System der endokrinen Drüsen und den Körperflüssigkeiten eine funktionelle Einheit. Darüber hinaus bestehen enge Wechselbeziehungen zwischen dem vegetativen und dem zerebrospinalen Nervensystem, aber auch zwischen vegetativen und seelischen Vorgängen. Die übergeordneten vegetativen Zentren liegen im Rautenhirn, Zwischenhirn und zum Teil auch in der Großhirnrinde.

Drei Systeme: **1. Sympathikus:** Funktion vorwiegend in Richtung auf Energieentladung und abbauende Stoffwechselprozesse (ergotrope Wirkung); **2. Parasympathikus:** In mancher Hinsicht antagonistisch zum Sympathikus. Funktion vorwiegend in Richtung auf Energiespeicherung, Erholung und Aufbau (trophotrope Wirkung);

3. intramurales System: in der Wand von Hohlorganen (Herz, Magen, Darm, Blase, Uterus), die in ihrer Funktion eine gewisse Selbständigkeit aufweisen.

Vene: Blutader. Blutgefäße mit von den diversen Organen zurück zum Herzen gerichteter Strömungsrichtung des Blutes.

Index